SPINOZA
OBRA COMPLETA III

TRATADO TEOLÓGICO-POLÍTICO

Coleção Textos

Dirigida por:

João Alexandre Barbosa (1937-2006)
Roberto Romano
Trajano Vieira
João Roberto Faria
J. Guinsburg

Equipe de realização – Preparação de texto: Marcio Honorio de Godoy; Revisão: Cristina Daniels; Ilustração: Sergio Kon; Projeto de capa: Adriana Garcia; Produção: Ricardo W. Neves, Luiz Henrique Soares, Elen Durando, Sergio Kon.

SPINOZA
OBRA COMPLETA III
❦
TRATADO TEOLÓGICO-POLÍTICO

J. GUINSBURG E NEWTON CUNHA
TRADUÇÃO E NOTAS

J. GUINSBURG, NEWTON CUNHA
E ROBERTO ROMANO
ORGANIZAÇÃO

 PERSPECTIVA

cip-Brasil. Catalogação na Publicação
Sindicato Nacional dos Editores de Livros, rj

S742

Spinoza : obra completa iii : Tratado teológico-político / organização J. Guinsburg, Newton Cunha, Roberto Romano; tradução J. Guinsburg, Newton Cunha. – 1. ed. – São Paulo : Perspectiva, 2014.
376 p. : il. ; 21 cm. (Textos ; 29)

Inclui apêndice
isbn 978-85-273-1008-6

1. Filosofia e religião 2. Teologia 3. Filosofia i. Guinsburg, J. ii. Cunha, Newton. iii. Romano, Roberto. iv. Série.

14-12701

CDD: 210
CDU: 2-1

30/05/2014   04/06/2014

[ppd]

Direitos reservados em língua portuguesa

EDITORA PERSPECTIVA LTDA.

Av. Brigadeiro Luís Antônio, 3025
01401-000 São Paulo sp Brasil
Telefax: (11) 3885-8388
www.editoraperspectiva.com.br

2019

SUMÁRIO

Nota da Edição.. 11

Cronologia Política e Principais Fatos Biográficos 15

Acerca Desta Tradução – *J. Guinsburg e Newton Cunha*....... 21

A Nova Imagem do Cosmo no Pensamento de Spinoza –
Amelia Valcárcel 25

TRATADO TEOLÓGICO-POLÍTICO

Prefácio 43

Capítulo I 55
Da profecia

Capítulo II 73
Dos profetas

Capítulo III 91
*Da vocação dos hebreus e de como o dom da profecia
lhes é peculiar*

Capítulo IV.. 107
Da lei divina

Capítulo V... 121
*Da razão para a instituição das observâncias
cerimoniais. A crença nas narrativas bíblicas:
de que modo e a quem é ela necessária*

Capítulo VI... 137
Dos milagres

Capítulo VII... 157
Da interpretação da Escritura

Capítulo VIII.. 183
No qual se mostra que o Pentateuco *e os livros
de* Josué, Juízes, Rute, Samuel *e* Reis *não são autógrafos.
A questão da autoria é considerada: houve vários
autores ou um? E quem seriam eles?*

Capítulo IX.. 197
*Mais indagações sobre tais livros, a saber, se Esdras
lhes deu a revisão final, e se as notas marginais que se
encontram nos códices hebreus são leituras variantes*

Capítulo X.. 213
*Um exame dos demais livros do Antigo Testamento
pelo mesmo método usado com os anteriores*

Capítulo XI.. 227
*Indaga-se se os apóstolos escreveram suas epístolas
como apóstolos e profetas ou mestres. Onde se explica
a função dos apóstolos*

Capítulo XII... 237
*Da verdade original da Lei divina; em razão do que
a Escritura é chamada "sagrada" e "palavra de Deus";
e se mostra que a Escritura, na medida em que contém
a palavra de Deus, nos chegou incorrompida*

Capítulo XIII 249

*Mostra-se que a Escritura ensina apenas doutrinas
muito simples, nada inculcando além de obediência;
e no que concerne à natureza divina, ensina apenas
o que o homem pode imitar por um código definido
de conduta*

Capítulo XIV 257

*Uma análise do que é a fé, do que é ser fiel
e dos princípios fundamentais da fé. Finalmente,
separa-se a fé da filosofia*

Capítulo XV.. 267

*Demonstra-se que nem a teologia é ancilar à razão
nem a razão à teologia; a razão pela qual nos
persuadimos da autoridade da Sagrada Família*

Capítulo XVI 279

*Os fundamentos do Estado; o direito natural e civil
dos indivíduos e os direitos do poder soberano*

Capítulo XVII 295

*Mostra-se que ninguém pode ou necessita transferir
todos os seus direitos ao poder soberano. O Estado
hebreu tal como em vida de Moisés e após sua morte,
antes da instituição da monarquia e de seu sucesso.
Finalmente, as causas pelas quais o Estado teocrático
pereceu, e só dificilmente poderia continuar
sem lutas civis*

Capítulo XVIII.. 321

*Da comunidade dos hebreus e de sua história se deduzem
alguns princípios políticos*

Capítulo XIX 331

*Mostra-se que o soberano está investido inteiramente
do direito sobre questões de religião e que as formas
externas de devoção devem adequar-se à paz
da comunidade, se obedecermos a Deus corretamente*

Capítulo xx.. 345
Mostra-se que num Estado livre cada indivíduo pensa como lhe apraz e lhe é permitido dizer o que pensa

Apêndice... 357

NOTA DA EDIÇÃO

A intenção da editora Perspectiva ao publicar a obra completa de Barukh (ou Bento) de Spinoza fundamenta-se em duas razões de maior valor e interesse: de um lado, a importância do pensador como um dos construtores da filosofia moderna e, de outro, a ausência de traduções em língua portuguesa de certos textos como o *(Breve) Tratado de Deus, do Homem e de Sua Felicidade*, os *Princípios da Filosofia Cartesiana*, a *Correspondência Completa*, a biografia do filósofo (de Johannes Colerus) e o *Compêndio de Gramática da Língua Hebraica*, que permite compreender a análise bíblica de caráter histórico-cultural que Spinoza inaugurou no *Tratado Teológico-Político*.

Dois outros textos, o assim chamado *Tratado do Arco-Íris* (*Iridis computatio algebraica* ou *Stelkonstige Reeckening van den Reegenboog*) e um sobre o cálculo das probabilidades, embora figurassem em muitas edições da obra spinoziana, particularmente no século XIX, vêm sendo considerados pelos estudiosos, já a partir dos anos de 1980, obras de outro autor. Dado o problema que criam e a polêmica suscitada, optamos por não inseri-los aqui, opção já adotada por edições mais recentes da obra completa do filósofo holandês.

As obras completas foram divididas em quatro volumes, o que permite ao leitor maior flexibilidade de escolha, na dependência de um interesse mais amplo ou mais restrito.

O primeiro volume inclui aqueles textos que, na verdade, permaneceram inacabados, mas que serviram a Spinoza para desenvolver suas concepções e realizá-las em seus escritos mais conhecidos e realmente finalizados. Assim sendo, nele se encontram reunidos: *(Breve) Tratado de Deus, do Homem e de Sua Felicidade, Princípios da Filosofia Cartesiana, Pensamentos Metafísicos, Tratado da Correção do Intelecto* e o *Tratado Político.* Já o segundo volume nos traz a sua *Correspondência Completa* e a primeira grande biografia de Spinoza, escrita logo após a sua morte, além de comentários de outros pensadores a seu respeito. O terceiro volume é dedicado ao *Tratado Teológico--Político*, e o quarto, à *Ética* e ao *Compêndio de Gramática da Língua Hebraica.*

Várias fontes foram utilizadas para as traduções e colações aqui efetuadas. A primeira delas foi a edição latina de Heidelberg, agora digitalizada, *Baruch de Spinoza opera*, datada de 1925, levada a efeito por Carl Gebhardt. A segunda, as traduções francesas completas de Charles Appuhn, de 1929, *Œuvres de Spinoza* (disponíveis em hyperspinoza.caute.lautre.net), acompanhadas dos respectivos originais latinos. Outras traduções em separado, igualmente utilizadas, foram a versão inglesa de R.H.M. Elwes, publicada em 1901, e a espanhola de Oscar Cohan, realizada em 1950, ambas para a correspondência, a edição da Pléiade das *Œuvres complètes*, de 1955, a *Complete Works* da Hackett, de 2002, assim como a versão brasileira de quatro livros, inserida na coleção Os Pensadores, de 1973, editada pela Abril Cultural.

Que se registrem aqui também os nossos mais sinceros agradecimentos à professora Amelia Valcárcel, renomada filósofa espanhola, por ter aceitado escrever a introdução do presente volume, e ao professor Roberto Romano que, além de nos oferecer a sua contribuição analítica, também muito nos auxiliou com suas orientações e propostas, assim como o havia feito nas publicações das obras de Descartes e Diderot.

J. Guinsburg e Newton Cunha

CRONOLOGIA POLÍTICA
E PRINCIPAIS FATOS BIOGRÁFICOS

1391 Os judeus espanhóis, que desde o século X tinham sido protegidos pelos monarcas católicos (eram seus súditos diretos, ou *servi regis*), são forçados à conversão "para o bem da uniformidade social e religiosa".

1478 Estabelecimento da Inquisição Espanhola, encarregada, entre outras coisas, de deter e julgar os judaizantes.

1492 Os judeus não convertidos são expulsos da Espanha. Cerca da metade deles se dirige a Portugal, incluindo a família Spinoza, nome que revela a origem da cidade onde vivia: Spinoza de Monteros, na região cantábrica da Espanha.

1497 Comunidades judaicas portuguesas, sobretudo cristãos-novos (entre os quais muitos praticavam o judaísmo privadamente, em família), dão início a uma leva progressiva de refugiados, entre eles os ancestrais de Spinoza. Os destinos mais comuns foram o Brasil, o norte da África, as Províncias Unidas (Holanda) e a Alemanha. A família Spinoza permaneceu em Portugal, adotando o cristianismo, até o final do século XVI, sabendo-se que o pai do filósofo, Miguel (ou Michael), nasceu na cidade de Vidigueira, próxima a Beja.

1609 Início de uma década de paz entre as Províncias Unidas e a Espanha, com a qual se reconhece a independência das sete províncias protestantes do norte.

1615	Chega à Holanda, vindo do Porto, Uriel da Costa, importante pensador judeu que nega a imortalidade da alma e diz ser a lei de Moisés uma criação puramente humana.
1618	Começo da Guerra dos Trinta Anos.
1620	Os cristãos-novos que viviam em Nantes, na França, durante o reinado de Henrique IV, são expulsos, entre eles a família Spinoza, que houvera saído de Portugal em fins do século anterior. O avô de Spinoza, Isaac, decide então transferir-se para Roterdã, na Holanda.
1621	Retomam-se as hostilidades entre a Espanha e as Províncias Unidas.
1622	Ano em que, provavelmente, a família Spinoza chega a Amsterdã.
1625	Morte de Maurício de Nassau, sucedido por seu irmão Frederick, que consolida a autoridade da Casa de Orange na Holanda.
1626	Fundação de Nova Amsterdã na América do Norte, na ilha de Manhattan, futura Nova York, cujo terreno foi comprado pelos holandeses dos índios algonquinos.
1628	Miguel de Spinoza se casa, em segundas núpcias, com Ana Débora, futura mãe de Barukh e de seus irmãos Miriam, Isaac e Gabriel.
1629	Descartes se transfere para a Holanda.
1632	Nascimento de Barukh Spinoza em 24 de novembro, em Amsterdã, já sendo seu pai um próspero comerciante. Nascem no mesmo ano: Antonie van Leeuwenhoeck, em Delft, mais tarde considerado o "pai da microbiologia", Jan Vermeer e John Locke. Galileu é denunciado pela Inquisição.
1634	Aliança entre as Províncias Unidas e a França, contra a Espanha.
1638	Manasseh ben Israel, sefaradita nascido em Lisboa, é indicado para a *ieschivá* de Amsterdã, denominada "Árvore da Vida" (*Etz ha-Haim*). Ele e o asquenazita proveniente de Veneza, Saul Levi Morteira, serão professores de Spinoza em assuntos bíblicos e teológicos.
1639	Derrota da marinha espanhola para a armada holandesa, comandada pelo almirante Tromp.
1640	Morte de Rubens, em Antuérpia.
1642	Morte de Galileu e nascimento de Isaac Newton.
1643	É criada uma segunda escola na comunidade judaica de Amsterdã, a "Coroa da Torá" (*Keter Torá*), ou Coroa da Lei, na qual Spinoza fez estudos sob a orientação de Morteira.
1646	Nascimento de Gottfried Wilhelm von Leibniz, em Leipzig.
1648	O Tratado de Westfália termina com a Guerra dos Trinta Anos. A Holanda obtém a completa independência da Espanha, assim como a Confederação Suíça passa a ser oficialmente reconhecida.

CRONOLOGIA POLÍTICA E PRINCIPAIS FATOS BIOGRÁFICOS

1650 Sob a proteção de Franciscus (Franz) van den Enden, adepto da teosofia, segundo a qual nada existe fora de Deus, Spinoza passa a estudar latim, ciências naturais (física, mecânica, química, astronomia) e filosofia. Provavelmente tem contatos com a filha de Enden, Clara Maria, também ela professora de latim, por quem se apaixona. Morte de Descartes. Morte de Henrique II, conde de Nassau, príncipe de Orange.

1651 A Holanda coloniza o Cabo da Boa Esperança. O governo de Cromwell decreta a Lei da Navegação, proibindo que navios estrangeiros conduzam cargas em direção à Comunidade da Inglaterra (Commonwealth of England).

1652/1654 Primeira das quatro guerras marítimas anglo-holandesas pelo controle de novos territórios e de rotas comerciais.

1652 Mesmo com a oposição de seu pai, Spinoza passa a se dedicar à fabricação de lentes (corte, raspagem e polimento).

1653 Nomeação de Jan de Witt como conselheiro pensionário das Províncias Unidas por seu tio materno e regente de Amsterdã, Cornelis de Graeff, ambos politicamente estimados por Spinoza.

1654 Morre o pai de Spinoza. O filho assume a direção dos negócios familiares.

1655 Spinoza é acusado de heresia (materialismo e desprezo pela *Torá*) pelo Tribunal da Congregação Judaica.

1656 Excomunhão (*Herem*) de Spinoza da comunidade judaica. Após o banimento, Spinoza mudou seu primeiro nome, Baruch, na grafia da época, para Bento (Benedictus). No mesmo ano, um édito do governo proíbe o ensino da filosofia de Descartes na Holanda.

1660 A Sinagoga de Amsterdã envia petição às autoridades laicas municipais denunciando Spinoza como "ameaça à piedade e à moral". Escreve o (*Breve*) *Tratado*.

1661 Spinoza deixa Amsterdã e se transfere para Rijnsburg; começa a escrever a *Ética* e tem seu primeiro encontro com Henry (Heinrich) Oldenburg. Convive com os Colegiantes, uma irmandade religiosa bastante livre e eclética, na qual se discutem os Testamentos. Tornam-se seus amigos e discípulos Simon de Vries, que lhe deixou, ao morrer, uma pensão, Conrad van Beuningen, prefeito de Amsterdã e também embaixador da Holanda, assim como Jan Hudde e seu editor Jan Rieuwertsz.

1662 Provável ano em que escreve o inacabado *Tratado da Correção do Intelecto*. Morte de Pascal.

1663	Spinoza se muda para Voorburg, nos arredores de Haia (Den Haag), e ali divide uma residência com o pintor Daniel Tydemann. Nova Amsterdã é capturada pelos ingleses e recebe o nome de Nova York.
1664	Publicação dos *Princípios da Filosofia Cartesiana*, trazendo como anexos os *Pensamentos Metafísicos*.
1665	Começo da Segunda Guerra Anglo-Holandesa.
1666	Newton divulga sua teoria da gravitação universal e o cálculo diferencial. Luís XIV invade a Holanda hispânica. Morte de Franz Hals.
1667	O almirante Michiel de Ryuyter penetra no Tâmisa e destrói a frota inglesa ali ancorada. O Tratado de Breda põe fim à segunda Guerra Anglo-Holandesa.
1668	Leeuwenhoeck consegue realizar a primeira descrição dos glóbulos vermelhos do sangue. A Tríplice Aliança (Províncias Unidas, Suécia e Inglaterra) impede a conquista da Holanda Hispânica pelos franceses.
1669	Morte de Rembrandt em Amsterdã. Spinoza muda-se mais uma vez, então para Haia.
1670	É publicado o *Tratado Teológico-Político* em Hamburgo, sem indicação de autor.
1671	Leibniz e Spinoza trocam publicações e correspondência. Clara Maria, filha de Van den Enden, casa-se com o renomado médico Kerckrinck, discípulo de Spinoza. O *Tratado Teológico-Político* é denunciado pelo Conselho da Igreja de Amsterdã (calvinista) como "obra forjada pelo renegado judeu e o Diabo".
1672	Sabotando o pacto com a Tríplice Aliança, a França invade novamente as Províncias Unidas. Os holandeses abrem os diques para conseguir deter os franceses. Os irmãos De Witt são responsabilizados pelos calvinistas pela invasão e assassinados em 20 de agosto por uma multidão, episódio que Spinoza definiu com a expressão *Ultimi barbarorum*. Willem van Oranje (Guilherme I, o Taciturno, príncipe de Orange) é feito Capitão Geral das Províncias Unidas.
1673	Spinoza é convidado pelo eleitor palatino para ser professor de filosofia na Universidade de Heidelberg e declina a oferta, alegando lhe ser indispensáveis as liberdades de pensamento e de conduta. Os franceses são expulsos do território holandês.
1674	Willem van Oranje assina um édito banindo o *Tratado Teológico-Político* do território holandês.

CRONOLOGIA POLÍTICA E PRINCIPAIS FATOS BIOGRÁFICOS

1675 Spinoza completa a *Ética*. Recebe a visita de Leibniz em Haia. Morte de Vermeer.

1677 Morte de Spinoza em 21 de fevereiro, de tuberculose. Em dezembro, seus amigos publicam sua *Opera posthuma* em Amsterdã: *Ethica, Tractatus politicus, Tractatus de intellectus emendatione, Epistolae, Compendium grammatices linguae hebreae.* No mesmo ano, as obras são traduzidas para o holandês.

ACERCA DESTA TRADUÇÃO

Tivemos a preocupação, neste trabalho, de não apenas cotejar traduções em línguas diferentes (francês, inglês e espanhol), mas também de nos mantermos o mais próximo possível dos originais latinos de Spinoza. Essa preocupação pareceu-nos importante não pela tentativa de recriar uma atmosfera literária de época (o que também seria justificável), mas tendo-se em vista não modificar em demasia os conceitos ou os entendimentos dados pelo pensador a determinadas palavras, ou seja, conservar a terminologia utilizada em sua filosofia.

Para que o leitor possa perceber mais claramente esse objetivo, Spinoza sempre deu nítida preferência, em duas de suas obras principais, a *Ética* e o *Tratado Político*, ao termo potência (*potentia*), mesmo quando, eventualmente, pudesse ter utilizado a palavra poder (*potestas* ou, ainda, *imperium*). Ocorre que o vocábulo potência tem um significado particular para o filósofo, o que nos parece dever ser mantido nas traduções.

A potência é aquilo que define e manifesta o fato ontológico de algo existir, de perseverar em seu ser e agir. Considerando inicialmente que "a potência de Deus é sua própria essência"

(*Dei potentia est ipsa ipsius essentia, Ética* I, XXXIV) e que pela potência de Deus "todas as coisas são e agem", todos os modos de existência, isto é, os entes singulares, só podem manifestar-se por essa força constituinte e natural. Assim, "poder não existir é impotência e, ao contrário, poder existir é potência" (*Ética* I, outra Demonstração). Ainda que diferentes em extensão ou abrangência, a potência infinita de Deus, ou da Natureza (substância), e a potência finita das coisas singulares (modos) jamais se separam.

Por conseguinte, tudo o que está relacionado à existência, ao esforço contínuo de preservação de si (*conatus*), às afecções sofridas e ao agir se congrega no conceito de potência. Por exemplo: "Entendo por afecções aquelas do corpo pelas quais a potência de agir desse corpo aumenta ou diminui, é favorecida ou coagida, e, ao mesmo tempo, as ideias dessas afecções" (*Ética* III, III). Daí também ser a razão considerada "a potência da mente", ou "a verdadeira potência de agir do homem, quer dizer, sua virtude" (*Ética* IV, LII). Por isso mesmo é que só agindo virtuosamente pode o homem expressar o livre-arbítrio ou a liberdade pessoal, ou, em outras palavras, "num homem que vive sob o ditame da razão, [o apetite] é uma ação, quer dizer, uma virtude chamada moralidade" (*Ética*, V, IV).

O mesmo entendimento de potência pode ser observado no *Tratado Político*, pois todo ser da natureza tem o mesmo direito que sua potência de existir e agir, o que para Spinoza não é outra coisa senão a potência de Deus na sua liberdade absoluta, daí que

o direito natural da natureza inteira e, consequentemente, de cada indivíduo, se estende até onde vai sua potência e, portanto, tudo o que um homem faz segundo as leis de sua própria natureza, ele o faz em virtude de um direito soberano de natureza, e ele tem tanto direito sobre a natureza quanto tem de potência (Capítulo II, parágrafos 3 e 4).

Optamos ainda por utilizar o termo *mente*, quando encontrado no original (*mens, mentis*), em primeiro lugar como tradução direta, tal como o próprio filósofo o utiliza e entende, ou seja, como coisa pensante: "Entendo por ideia um conceito da mente que a mente forma porque é uma coisa pensante" (*Per ideam intelligo mentis conceptum quem mens format propterea quod res est cogitans*, *Ética*, II, Definição III). Com isso lembramos que, por influência das traduções francesas ou alemãs, já foi ele vertido entre nós como *alma* (*âme, Seele*), o que lhe dá uma conotação fortemente teológica. Em algumas obras iniciais isso realmente ocorre, como no *Tratado de Deus, do Homem e de sua Felicidade*, ou ainda nos *Princípios da Filosofia Cartesiana*. Quando não, devemos nos lembrar que, por motivos históricos, as línguas francesa e alemã não preservaram o vocábulo, mas apenas o adjetivo *mental* (no caso francês) e o substantivo *mentalité, Mentalität* (em ambas as línguas). Ora, encontrava-se nas intenções de Spinoza examinar a natureza da mente em suas múltiplas e complexas relações com o corpo, o que se depreende de uma proposição como a seguinte (*Ética* II, XIII): "O objeto da ideia constituinte da mente humana é o corpo, isto é, certo modo da extensão existente em ato e nenhum outro" (*Objectum ideæ humanam mentem constituentis est corpus sive certus extensionis modus actu existens et nihil aliud*). Essa intenção insinua-se já no primeiro de seus escritos, o (*Breve*) *Tratado de Deus, do Homem e de sua Felicidade*, em que se pode ler ainda sob o nome de *alma* (capítulo XXIII):

Por já termos dito que a mente é uma ideia que está na coisa pensante e que nasce da existência de uma coisa que está na Natureza, resulta daí que, igualmente da mudança e da duração da coisa, devem ser a mudança e a duração da mente. Observamos, além do mais, que a mente pode estar unida ou ao corpo, da qual é uma ideia, ou a Deus, sem o qual ela não pode existir nem ser concebida.

Disso se pode ver facilmente: 1. que se a mente estiver unida só ao corpo e esse corpo perecer, ela também deve perecer, pois se estiver privada do corpo que é o fundamento de seu amor, ela deve também morrer com ele; 2. mas se a alma estiver unida a outra coisa que permanece inalterada, ela deve também permanecer inalterada.

Ou ainda, no mesmo livro, no Apêndice II: "A essência da mente consiste unicamente, portanto, em ser, dentro do atributo pensante, uma ideia ou uma essência objetiva que nasce da essência de um objeto realmente existente na Natureza". Nesse momento inaugural do pensamento de Spinoza, cremos que o uso do termo *anima* ou *animus* acompanha a tradição greco-latina, em que a *alma* (o *thymós* grego) é o lugar não apenas de movimentos (*motus*), de impulsos (*impetus*), de afetos (*affectus*), mas sobretudo da *mente*, a quem cabe regular e se impor, por ação e virtude morais, às paixões constituintes do ser humano.

Logo, se de um lado temos uma doutrina da mente como conjunto de faculdades cognitivas (memória, imaginação, raciocínio, entendimento) e de afecções (alegria, ódio, desejo e as daí derivadas), todas elas naturais, esse mesmo exame nos permite entender a mente (conservado o original latino) em termos contemporâneos, ou seja, como estrutura de processos cognitivos e aparato psíquico.

Vários outros termos latinos foram traduzidos de maneira direta, tendo em vista existirem em português e oferecerem o mesmo entendimento da autoria, como *convenire* (convir), no sentido de algo que aflui e ocorre simultaneamente, junta-se, reúne-se e se ajusta, como também no de quadrar-se; *tollere* (tolher), com o significado de suprimir, retirar ou impedir, ou ainda *scopus* (escopo) e libido.

J. Guinsburg e Newton Cunha

A NOVA IMAGEM DO COSMOS
NO PENSAMENTO DE SPINOZA

Amelia Valcárcel

Barukh Spinoza, que nasceu em Amsterdã em 1632 e morreu em Haia em 1677, conquistou um dos maiores lugares na história da filosofia. Obteve-o escrevendo relativamente pouco e publicando muito menos. Espinosa, para usar desta vez seu nome latino, viveu 44 anos. Uma vida curta para a influência que se lhe deve reconhecer. Era descendente de judeus espanhóis e portugueses, educou-se como judeu, sendo conhecedor de sua tradição, mas foi expulso da sinagoga aos 24 anos[1]. Suas ideias filosóficas poderiam ter sido a causa dessa expulsão. Como pensador, estava posto no melhor lugar, na primeira fila, para assistir ao processo de desencantamento do mundo, que então se iniciava. Esses seus

---

1. Sua excomunhão, redigida em português, impressiona: "Maldito seja de dia e maldito seja de noite; maldito seja quando se deita e maldito quando se levanta; maldito seja quando sai e maldito quando regressa. Que o Senhor não o perdoe. Que a cólera e a ofensa do Senhor se desatem contra esse homem e lhe joguem todas as maldições escritas no Livro da Lei [...] O Senhor apagará seu nome embaixo dos céus e o expulsará de todas as tribos de Israel, abandonando-o ao Maligno com todas as maldições do céu escritas no Livro da Lei. Mas vós que sois fiéis ao Senhor vosso Deus, vivei em paz. Ordenamos que ninguém mantenha com ele comunicação oral ou escrita, que ninguém lhe preste qualquer favor, que ninguém permaneça com ele sob o mesmo teto, ou a menos de quatro estados, que ninguém leia nada escrito ou transcrito por ele".

44 anos foram passados em diversas cidades daquela próspera e inovadora sociedade, a Holanda, já independente da coroa hispânica. Era o melhor observatório de um tempo de mudanças profundas. Sob seu olhar se produzia o ocaso da explicação religiosa do mundo e o extraordinário avanço do processo de globalização.

A Holanda sulcava todos os mares e fazia todos os mapas do mundo conhecido. Os barcos de suas companhias açambarcavam todos os portos e punham em relação todos os continentes. Era um agrupamento de Províncias Unidas sob um "reino sem rei", que também buscava novos horizontes de pensamento[2]. Deve-se a Spinoza a criação de uma terminologia e o ter posto uma retícula conceitual no novo tempo secularizado que nascia. Foi Paul Hazard o primeiro a constatar que entre o Renascimento e a Ilustração se havia produzido uma crise imensa na consciência europeia, crise que apressou os caracteres essenciais do tempo que se seguiu.

Tratava-se de saber se se acreditaria ou se já não se acreditaria; se se obedeceria à tradição ou se se faria uma rebelião contra ela; se a humanidade continuaria seu caminho fiando-se nos mesmos guias, ou se novos chefes a fariam dar a volta para conduzi-la a outras terras prometidas. *Racionais e religionários*, como os chamou Pierre Bayle, disputavam-se as almas e se enfrentavam em um combate que tinha por testemunha toda a Europa pensante[3].

Spinoza morou na Holanda no momento em que esse território, como já se disse, conduzia a consolidação do comércio global e tirava as primeiras conclusões laicas da Reforma. Em semelhante avanço, vislumbrou mais ainda o futuro. Adiantou-se à sua época em pelo menos um século, e assim se

---

2. Para se conhecer o ambiente cultural em que Spinoza se desenvolveu, recomendo a excelente biografia de Steven Nadler, *Spinoza: A Life*, Cambridge: Cambridge University Press, 1999.

3. Paul Hazard, *La Crise de la conscience européenne, 1680-1715*, Paris: Le Livre de Poche, 1994, p. 5. (Collection Références)

converteu no pensador que durante mais de dois séculos permaneceu no fundo oculto do pensamento ilustrado e também da visão romântica do universo. Oculto não apenas porque teve de esconder parte de sua obra, mas ainda porque foi perigoso citá-lo abertamente durante quase todas as duas conhecidas centúrias[4]. No entanto, não era um pregoeiro de novidades. Escolheu para si mesmo a divisa *caute*, "tem cuidado". Habitava um mundo no qual a liberdade religiosa era entendida como tolerância entre diversas confissões, mas não se considerava que deveriam ser tratadas todas com distância serena e, sobretudo, afastadas do poder político. Poucos o tencionavam, inclusive na muito avançada Holanda. E menos ainda o conseguiam. Aquela potência estava descobrindo grandes inovações geográficas, financeiras e bursáteis[5]. Vermeer pinta em seus interiores a vida doméstica de sua gente e amiúde a acompanha com os mapas. As cartas geográficas de toda a terra conhecida constituíam um enorme capital em uma sociedade que também vivia de sua excelente imprensa. Seus livros eram vendidos universalmente. E, no entanto, ninguém possuía um mapa completo do pensamento depois da transformação a que se havia reduzido o velho mundo das ideias antes da Reforma. Essa missão tocou a Spinoza. Seu tempo necessitava de pensamento, essa energia sutil, e o tinha depositado quase todo na polêmica religiosa. Sua tarefa foi sacá-lo dali e proporcionar, assim o fazendo, uma das mais poderosas imagens do cosmos que já se construiu.

Não estava sozinho no trabalho de reconstruir a pensabilidade do que existe. O mundo do barroco fazia surgir, ao menor

4. No início, em seu próprio século, seu nome era evitado a ponto de não ser citado. O primeiro que se atreveu a fazê-lo abertamente foi Bayle. Mas outros usavam apenas sua inicial, S. Assim o fazia Mairan, em sua correspondência com Malebranche, a quem pedia, além disso, que apagasse sua assinatura. Thomas M. Lennon, *The Battle of the Gods and the Giants: The Legacies of Descartes and Gassendi, 1655-1715*, Princeton: Princeton University Press, 1993, p. 235.

5. O papel de ponta dos bancos nas Províncias Unidas infere-se bem no agora recuperado livro de Josef de Vega, *Confusion de Confusiones*, impresso em Amsterdã em 1688.

sopro de liberdade, novas ideias que o faziam compreensível. E a Holanda era o lugar onde precisamente a liberdade de imprensa permitia que se tornassem públicas. Certamente, com reservas: eram ideias para as pessoas cultas, escritas em latim, preservadas pela distância que ainda impunha o uso de uma língua especial que unicamente alguns liam. Os grandes pensadores barrocos mantiveram a interlíngua latina em boa parte de suas produções. Ela permitia entenderem-se mutuamente, mas, sobretudo, os preservava de algumas consequências molestas que seus escritos poderiam ter. Manifestavam-se assim cautelosamente, dentro de um círculo de reserva.

Os Ontólogos da Modernidade

Os maiores não são tantos, e Spinoza se manteve no cimo de uma elevação com Descartes, o outro ontólogo da Modernidade. Conhecemos por Modernidade o período da cultura que começa na Paz de Westfalia, em 1648, e chega até os nossos dias. Em seus alvores, esse tempo teve a necessidade de configurar um aparato teórico completo para dar significado e estabelecer a realidade, posto que a velha ontologia platônico-aristotélica havia sucumbido. A filosofia barroca, num esforço titânico, criou as categorias com as quais ainda hoje pensamos. Entre quatro grandes figuras elas se repartem: Descartes e Spinoza, Hobbes e Locke, talvez com a adição de um quinto, Leibniz. Eles voltaram a estender as pontes que tornaram a realidade inteligível, estabeleceram suas cesuras e reorganizaram o mapa do pensamento. O barroco foi um período de enorme força e sobretudo os ontólogos dotaram esse colossal impulso de discurso.

Spinoza foi um leitor de Descartes e de Hobbes. A Descartes deveu o primeiro grande passo. Digamos que Descartes nos pôs de pé. O ser humano voltou a contemplar o mundo de um modo circunspecto, atinado e sujeito a cálculos e números. Descartes aventou que a realidade se compõe de elementos discretos e, da mesma maneira, o pensamento se elabora mediante ideias claras e distintas. Realidade e pensamento são isomórficos, de maneira que uma e outro coincidem e se explicam, caso se siga o método adequado. O método, o caminho, é o importante. E não desviar-se é seu ápice. A primeira coisa é saber como funciona ela mesma, isto é, a máquina de pensar. Spinoza o leu com a mesma emoção com que o ouviram as outras grandes cabeças do século. Para o resumir, escreveu:

> Disso se compreende com facilidade como a mente, na medida que seu conhecimento se amplia, adquire novos instrumentos que lhe permitem inteligir com mais facilidade. Com efeito, como se conclui do que foi dito, deve existir em nós, antes de tudo, como instrumento inato, uma ideia verdadeira cuja intelecção faça conhecer a diferença existente entre uma percepção desse tipo e todas as outras. Nisso consiste uma parte do método. Como é claro por si mesmo que o espírito se conhece melhor quanto mais conhece da natureza"[6].

Trabalhou demais, dada a sua imensa admiração por Descartes, por seu pensamento, e dele fez um resumo. É o texto que se conhece por *Princípios da Filosofia Cartesiana*. É um dos ensaios que publicou em vida, junto com o *Tratado Teológico-Político*. Fê-lo para fixar clara e meridianamente seu ensino. Nos *Princípios*, escreve: "Descartes, portanto, a fim de proceder com a maior prudência em sua investigação das coisas, esforçou-se por: 1. rejeitar todos os preconceitos; 2. encontrar fundamentos sobre os quais se ergueria todo o edifício; 3. descobrir a causa do erro; 4. conhecer toda coisa clara e distintamente"[7].

Como admirador de Descartes, Spinoza tomou para si a obrigação de entender e estender a filosofia cartesiana; no entanto, estava chamado a contradizê-la. Tal como na Antiguidade se viveu a tensão entre platônicos e aristotélicos, a Modernidade encontrou em Spinoza o outro polo de Descartes. O holandês

---

6. *Tratado da Correção do Intelecto*, em *Spinoza: Obra Completa 1: (Breve) Tratado e Outros Escritos*, São Paulo: Perspectiva, 2014, p. 339.

7. *Princípios da Filosofia Cartesiana*, ibidem, p. 153.

forjou uma imagem poderosa de totalidade que rejeita as partes discretas e os dualismos cartesianos. Seu método pareceria o mesmo: não aceitar senão ideias claras e distintas, evidentes. Mas, frente ao atomismo e mecanicismos cartesianos, Spinoza estabelece a existência de uma realidade única, na qual a verdadeira individuação é a potência de ser. A realidade não é uma agregação extensa ou uma soma de "partes extra partes". É um todo, no qual a individualidade se explica pela potência que alcance. Uma substância, um algo reconhecível, um *conatus*, é aquilo em que a potência do ser se manifestou de forma especial[8]. Tudo é ser. Não há pensamento de um lado e extensão de outro: são a mesma coisa. E o conjunto, só abarcável pela imaginação, é uma imanência infinita.

A tensão dual da ontologia da Modernidade estava, pois, traçada. Não se pode, desde que Descartes ou Spinoza a fixaram, evitar-se uma ou outra linguagem. E a ontologia barroca permeia qualquer âmbito de reflexão. Possui um aspecto basal que se estende para fora, em todos os terrenos do ser ou do conhecer, afetados pelas ontologias prévias, discretas ou holísticas. Isso é sobremaneira claro na nova filosofia política. De modo análogo a Descartes, Locke entende a sociedade como a soma de liberdades individuais, ao passo que a imagem da totalidade de Spinoza está mais de acordo com o corpo único que representa o Leviatã de Hobbes. E poderia ocorrer que tenha sido a poderosa imagem do corpo social hobbesiana a que tenha contribuído para forjar sua ontologia totalizadora.

As correntes profundas que guiam os ontólogos da Modernidade ficam muitas vezes encobertas por suas teorias do conhecimento. Assim, tem-se o costume de classificar os filósofos barrocos em racionalistas ou empiristas, o que levaria suas dissensões ao plano da epistemologia. Essa forma de considerar, que os neokantianos transformaram em canônica, e é corrente nas histórias da filosofia, já deu de si o quanto podia.

8. *Ética*, Parte III, Proposição VI.

Agora se impõe buscar mais profundamente. Ao se fazê-lo, caso não se esqueça sobretudo o contexto de nascimento das ideias, observamos as profundas afinidades que guardam os grandes filósofos barrocos, tanto quanto as cesuras que os separam. Descartes e Locke têm tramas ontológicas similares, como é o caso também de Hobbes e Spinoza. São grandes construtores de retículas epistêmicas. Leibniz, com sua *Monadologia*, intentou realizar uma síntese entre as teorias de ambos, não de outro modo como buscou Plotino entre as grandes ontologias da Antiguidade. E isso também lhe dá um posto preeminente na filosofia moderna.

A Teoria Geral

Todo o pensamento barroco está presidido por uma ambição formidável, e se Spinoza trabalhou a fundo Descartes, sua mais direta influência, porém, foi Hobbes. Este começou seu *Leviatã* por uma antropologia fundamental, uma teoria dos desejos e das paixões humanas, pessimista, por certo. Spinoza acabou por colmatar a sua com uma teoria das paixões, não apenas humana, mas aplicável a quanto exista. Como novidade, a esse seu fundamento deu a forma euclideana e, como resultado, o chamou de *Ética*. Nela, Spinoza se encontra por inteiro. É sua obra mais perene e ambiciosa.

O "método", havia escrito anteriormente, "não pode ser outra coisa senão o conhecimento ou cognição reflexiva, ou a ideia da ideia"[9]. Há que se dirigir a mente, compreender a força que esta possui e compreender por fim a ordem da natureza. Disso se ocupa em seu texto mais famoso, que nunca chegou a publicar.

---

9. *Tratado da Correção do Intelecto*, op. cit., p. 363. As citações seguintes da autora, quando não informado diferentemente, têm por base as traduções espanholas de *Tratado Teológico-Político*, 2003; *Tratados de la Reforma del Entendimiento*, 2006; *Principios de Filosofía de Descartes*, 2008, pela Alianza Editorial.

A *Ética* não é apenas a obra mais importante de Spinoza, é também, provavelmente, seu último e mais elaborado texto. Nele define e explica o único ser existente. Mas começou sua tarefa antes. Já no *Tratado Teológico-Político* expõe haver uma concatenação das coisas naturais, que conhecemos como leis universais da natureza[10]. Elas são, propriamente falando, o governo de Deus. Por elas se fazem e se determinam todas as coisas, "pois é o mesmo dizermos que todas as coisas se fazem segundo as leis da natureza ou que são ordenadas pelo decreto de Deus e de seu governo". O poder das coisas naturais é o próprio poder de Deus. O ser humano é uma parte da natureza e intenta conservar seu ser: "tudo o que desejamos honestamente se reduz a esses três objetos principais, a saber, entender as coisas por suas causas primeiras, dominar as paixões e adquirir o hábito da virtude e, finalmente, viver em segurança e com um corpo são". Algumas dessas coisas dependem de causas externas, o que faz com que possa ser feliz tanto o sábio quanto o néscio. Para ordenar nossa vida, a referência às causas e sua concatenação dificilmente nos pode servir, pois que está cheia de assuntos particulares, para o que as leis necessárias são excessivas como explicação. Faremos melhor imaginando as coisas como meramente possíveis. O ser humano nem sequer é a parte principal da natureza: "Deus tem em vista não apenas o gênero humano, mas a natureza inteira", "tudo o que é contra a natureza é contra a razão", porque suas leis são inelutáveis e jamais se alteram. Nossa razão conhece isso clara e distintamente. No entanto, não pode refrear o corpo que somos. "O conhecimento verdadeiro do bom e do mau não pode reduzir qualquer afecção de modo verdadeiro, mas somente enquanto é considerada uma afecção". Não há um homúnculo que mova a máquina. Somos uma peça e tudo são afetos, incluindo-se nossa razão.

10. Ver infra, p. 93.

Pois bem, sendo "a lei suprema da natureza a de que cada coisa esforce-se em perseverar em seu estado [...] segue-se que cada indivíduo tem o direito soberano de perseverar em seu estado [...] de existir e se comportar como lhe é naturalmente determinado a fazer", pois a natureza, embora seja compreendida pela razão, não está confinada a suas leis. A toda essa matriz já bem estruturada de pensamento, Spinoza dá forma definitiva em sua *Ética*.

Deus sive natura: Deus é uma coisa extensa, as ideias e as coisas estão na mesma ordem e, pelo que se pode demonstrar, Deus é uma substância única e infinita que se resolve em modos. Deus também é coisa pensante que produz uma infinidade de ações numa infinidade de modos. O ser humano não existe necessariamente, como é o caso de Deus, mas apenas n'Ele. É "uma afecção ou um modo que expressa a natureza de Deus de uma maneira certa e determinada"[11]. A alma humana é uma parte do entendimento infinito de Deus. De fato, se dizemos que a alma humana percebe esta ou aquela coisa, é de Deus que dizemos.

O progresso no caminho do panteísmo de Spinoza é tão rápido que ele mesmo se obriga a escrever a *Ética*. "Aqui, sem dúvida, os leitores hão de se deter, e muitas coisas lhes virão à memória que os impedirão de avançar; por essa razão eu lhes rogo que avancem lentamente comigo e suspendam seu julgamento enquanto não tiverem lido tudo."[12] A alma e o corpo, isso que existe desde que o sintamos, não acabam por se distinguir claramente e Spinoza deixa a questão voluntariamente obscura, dando luz apenas a que, quanto mais apto está um corpo para agir e padecer, assim também sucede com a alma. E não somente isso é assim com os corpos humanos, mas com todos, posto que na natureza tudo está animado em certo grau.

No pensamento barroco, a marca impressa da física galileana é notória. Existem corpos, repouso, movimento, nos céus

11. Parte II, Proposição X, Corolário.
12. Parte II, Proposição XI, Escólio.

e na terra, e de pouco se distinguem se os tratamos de modo geral. Mas também é notória a pegada dos primeiros descobrimentos biológicos. Em sua teoria geral dos corpos, Spinoza indica que existem também corpos formados por outros corpos, se for o caso de seus movimentos se comunicarem. Aquilo que ocupa um lugar que não pode ser ocupado por outro é um corpo. Pois bem, o corpo humano é um que se compõe de muitos outros indivíduos, cada um dos quais é também composto. Regenera-se continuamente e dispõe, de muitas maneiras, dos corpos exteriores. E as ideias que temos sobre esses corpos exteriores indicam mais o estado do nosso do que a natureza dos tais corpos exteriores.

E também esses nossos corpos são capazes de ser afetados pelas ideias de outros corpos, ideias que se fizeram a partir deles. De tudo isso resulta um tecido de significados que nos move e nos afeta. A alma se conhece pelo que afeta o corpo, não por outra coisa. E tudo o que outro corpo faça, o conhecemos do mesmo modo. Por consequência, as ideias das afecções do corpo não são claras e distintas, mas sempre confusas. Tampouco podemos saber quanto durará nosso corpo nem quanto o farão as coisas singulares. Então, verdadeiramente, só podemos conhecer adequadamente o que é geral e comum. Nesse âmbito comum a todos os seres humanos serão produzidas as ideias claras e distintas. Mas são noções comuns, unicamente princípios do pensamento. São também transcendentais e em número limitado, o que se costuma entender por "universais". Porém, não são sequer homogêneas, pois cada corpo as forma conforme tenha sido afetado pelos corpos singulares de onde procedem essas noções.

Todavia, afirma Spinoza, "a verdade é norma de si mesma". Nossa alma, quando percebe as coisas verdadeiras, é uma parte do entendimento infinito de Deus. "É da natureza da razão perceber as coisas como dotadas de certa espécie de eternidade."[13]

---

13. Parte II, Proposição XLIV, Corolário 2.

Por conseguinte, quando entendemos, entendemos mediante generalidades, como o faz Deus. E visto que a vontade é apenas a capacidade de negar ou afirmar que algo é verdadeiro ou falso, tampouco o entendimento se distingue da vontade. Não ver isso claramente advém de que normalmente confundimos as ideias, as imagens e as palavras. A isso temos de unir o fato de possuirmos afecções, das quais cita Spinoza como exemplo o ódio, a cólera, a inveja e outras mais que, no entanto, são partes da natureza e é conveniente mais conhecê-las do que difamá-las.

E se propôs a conhecê-las, escreve na *Ética*, "seguindo o mesmo método que aquele nas partes precedentes de Deus e da Alma"; por isso, continua, "considerarei as ações e os apetites humanos como se fossem linhas, superfícies e sólidos"[14]. São afecções do corpo aquelas por meio das quais se aumenta ou se diminui a potência de agir. Hobbes também as considerou em seu *Leviatã* e delas escreveu que são conatos, apetites ou aversões que movem nossos corpos antes que apareçam ações visíveis[15]. Sem dúvida, Spinoza quis melhorá-lo nessa parte. Daí seu peculiar desenvolvimento. Hobbes também havia escrito que a geometria era, de momento, a única ciência que Deus havia querido conceder à humanidade[16]. Como naquela ciência, pensava Spinoza, no abundante tema das afecções convém fazer-se definições com muito cuidado.

A alma e o corpo são uma e mesma coisa. E os corpos não são ainda suficientemente conhecidos. Mas algo, sim, é claro: os corpos não são marionetes em poder das almas. Ainda que sejamos humanos, somos coisas singulares cuja essência é persistir no ser. E para ele se dirigem todos os esforços, para persistir no ser por um tempo indefinido. Porque o término é sempre exterior. Enquanto vive, tem vontade ou apetite de permanecer e, além disso, o sabe. Possui, ademais, um guia inequívoco: a alegria incrementa a potência de ser, enquanto a tristeza a diminui.

---

14. Introdução à Parte III.
15. *Leviatã*, Madrid: Alianza, 1989, p. 50.
16. Idem, p. 37.

Resta o desejo, que nos faz mover em direção às coisas e julgá-las boas.

Com esses vimes, Spinoza começa a urdir uma complexa e bem tramada explicação das formas de sentir que são possíveis, isto é, põe em cena e leva a cabo seu programa de tratar as ações e os apetites humanos "como se se tratasse de linhas, de superfícies e de corpos sólidos". E nessa explicação introduz tanto elementos de epistemologia quanto sentimentos e paixões.

More Geometrico

A *Ética*, por certo, está feita à imagem e semelhança de um tratado de geometria. Essa maneira de produzi-la deveu custar-lhe muito trabalho, ao ter de encaixar e polir definições, teoremas, corolários e escólios. Hoje nos parece estranha. Não obstante, há de ser explicada. Por que teve a teoria do conhecimento que fazer-se tão presente no século XVII? Por que buscar estruturas de raciocínio que pareceriam inapeláveis? Talvez uma nota de Tomás de Aquino nos ajude a resolver. Afirma ele que ninguém se mata nem mata por demonstrar a evidente verdade da geometria. A gente costuma fazê-lo por assuntos bastante menos claros, como os religiosos, por exemplo.

Em 20 de agosto de 1672, o cadáver de Jan de Witt, governante da próspera república em que a Holanda se convertera, pendia junto do de seu irmão em praça pública, ambos mutilados e eviscerados. Nesse dia, Spinoza, já bastante conhecido como judeu apóstata e crente mais do que tímido, quis sair de seu albergue com um cartaz em que havia escrito *ultimi barbarorum* (os últimos bárbaros). Pretendia levá-lo ao infame e sangrento lugar da vergonhosa exposição daqueles pobres corpos. Um dos irmãos, Jan de Witt, tinha sido, sem dúvida, seu protetor. Spinoza houvera apresentado em seu *Tratado Teológico-Político*, publicado então há dois anos, o fundamento e a teoria de seu governo. Nele, assenta as bases de uma política aberta, laica e tolerante.

A NOVA IMAGEM DO COSMO NO PENSAMENTO DE SPINOZA

O que Spinoza acreditava com veemência havia sido retalhado por aquele duplo assassinato. Dissuadiram-no de sair, por sorte.

Aquilo o convenceu em definitivo: ele mesmo se dissuadiu de dar à impressão a sua *Ética*. Seguiu uma vida cauta, mas não tanto que a fama não o tocasse, embora essa fosse a de um sábio e de excelente pessoa. Continuou também polindo lentes e traçando sua obra posterior, sem dá-la a conhecer senão a alguns amigos escolhidos. Sua vida foi íntima e até obscura. Só depois de sua morte prematura e de um enterro em que meia cidade o acompanhou[17], chegaram as críticas acerbas.

Uma das maneiras de se chamar alguém de ateu, quando nem o adjetivo era assumido, foi acusá-lo de *spinozista*[18]. Mesmo Bayle não se recusou a esconder sua própria posição, tachando--o de ateu em seu *Dicionário*. Todos os seus contemporâneos o leram, sem citá-lo. E os ilustrados o tiveram por inspiração. O mesmo fizeram os românticos. E agora seguimos pensando com sua cabeça. De sua herança nos vem o que chamamos "panteísmo": o sentir-se parte consciente de um todo imortal. Alguma coisa que só confusamente compreendemos, embora Spinoza afirmasse que se podia captar com uma só intuição, e que era a mesma da substância divina. Aquilo que alenta em si mesmo, eternamente, e em nós, enquanto existimos, cuja batida é alegria, se sabe que viverá, ou tristeza, quando põe em perigo essa chispa finita que lhe foi entregue. A geometria barroca de Spinoza intentou resfriar, para que se pudesse entendê-lo, um ser infinito e imanente, no qual não existe além, que nos abarca, e que, de algum modo, mediante nós, retorna a si e se estende a si mesmo. Isso é *Deus sive Natura*. Tudo o que nos rodeia, e também aquilo que está rodeado, porque tudo a ele pertence.

---

17. Matthew Stewart, *El Hereje y el Cortesano*, Barcelona: Ediciones de Intervención Cultural, 2007, p. 300. (Biblioteca Buridán)

18. "Spinoza pareceu a seus contemporâneos o Destruidor por excelência e o Maldito. Aquele judeu, filho de uma raça aborrecida e rechaçado por sua própria raça, que passava a vida em solidão [...] era o espinhoso, como se torna espinhosa uma terra amaldiçoada por Deus [...] o ateísmo havia nascido com o Renascimento [...] agora se produzia o mais nefasto de todos, Spinoza". P. Hazard, op. cit., p. 123-124.

Hazard o resume da seguinte maneira: "Ao Deus de Israel, de Isaac e de Jacó, pretende-se substituí-lo por um Deus abstrato, que não é outra coisa senão a ordem do universo e, quiçá, o próprio universo [...] Sem dúvida, nunca antes sofreram um ataque semelhante as crenças em que se apoiava a sociedade antiga"[19].

Previamente, no *Tratado Teológico-Político*, Spinoza também havia afirmado que a *Bíblia* era um livro como os demais. Não exatamente com uma claridade tão meridiana, mas o suficiente. Ao longo de seus primeiros quinze capítulos, o filósofo atua como filólogo hebreu e vai desmontando, uma a uma, as confortáveis literalidades da Escritura, com que pastores e rabinos se enganam, se é que não enganam os demais. O faz minuciosa e cuidadosamente, até poder concluir, após centenas de páginas:

> Aqueles para quem a *Bíblia*, tal como é, é como uma Epístola de Deus enviada do céu aos homens, não deixarão de clamar que cometi pecado contra o Santo Espírito, julgando a palavra de Deus mentirosa, amputada, falsificada e incoerente, pretendendo que dela só temos fragmentos e que, enfim, a carta que atesta o pacto concluído por Deus com os judeus extinguiu-se.[20]

Mas acontece que Spinoza aponta mais alto: o filósofo pensa, como já se observou, que a mente humana é a única e verdadeira autografia de Deus. Não seríamos então servos nem tampouco filhos, e sim uma assombrosa voluta de uma só e eterna substância divina.

19. Idem, p. 197.
20. Cf. infra, p. 237.

SPINOZA
OBRA COMPLETA III

TRACTATUS
THEOLOGICO-POLITICUS

Continens
Dissertationes aliquot,

Quibus ostenditur Libertatem Philosophandi non tantum salva Pietate, & Reipublicæ Pace posse concedi: sed eandem nisi cum Pace Reipublicæ, ipsaque Pietate tolli non posse.

Auctore Benedicto de Spinoza.

Johann: Epist: I. Cap: IV. vers: XIII.

Per hoc cognoscimus quod in Deo manemus, & Deus manet in nobis, quod de Spiritu suo dedit nobis.

HAMBURGI,
Apud *Henricum Künraht.* cIɔIɔ cLXX.

TRATADO TEOLÓGICO-POLÍTICO

PREFÁCIO

Se os homens pudessem regrar todos os seus assuntos seguindo um propósito irrevogável ou, ainda, se a fortuna lhes fosse sempre favorável, jamais seriam prisioneiros da superstição. Mas reduzidos com frequência a um extremo tal que não sabem o que resolver, e condenados por seu desejo desmedido dos bens incertos da fortuna a flutuar sem trégua entre a esperança e o medo, têm a alma naturalmente inclinada à mais extrema credulidade; se em dúvida, o mais leve impulso a faz pender num ou noutro sentido, e sua mobilidade cresce mais ainda quando suspensa entre o medo e a esperança, ao passo que nos momentos de segurança ela se enche de vaidade e se infla de orgulho.

Creio que isso ninguém o ignore, crendo que a maioria ignore-se a si mesma. Com efeito, ninguém viveu entre os homens sem ter observado que nos dias de prosperidade quase todos, por grande que seja sua inexperiência, estão cheios de sabedoria, a ponto de fazer-se-lhe injúria ao se permitir dar-lhe um conselho. E que na adversidade, ao contrário, não sabendo para onde voltar-se, suplicam conselhos a todos e estão prontos a seguir todos os que lhes forem dados, por mais ineptos, absurdos ou ineficazes que possam ser. Observa-se, além disso, que os mais ligeiros motivos lhes bastam para esperar a volta da fortuna ou a recaída nos piores temores. Com efeito, se quando estão em situação de medo produzir-se um incidente que lhes recorde um bem ou um mal passados, pensam ser o anúncio de uma saída feliz ou infeliz e, por tal razão, embora cem vezes enganados, o chamam de um presságio favorável ou funesto. Que lhes aconteça agora de ver com surpresa algo de insólito, creem ser um prodígio manifestando a cólera dos deuses ou da suprema divindade; desde então, não conjurar esse prodígio com sacrifícios e votos torna-se uma impiedade a seus olhos de homens sujeitos à superstição e contrário à religião. Desse modo, forjam inúmeras ficções e, quando interpretam a Natureza, nela descobrem milagres, como se ela delirasse com eles.

Em tais condições, vemos que os mais propensos a todos os gêneros de superstições não deixam de ser aqueles que desejam sem medida os bens incertos; todos, sobretudo quando correm dos perigos e não sabem encontrar assistência em si próprios, imploram o socorro divino por votos e, pelas lágrimas das mulheres, declaram a razão cega (de fato, ela é incapaz de lhes ensinar alguma via segura para alcançar as vãs satisfações que procuram) e tratam a sabedoria humana de vaidade; ao contrário, os delírios da imaginação, os sonhos e as inépcias pueris lhes parecem ser respostas divinas; mais ainda, Deus tem aversão pelos sábios; não é na alma, mas nas entranhas dos animais que estão inscritos seus decretos, ou são ainda os insensatos, os dementes, os pássaros que, por um instinto, um sopro divino, os fazem conhecer. Eis a que ponto de desrazão o medo conduz os homens.

A causa da qual nasce a superstição, que a conserva e alimenta, é pois o medo; além das razões que precedem, caso se peçam exemplos, citarei Alexandre. Quando, às portas de Susa, receou a fortuna, chegou à superstição e recorreu a adivinhos (ver Quinto Cúrcio, livro IV, § 4); após sua vitória sobre Dario, cessou de consultar adivinhos e arúspices, até o dia de grande ansiedade em que, abandonado pelos bactrianos e provocado ao combate pelos citas, imobilizado por sua ferida, caiu (são palavras de Cúrcio, livro VII, §7) "na superstição que serve de brinquedo ao espírito humano e encarregou Aristandre, em quem sua credulidade repousava, para saber por sacrifícios que aspecto tomariam seus assuntos". Poderíamos aqui dar numerosos exemplos, evidenciando o fato: os homens são dominados pela superstição enquanto dura o temor; o culto vão ao qual se constrangem com respeito religioso se dirige a fantasmas, às desorientações da imaginação de uma alma triste e medrosa; enfim, os adivinhos nunca adquiriram mais império sobre a multidão e jamais se fizeram temer pelos reis do que nas piores situações atravessadas pelo Estado. Mas sendo isso, como creio, suficientemente conhecido por todos, não mais insistirei.

Da causa que assinalei para a superstição segue-se claramente que todos os homens a ela estão sujeitos por natureza (e não é, ainda que outros o digam, porque todos os mortais têm uma certa ideia confusa da divindade). Vê-se, além do mais, que ela deve ser extremamente diversa e inconstante, como o são as ilusões que ludibriam a mente humana e as loucuras para as quais se deixa arrastar. E que enfim, a esperança, a ira, a cólera e a fraude podem sozinhas mantê-la, dado que ela não tem sua origem na Razão, mas apenas nas Paixões e na mais ativa delas. Tanto mais os homens se deixem facilmente prender por todo gênero de superstição, tanto mais é difícil que eles persistam numa só. Mais ainda, o vulgo, permanecendo sempre igualmente miserável, jamais pode encontrar a serenidade, pois só lhe agrada o que é novo e ainda não o enganou. É essa inconstância a causa de tantas desordens e guerras atrozes, pois isso é evidente pelo que precede e Quinto Cúrcio bem o observou (livro IV, capítulo X): "nenhum meio de governar a multidão é mais eficaz do que a superstição". Pelo que se chega a induzi-la facilmente, sob o manto da religião, seja para adorar os reis como deuses, seja para execrá-los ou detestá-los como praga comum ao gênero humano.

Para evitar esse mal, aplicou-se com grande cuidado envolver a religião, falsa ou verdadeira, com um culto e um aparelho próprio para dar mais peso à opinião do que a qualquer outro móvel, e fazer de todas as almas o objeto o mais escrupuloso e de constante respeito. Tais medidas não tiveram mais efeito do que entre os turcos, em que mesmo a discussão passa por ser sacrilégio e os preconceitos pesam tanto como julgamento que a reta razão não tem mais lugar na alma e a dúvida se tornou impossível.

Mas se o grande segredo do regime monárquico e seu interesse maior é o de enganar os homens e colorir com o nome de religião o medo que lhes deve dominar, a fim de que combatam por sua servidão, como se se tratasse de sua salvação, e creiam não vergonhoso, mas honroso no mais alto nível, espalhar seu sangue e dar sua vida para satisfazer a vaidade de um só homem; bem ao contrário nada se pode conceber nem tentar de mais aborrecido em uma república livre, pois é inteiramente contrário à liberdade comum que o livre-arbítrio seja submetido aos prejuízos ou sofra algum constrangimento. Quanto às sedições excitadas sem vínculo com a religião, elas nascem unicamente do fato de que as leis são estabelecidas com atinência a objetos de especulação e que as opiniões são tidas por culpáveis e condenadas como se fossem crimes; seus defensores e partidários são imolados não tendo em vista a salvação do Estado, mas o ódio e a crueldade dos seus adversários. Se fosse do direito público que apenas os atos pudessem ser perseguidos, não sendo as palavras jamais punidas, sedições semelhantes não poderiam atribuir-se à aparência do direito e as controvérsias não se converteriam em sedições.

De resto, pois, se essa rara felicidade que nos coube de viver em uma República, na qual a inteira liberdade de julgar e honrar a Deus conforme sua própria compleição é dada a cada um, e todos têm a liberdade como o mais caro e doce dos bens, acreditei não empreender uma obra de ingratidão ou sem utilidade, ao mostrar que não apenas essa liberdade pode ser concedida sem perigo para a piedade e a paz do Estado, mas que não a poderíamos suprimir sem destruir a paz do Estado e a piedade. Eis a tese e meu principal objeto de demonstração neste tratado. Para alcançá-lo foi necessário, primeiramente, indicar os principais preconceitos concernentes à religião, quer dizer, os restos de nossa servidão antiga; depois também os preconceitos relativos ao direito das autoridades soberanas do Estado. Com efeito, muitos, afrontados em sua liberdade, se esforçam por extinguir em grande parte esse direito e desviar para aspectos religiosos o coração das multidões ainda sujeitas à superstição dos idólatras, o que nos faria recair em uma serventia universal. Eu me proponho dizer um pouco adiante, em algumas palavras, em que ordem falarei disso, mas antes exporei as causas que me impeliram a escrever.

Muitas vezes vi com espanto homens orgulhosos de professar a religião cristã, quer dizer, o amor, a alegria, a paz, a continência e a boa fé para com todos, lutarem entre si com um incrível ardor malévolo e mostrarem o ódio mais áspero, embora por esses sentimentos, mais do que pelos anteriores, sua fé se fizesse conhecer. Há muito tempo que as coisas chegaram a um ponto em que é quase impossível saber o que é um homem – cristão, turco, judeu ou idólatra –, a não ser por suas vestes e aparência exterior, ou por aquilo que frequenta, esta ou aquela igreja, ou, enfim, ao que se apega, a essa ou àquela opinião ou que jura sobre a palavra deste ou daquele mestre. Quanto ao resto, a vida de todos é a mesma.

Buscando a causa desse mal, não hesitei em reconhecer que a origem estava em que os encargos de administrador de uma igreja, mantidos por dignidades, as funções de ministro de culto, tornadas prebendas, a religião consistiu para o vulgo em prestar aos pastores as maiores honras. Desde que esse abuso começou, um apetite sem medida para exercer as funções sacerdotais penetrou no coração dos maus e o amor para propagar a fé em Deus foi substituído por uma ambição e uma avidez sórdidas, o próprio templo degenerou em teatro, onde não se ouviam doutores, mas oradores da igreja dos quais nenhum tinha o desejo de instruir o povo, mas o de causar admiração, repreender publicamente os dissidentes, ensinar somente coisas novas, inabituais, próprias para fazer o vulgo admirar-se. Disso nasceram, em verdade, grandes lutas, inveja e ódio que os anos foram impotentes para acalmar.

Não é de se surpreender se nada restou da própria religião, salvo o culto exterior, mais parecido a uma adulação que a uma adoração a Deus pelo vulgo, e se a fé não consiste mais a não ser em credulidade e preconceito. E quais preconceitos? Os que reduzem os homens razoáveis ao estado de animais brutos, já que impedem o uso livre do juízo, toda distinção entre o falso e o verdadeiro, e parecem inventados expressamente para apagar toda a luz do entendimento. A piedade, grande Deus!, e a religião consistem em mistérios absurdos, e pelo completo menosprezo da razão, por seu desdém, pela aversão ao entendimento, que dizem ser de natureza corrompida, é que, pela pior injustiça, se reconhecem os possuidores da luz divina. Certo, se tivessem ao menos uma centelha da luz divina, não seriam tão orgulhosos de sua desrazão, mas aprenderiam a honrar a Deus de maneira mais sábia e, como hoje pelo ódio, o levariam aos outros por amor. Não perseguiriam com tão áspera hostilidade os que não compartilham suas opiniões, mas talvez lhes tivessem piedade, se ao menos é pela salvação de outrem que temem, e não por sua fortuna. Além do mais, se possuíssem alguma luz divina, isso se conheceria na doutrina. Confesso que sua admiração pelos mistérios da Escritura não tem limites, mas nunca vi terem exposto alguma doutrina fora das especulações aristotélicas e platônicas; e a fim de não parecerem pagãos, adaptaram para si a Escritura. Não lhes basta delirarem com os gregos, quiseram fazer delirar consigo os profetas. O que bem prova que jamais viram, mesmo em sonho, a divindade da Escritura. Quanto mais para baixo sua admiração os faz inclinar perante seus mistérios, mais demonstram que neles a submissão à Escritura prevalece sobre a fé, e isso se vê

TRATADO TEOLÓGICO-POLÍTICO

ainda pelo que a maioria põe como princípio (para entendê-la claramente e adivinhar o verdadeiro sentido): que a Escritura é sempre verdadeira e divina, quando isso deveria ser a conclusão de um exame severo, não deixando nenhuma obscuridade nela subsistir; o que seu estudo direto nos demonstraria bem mais, sem recurso a uma ficção humana, eles põem de início como regra de interpretação.

Tais eram pois os pensamentos que ocupavam o meu espírito: não apenas via a luz natural desprezada, mas muitos a condenando como fonte de impiedade; invenções humanas convertidas em ensinamentos divinos; a credulidade tomada como fé; as controvérsias dos filósofos sublevando na Igreja e no Estado as paixões mais vivas, engendrando a discórdia e ódios cruéis e, depois, as sedições entre os homens, sem falar de outros males muito longos para serem enumerados. Por consequência, resolvi seriamente retomar, sem prevenção, e com toda a liberdade de espírito, o exame da Escritura, nada afirmar e nada admitir como parte de sua doutrina que não fosse ensinado por ela com perfeita clareza. Assim, com esta preocupação elaborei um método para a interpretação dos livros santos e, uma vez de posse desse método, comecei a procurar, antes de tudo, o que é uma profecia e em que condições Deus revelou-se aos profetas. E por que foram por Ele reconhecidos? Quer dizer, se foi por terem tido pensamentos elevados sobre Deus ou por sua piedade.

Quando respondi a tais questões, pude facilmente estabelecer que a autoridade dos profetas tem peso apenas naquilo que concerne ao uso da vida e a verdadeira virtude; quanto ao resto, suas opiniões pouco nos tocam. Estabelecidos esses pontos, procurei saber por que os hebreus foram chamados os eleitos de Deus. Tendo visto que foi simplesmente por Deus ter escolhido para eles uma certa região onde pudessem viver em segurança e comodamente, compreendi que as Leis reveladas por Deus a Moisés não eram outra coisa senão o próprio direito do Estado hebreu e, por conseguinte, que ninguém fora dele estava obrigado a admiti-las; tanto mais que eles mesmos a elas não estavam obrigados senão na existência do seu Estado. Além disso, para saber se se pode concluir da Escritura que o entendimento humano tem uma natureza corrompida, quis investigar se a religião católica, quer dizer, a lei divina revelada à totalidade do gênero humano pelos profetas e apóstolos, é outra além da que também ensina a luz natural. Depois, se os milagres ocorreram contrariamente à ordem da natureza e se eles provam a existência da providência de Deus de maneira mais clara e certa do que as coisas conhecidas por nós clara e distintamente por suas causas primeiras.

Mas como nada encontrei, naquilo que ensina expressamente a Escritura, que não concordasse com o entendimento e lhe contradissesse, e vendo, além disso, que os profetas nada ensinaram senão coisas extremamente simples, por todos perceptíveis, e para expô-las apenas usaram de um estilo, apoiando-se em razões que poderiam melhor conduzir o povo à devoção, convenci-me inteiramente de que a Escritura deixa a razão absolutamente livre e nada tem de comum com a filosofia, mas que uma e outra se mantêm por uma força própria a cada uma. Para dar desse princípio uma demonstração rigorosa e precisar inteiramente esse ponto, mostro de que modo a Escritura deve ser interpretada e que todo o conhecimento que ela pode dar das coisas espirituais deve ser tirado somente dela e não do que chamamos de luz natural.

Em seguida, faço conhecer os prejuízos nascidos do fato de que o vulgo (ligado à superstição e que prefere os restos dos tempos antigos à própria eternidade) adora os livros da Escritura mais do que a própria palavra de Deus. Depois, mostro que a palavra revelada de Deus não é um certo número de livros, mas uma ideia simples do pensamento divino, tal como se fez conhecer aos profetas pela revelação: a saber, que é preciso obedecer a Deus com toda sua alma, praticando a justiça e a caridade. E faço ver que essa doutrina é ensinada na Escritura seguindo a compreensão e as opiniões daqueles a quem os profetas e os apóstolos se haviam acostumado a pregar a palavra de Deus, precaução necessária para que ela fosse adotada por homens sem repugnância, mas com toda a sua alma.

Tendo assim feito conhecer os fundamentos da fé, concluí enfim que o conhecimento revelado não tem outro objeto senão a obediência e é assim inteiramente distinto do conhecimento natural, tanto por seu objeto quanto por seus princípios e meios; que esses dois conhecimentos nada têm em comum, mas podem, um e outro, ocupar seus próprios domínios sem se combaterem em nada e sem que um seja servo do outro.

Além disso, e dado que os homens possuem compleições diferentes e se satisfazem com opiniões diferentes, que aquilo que é objeto de respeito religioso para este excite o riso daquele, concluí ainda que é preciso deixar a cada um a liberdade do seu julgamento e o poder de interpretar segundo seu temperamento os fundamentos da fé e julgar o que é de cada um apenas segundo suas obras, se perguntando se estão ou não conformes a piedade, pois assim todos poderão obedecer a Deus com inteiro e livre consentimento e apenas a justiça e a caridade terão um preço para todos.

Após ter feito conhecer essa liberdade dada a todos pela lei divina, passo à segunda parte do assunto: essa liberdade pode e deve ainda ser concedida sem perigo para a paz do Estado e o direito do soberano; ela não pode ser retirada sem grande perigo para a paz e grande dano para o Estado. Para o demonstrar, parto do direito natural do indivíduo, o qual se estende tão longe quanto o seu desejo e seu poder, não havendo ninguém que, conforme o direito natural, deva seguir a compleição de outro, sendo cada um o defensor de sua própria liberdade. Mostro ainda que, em realidade, ninguém abandona seu direito, senão aquele que transfere a um outro o seu poder de se defender e que, com toda a necessidade, o detentor do direito natural absoluto encontra-se naquele a quem todos transferiram, com seu poder de se defender, o direito de viver conforme sua própria compleição. E a partir daí estabeleço que os detentores do comando soberano no Estado têm, na medida do seu poder, direito a tudo, sendo os únicos defensores do direito e da liberdade, enquanto os demais devem agir em tudo segundo seu decreto. Como, porém, ninguém pode privar-se a si mesmo do poder de se defender, a ponto de deixar de ser um homem, disso concluo que ninguém pode ser inteiramente privado do seu direito natural e que os sujeitos conservam, como por um direito de Natureza, certas franquias que não lhe podem ser usurpadas sem grande perigo para o Estado e que ou lhes são tacitamente acordadas ou então estipuladas por aqueles que comandam.

Após essas considerações, passo à República dos Hebreus, da qual falo longamente, mostrando em que condições, por quais homens e decretos a religião começou a ter força de lei, indicando de passagem outras particularidades que me pareceram merecer ser conhecidas. Depois, estabeleço que aqueles que detêm o comando soberano não são apenas os guardiães e intérpretes do direito civil, mas também do sagrado, que apenas eles têm o direito de decidir o que é justo ou injusto, o que é conforme ou não à piedade. Enfim, minha conclusão é que, para manter esse direito o melhor possível e assegurar a segurança do Estado, é preciso deixar cada um livre para pensar o que quiser e dizer o que pensa.

Assim é, leitor filósofo, a obra que te dou a examinar, convicto de que, em razão da importância e da utilidade do seu objeto, tomada em sua totalidade ou em cada um dos seus capítulos, não receberá de ti má acolhida; teria sobre isso muitas coisas a acrescentar, mas não quero que este prefácio se alongue e se converta em um volume. De resto, creio que o essencial é bastante conhecido pelos filósofos. Aos não filósofos, não me ocupo em recomendar este Tratado, não tendo motivos para esperar que lhes possa convir de alguma maneira. Sei, com efeito, o quanto estão enraizados em sua alma os preconceitos aos quais, sob o disfarce da piedade, deram adesão. Sei também que é igualmente impossível extirpar da alma do vulgo a superstição e o medo. E sei, por fim, que nele a insubmissão é constante, não sendo governado pela Razão, mas levado pela Paixão ao louvor ou à censura. Portanto, não convido a plebe a ler esta obra e nem aqueles que são agitados pelas mesmas paixões. Antes, preferiria de sua parte uma negligência completa a uma interpretação que, estando errada, como é de seu invariável costume, lhe daria ocasião de fazer o mal e, sem proveito para ela mesma, prejudicar aqueles que filosofam mais livremente, pois não creem que a razão deva ser servidora da teologia; para estes últimos, tenho a convicção de que a obra será bastante útil.

Como, por outro lado, muitos não terão a possibilidade e o gosto de tudo ler, sou obrigado a prevenir, aqui como no fim do Tratado, que nada escrevi que não esteja pronto a submeter ao exame e julgamento dos soberanos de minha pátria. Se eles julgarem ter dito alguma coisa contrária às leis da pátria ou da salvação pública, quero que seja considerado como não dito. Sei que sou homem e que pude me enganar; mas pus todos os meus cuidados para não enganar-me e, em primeiro lugar, nada escrever que não coincidisse perfeitamente com as leis da pátria, a piedade e os bons costumes.

CAPÍTULO I

Da profecia

1: Uma profecia ou revelação é o conhecimento certo de alguma coisa revelado aos homens por Deus. Quanto ao profeta, é aquele que interpreta as coisas reveladas por Deus a outras pessoas incapazes de ter um conhecimento certo, não podendo, por consequência, discerni-lo senão pela fé. Entre os hebreus, efetivamente, profeta se diz *nabi**, quer dizer, orador e intérprete, e na Escritura sempre se emprega como intérprete de Deus, como ressalta do capítulo 7, versículo 1 do *Êxodo*, em que Deus diz a Moisés: "E eis que te constituo Deus de Faraó e Araão, teu irmão, será teu profeta", como se dissesse: e como Aarão, interpretando para o Faraó o que tu dizes, desempenha o papel de profeta, tu serás pois como o Deus do Faraó, quer dizer, aquele que preenche o papel de Deus.

2: Trataremos dos profetas no capítulo seguinte; aqui, da profecia. Segue-se da definição que dei que se pode chamar de profecia o conhecimento natural. Pois o que conhecemos pela luz natural depende apenas do conhecimento de Deus e

---

* Ver Apêndice, nota 1.

de seus decretos eternos. No entanto, quanto a esse conhecimento natural, comum a todos os homens, pois que dependente de princípios comuns a todos, a plebe, sempre sedenta de raridades e de estranhezas, desprezando os dons naturais, não faz grande caso. E, portanto, pretende excluí-lo do conhecimento profético. O natural tem, porém, tanto direito quanto qualquer outro, qualquer que seja, a ser chamado divino, pois é a natureza de Deus, enquanto dela participamos, e os decretos divinos que no-lo ditam, de alguma maneira. Ele difere, aliás, daquele que chamamos divino apenas pelo fato de que esse último se estende para além dos limites do primeiro e não pode explicar-se pelas leis da natureza humana, considerada em si mesma. Mas, a respeito da certeza que envolve o conhecimento natural e da fonte de onde decorre (que é Deus), ele em nada cede ao profético. A menos que se queira entender, ou talvez sonhar, que os profetas tenham um corpo de homem, mas não uma alma humana, e que, por conseguinte, suas sensações e seu conhecimento sejam de outra natureza que a nossa.

3: Por inteiramente divina que seja a ciência natural, não se podem chamar de profetas aqueles que são seus propagadores*. Pois o que eles ensinam, os outros homens o podem perceber e compreender tão bem quanto eles e com a mesma certeza, não apenas pela fé.

4: Depois, como nossa mente, apenas pelo fato de conter objetivamente a natureza de Deus e dela participar, tem o poder de formar certas noções que explicam a natureza das coisas e ensinam o uso da vida, podemos, a justo título, admitir que a causa primeira da revelação é a natureza da mente, concebida precisamente como capaz de conhecimento natural, pois tudo o que conhecemos clara e distintamente, a ideia de Deus (acabamos de indicá-la) e a natureza nos ditam não com palavras, sem dúvida, mas de um modo que as supera em excelência e que concorda muito bem com a natureza da mente, como

---

* Ver Apêndice, nota 2.

indubitavelmente experimentou em si quem quer que tenha apreciado a certeza do entendimento.

5: Como, porém, minha intenção principal é falar do que concerne apenas à Escritura, bastarão essas poucas palavras sobre a luz natural. Passo, portanto, a tratar mais longamente das outras causas e meios pelos quais Deus revela aos homens o que ultrapassa os limites do conhecimento natural e também o que não os ultrapassa (nada impede que Deus comunique aos homens, de outras maneiras, o que nós mesmos conhecemos por luz natural).

6: No entanto, tudo o que pode ser dito de suas causas e meios deve ser retirado apenas da Escritura. Com efeito, o que podemos dizer das coisas que ultrapassam os limites de nosso entendimento, além do que nos transmitiram os próprios profetas, oralmente ou por escrito? E não havendo hoje profetas, que se saiba, só nos resta rever os volumes sagrados deixados a nós pelos profetas. Com a precaução, porém, de nada admitir em semelhante matéria ou de nada atribuir aos profetas que eles não tenham claramente professado por si mesmos. É preciso aqui observar, todavia, que os judeus jamais fazem menção às causas medianas, quer dizer, particulares, e com elas não se preocupam, recorrendo sempre a Deus por religião, piedade ou, como se diz vulgarmente, por devoção. Se, por exemplo, ganham algum dinheiro no mercado, dizem que esse dinheiro lhes foi trazido por Deus; se lhes acontece desejarem aquele objeto, que Deus dispôs seus corações de determinada maneira; e se pensam algo, que Deus lhes falou. Portanto, não se deve ver uma profecia e um conhecimento sobrenatural em todos os lugares em que a Escritura diz ter Deus falado, mas apenas onde ela afirma expressamente ter havido profecia e revelação, ou que isso ressalte das circunstâncias do relato.

7: Percorrendo, pois, os livros sagrados, veremos que o que Deus revelou aos profetas foi por palavras, por figuras ou por ambos os meios ao mesmo tempo, ou seja, por palavras e figuras. E se trata ou de palavras e de figuras realmente percebidas, que existem fora da imaginação do profeta que ouve ou vê, ou de signos imaginários, estando assim a imaginação do profeta disposta, mesmo em vigília, parecendo-lhe claramente ouvir ou ver alguma coisa.

8: Por exemplo, Deus revelou a Moisés, por uma palavra realmente percebida, as leis prescritas aos hebreus, como está estabelecido pelo *Êxodo* (25, 22), "e eu estarei ao teu lado e te falarei desta parte da arca recobrindo o arco que está entre dois querubins", o que mostra que Deus usou uma voz realmente percebida, pois Moisés ali encontrava Deus, todas as vezes que queria, pronto a lhe falar. E como o mostrarei, somente esta palavra, de onde foi pronunciada a lei, foi realmente percebida.

9: Estarei realmente tentado a considerar como real a voz pela qual Deus chamou Samuel, pois é dito em *Samuel* I (capítulo 3, último versículo): "e de novo Deus apareceu a Samuel em Silo, pois Deus se manifestou a Samuel em Silo pela palavra de Deus", como se o autor dissesse: a aparição de Deus a Samuel consistiu somente em que Deus a ele se manifestou pela palavra, ou que Samuel ouvia Deus lhe falar. Todavia, obrigados como somos a distinguir entre a profecia de Moisés e a dos demais profetas, é-nos preciso dizer que essa voz ouvida por Samuel foi imaginária; e isso pode ser concluído também porque reproduzia a voz de Elias, que Samuel estava mais acostumado a ouvir, estando, por consequência, mais disposto a conceber, pois três vezes chamado por Deus acreditou ser Elias.

10: A voz ouvida por Abimeleque foi imaginária, pois é dito (*Gênesis* 20, 6): "e Deus lhe falou em sonho" etc. Não é, pois, durante a vigília, mas apenas em sonho (quer dizer, no momento em que a imaginação é mais levada a conceber coisas que não existem) que ele pôde imaginar a vontade de Deus.

11: Seguindo-se a opinião de alguns judeus, as palavras do Decálogo não foram pronunciadas por Deus, mas creem-se que os israelitas ouviram apenas um ruído sem palavras pronunciadas e, enquanto durava o ruído, perceberam pelo puro pensamento as leis do Decálogo. Eu mesmo assim julguei entender, vendo que o texto dos Dez Mandamentos, no *Êxodo*, difere daquele do *Deuteronômio*. Do que parece resultar (pois Deus falou uma só vez) que o Decálogo não pretende ensinar as próprias palavras de Deus, mas apenas o seu sentido. Se, porém, não quisermos violentar a Escritura, é preciso de todo modo concordar que os israelitas ouviram uma voz real. Pois é dito expressamente (*Deuteronômio* 5, 4): "Deus vos fala face a face" etc., tal como dois homens que se tenham acostumado a comunicar suas ideias por intermédio de seus corpos. Portanto, nós nos conformaremos melhor à Escritura acreditando que Deus realmente criou uma voz pela qual revelou o Decálogo. Quanto à razão pela qual as palavras e as maneiras de dizer diferem de um livro para o outro, ver o capítulo VIII.

12: Toda a dificuldade não está, entretanto, suprimida desse modo. Pois parece bem contrário à razão admitir que uma coisa criada, dependendo de Deus da mesma maneira que as outras, possa em seu próprio nome exprimir ou explicar a essência ou a existência de um Deus materialmente ou em palavras; a saber, dizendo na primeira pessoa: "sou Jeová, vosso Deus". Na verdade, se alguém diz "eu conheci", ninguém acreditará que a boca conheceu, mas sim a pessoa que fala. Como, todavia, a boca pertence à natureza dessa pessoa e, além disso, aquele a quem fala não deixa de perceber a natureza do entendimento, ela facilmente concebe, por comparação consigo própria, a mente de quem ouve falar. Mas considerando-se haver homens que só conhecem Deus por nome e desejosos de lhe falar para adquirir a certeza de sua existência, não vejo como foi dada satisfação ao seu pedido por uma criatura (não tendo com Deus outra relação do que as outras coisas criadas e não pertencentes à sua natureza) porque ela disse "Eu sou Deus". Na verdade, pergunto: se Deus houvesse torcido os lábios de Moisés (e por que só de Moisés?, de um animal qualquer), de modo a expressar suas palavras, a lhe fazer dizer "Eu sou Deus", se teria por isso conhecido a existência de Deus?

13: De mais, parece formalmente asseverado pela Escritura que o próprio Deus falou (após ter descido para isso sobre a montanha do Sinai) e que os judeus não apenas o escutaram, mas que os chefes também o viram (ver *Êxodo*, 24). E nem mesmo a Lei revelada a Moisés, essa lei intangível que, sem acréscimo nem corte, constituiu o direito da pátria, exige de nós crer que Deus seja incorpóreo, que não tenha forma imaginável ou figura. Ela apenas ordena acreditar que há um Deus, ter-lhe fé e adorá-lo como único; não se afastar do seu culto, não lhe emprestar uma imagem fictícia ou dar-lhe uma. De fato, não tendo visto a figura de Deus, os judeus não podiam desenhar alguma forma que o reproduzisse; ela teria reproduzido necessariamente alguma coisa criada, vista por ele e por outros como Deus; a partir de então, se adorassem Deus por meio dessa imagem, deveriam pensar não em Deus, mas na coisa reproduzida e prestar enfim a essa coisa a honra e o culto de Deus. Há mais: a Escritura indica claramente que Deus possui uma figura visível e que Moisés, no momento em que ouvia Deus falar, o percebeu, sem que lhe fosse dado, no entanto, ver outra coisa que sua parte posterior. Não duvido, portanto, haver aí um mistério, do qual falaremos mais longamente na sequência. Continuarei agora a mostrar os lugares da Escritura que indicam os meios pelos quais Deus revelou aos homens os seus decretos.

14: Que uma revelação somente por imagens visíveis tenha havido, isso é manifesto pelo primeiro livro das *Crônicas* (capítulo 21), no qual Deus mostra a Davi sua cólera por meio de um anjo, tendo um gládio na mão. O mesmo para Balaão. Na verdade, Maimônides e outros querem que essa história (e todas as que relatam o aparecimento de um anjo, como a de Manué, de Abraão pensando imolar seu filho etc.) tenha vindo durante o sono, e negam que alguém tenha podido ver um anjo com os olhos abertos, mas é uma simples tagarelice. Eles não tiveram outra preocupação senão alterar a Escritura para dela tirar as bobagens de Aristóteles e de suas próprias ficções; o que é, na minha opinião, a empresa mais ridícula do mundo.

15: Ao contrário, não foi por imagens reais, mas por imagens dependentes apenas da imaginação que Deus revelou a Josué sua futura supremacia.

16: Foi por imagens e palavras que ele revelou que Josué combateria pelos israelitas: mostrou-lhe um anjo portador de um gládio como chefe de um exército e o tinha revelado também por palavras, e Josué foi informado pelo anjo. Igualmente a Isaías, (como se conta no capítulo 6) foi mostrado por figuras que a providência de Deus abandonava o povo; sua imaginação mostrou-lhe Deus três vezes santo sobre um trono muito elevado e os israelitas infectados pela lama dos seus pecados e como que mergulhados em esterco; por conseguinte, extremamente afastados de Deus. Por esse meio ele conheceu o estado miserável do povo e as calamidades futuras lhe foram reveladas por palavras pronunciadas como se por Deus. A esse exemplo poderia aduzir muitos outros tomados das Escrituras sagradas, se não as julgasse bastante conhecidas de todos.

17: Tudo isso é claramente confirmado por um texto de *Números* (12, 6-7), onde se diz: "se alguém de vós é um profeta de Deus, eu me revelarei numa visão" (quer dizer, por figuras visíveis e signos a serem decifrados, pois, para a profecia de Moisés, é dito que ela é uma visão sem obscuridade); "eu lhe falarei em sonhos" (quer dizer, que não ouvirá palavras e voz reais); "mas a Moisés não me revelo assim; eu lhe falo de boca a boca e numa visão, mas não por enigmas, e ele percebe a imagem de Deus". Quer dizer, ele fala comigo vendo-me como companheiro e sem susto, assim como se lê em *Êxodo* (33, 7). É preciso, portanto, admitir como não duvidoso que os demais profetas não ouviram uma voz real. E isso é confirmado, mais ainda, pelo *Deuteronômio* (capítulo 34, 10), onde se diz: *não houve* (mais propriamente, não se levantou) jamais qualquer profeta de Israel que, como Moisés, conheceu a Deus face a face; é preciso entender: somente pela voz, pois Moisés jamais viu a face de Deus (*Êxodo*, 33).

18: Não encontro nas Sagradas Escrituras que Deus se tenha comunicado com os homens por outros meios que não esses;

não é preciso pois, como demonstramos acima, forjar ou admitir outros. E na verdade sabemos que Deus pode se comunicar com os homens imediatamente, pois, sem empregar meios corpóreos de qualquer espécie, ele comunica sua essência à nossa mente. Todavia, para que um homem perceba pela mente coisas que não estão contidas nos primeiros fundamentos de nosso conhecimento, e deles não podem ser deduzidas, seria necessário que sua mente fosse muito superior à mente humana e a ultrapassasse em excelência. Creio assim que ninguém tenha se elevado acima dos demais a tal perfeição, senão o Cristo, a quem as decisões de Deus, que conduzem o homem à salvação, foram reveladas sem palavras e visões, imediatamente. De maneira que Deus revelou-se aos apóstolos pela mente do Cristo, como antes a Moisés por meio de uma voz aérea. A voz do Cristo pode assim ser chamada a Voz de Deus, como aquela que ouviu Moisés. Nesse sentido, podemos dizer que a Sabedoria de Deus, quer dizer, uma sabedoria superior à humana, revestiu-se em Cristo de natureza humana, e Cristo foi a voz da salvação.

19: Todavia, devo aqui advertir que, no que diz respeito à maneira como certas igrejas veem o Cristo, eu me abstenho totalmente de falar e não nego o que elas afirmam, pois confesso de boa graça que não o concebo. O que afirmei acima, conjecturo segundo a própria Escritura. De fato, não li em qualquer lugar que Deus tivesse aparecido ao Cristo, ou lhe tenha falado, mas que Deus revelou-se aos apóstolos pelo Cristo, que o Cristo é a voz da salvação e que, por fim, a lei antiga foi transmitida por um Anjo e não imediatamente por Deus etc. Se, pois, Moisés falava com Deus face a face, como um homem com seu companheiro (por meio dos seus corpos), o Cristo comunicou-se com Deus de mente para mente.

20: Afirmamos então que, salvo o Cristo, ninguém recebeu revelação de Deus sem o concurso da imaginação, quer dizer, sem o recurso de palavras e de imagens e que, por consequência, para profetizar, não é necessário um pensamento mais perfeito, mas uma imaginação mais viva, como o mostrarei mais claramente no capítulo seguinte.

21: É preciso agora investigar o que a Escritura Sagrada entende por Espírito de Deus descido sobre os profetas e, para fazer essa investigação, me perguntarei inicialmente o que significa a palavra hebraica *ruakh*, que o vulgo traduz por Espírito.

22: Como se sabe, a palavra *ruakh*, em seu sentido verdadeiro, significa vento; mas ela é empregada com frequência com outras significações que dessa derivam: 1. no sentido de hálito, como no salmo 135, 17 – "e ele também não tem o espírito em sua boca"; 2. de sopro ou respiração, como em *Samuel* I (30, 12) – "e o espírito lhe revém", quer dizer, e ele respira ; 3. coragem ou força, como em *Josué* (2, 11) – "em seguida o espírito não permanecerá em ninguém". Da mesma maneira em *Ezequiel* (2, 2) – "um espírito (quer dizer, uma força) veio a mim e me fez dobrar-me sobre meus pés"; 4. desse sentido veio o de virtude e aptidão, como em *Jó* (32, 8) – "seguramente o próprio Espírito está dentro do homem", quer dizer, a ciência não deve ser procurada unicamente nos velhos, pois acho agora que ela depende da virtude e da capacidade particular de cada homem. Igualmente em *Números* (14, 24) – "pois que teve um outro espírito", quer dizer, um outro pensamento ou sentimento íntimo. Assim também em *Provérbios* (1, 23) – "eu vos direi meu espírito", ou seja, meu pensamento. E nesse caso se emprega para significar a vontade, quer dizer, o decreto, o apetite e o movimento da alma. Assim em *Ezequiel* (1, 12) – "seu espírito era o de ir, e eles iam". O mesmo em *Isaías* (30, 1) – "eles formam alianças e não pelo meu espírito", e capítulo 29, versículo 10 – "porque Deus espalhou sobre eles o espírito de torpor". E em *Juízes* (8, 3) – "amainou-se então seu espírito", quer dizer, o movimento de sua mente. O mesmo em *Provérbios* (6, 32) – "que domina sobre seu Espírito" (quer dizer, seu apetite) "que quem toma uma cidade", e ainda (25, 28): "um homem que não domina seu espírito". E em *Isaías* (33, 11): "vosso espírito é um fogo que vos consome". Além disso, esta palavra *ruakh*, quando significa alma, serve para exprimir todas as suas paixões e dons; assim, um *Espírito elevado* significa orgulho, um *Espírito baixo*, humildade, um *Espírito de ciúme*, um *Espírito* (ou apetite) de *fornicação*, um *Espírito de sabedoria, de prudência, de coragem*, quer dizer (pois os hebreus usam mais comumente substantivos do que adjetivos), uma alma sábia, prudente, corajosa, um *Espírito de benevolência* etc. A mesma palavra significa: o próprio pensamento ou a alma, como em *Eclesiastes* (3, 19): todos têm um mesmo Espírito (ou alma) e capítulo 12, versículo 7: "e o Espírito retornou a Deus". Enfim, ela significa as regiões do mundo, devido aos ventos que nelas sopram e também os lados de uma coisa qualquer que dão para aquelas regiões do mundo (ver *Ezequiel* 27, 9 e 42, 16-19).

23: É preciso agora notar que uma coisa tem relação com Deus e que se diz que ela lhe pertence: 1. porque ela pertence à sua natureza e é como uma parte de Deus, como quando se diz a *potência de Deus*, os *olhos de Deus*; 2. porque está sob o poder de Deus e age segundo seu gesto; assim, na Escritura Sagrada, os céus são chamados *céus de Deus*, pois são os carros e domicílio de Deus; a Assíria é dita o chicote de Deus e, Nabucodonosor, o servidor de Deus; 3. porque é dedicada a Deus, como o *templo de Deus, o nazareno de Deus, o pão de Deus*; 4. porque foi transmitida pelos profetas e não revelada pela luz natural: é assim que a Lei de Moisés é chamada Lei de Deus; 5. para exprimir algo em grau superlativo; por exemplo, *as montanhas de Deus*, quer dizer, muito altas; *um sono de Deus*, quer dizer, muito profundo, e é nesse sentido que se deve explicar *Amós* (4, 11), em que o próprio Deus assim fala: "eu vos destruí como a destruição de Deus em Sodoma e Gomorra", quer dizer, essa memorável destruição. Nenhuma outra explicação pode ser admitida, pois é o próprio Deus quem fala. De maneira semelhante, a ciência natural de Salomão é chamada ciência de Deus, quer dizer, divina ou acima do comum. Também nos *Salmos*, os cedros são ditos "cedros de Deus" para exprimir sua grandeza insólita e, em *Samuel I* (11, 7) se diz, para exprimir um grande receio: "e um temor de Deus recaiu sobre o povo". Nesse sentido, tudo o que ultrapassava a faculdade de compreensão dos judeus, e cujas causas naturais ignoravam, tinham o hábito de relacionar a Deus. Assim, a tempestade é dita a palavra de cólera de Deus; o trovão e o raio são as flechas de Deus. Eles acreditavam, com efeito, que Deus contém os ventos em cavernas, as quais chamavam de "câmara do tesouro de Deus", diferindo essa opinião dos gentios que os faziam de Éolo, sendo Deus o mestre dos ventos. Por essa mesma razão, chamavam os milagres obras de Deus, quer dizer, que produzem o estupor. Certamente, todas as obras naturais são obras de Deus e é o poder de Deus que as faz ser e agir. Assim, o salmista chama os milagres do Egito poderes de Deus, pois, em perigo extremo, abriram aos hebreus uma via de salvação completamente inesperada, excitando ao máximo sua admiração.

24: Depois, dado que as obras insólitas da natureza são ditas obras de Deus, e as árvores de tamanho descomunal, árvores de Deus, não há por que se admirar que, no *Gênesis*, os homens muito fortes e de alta estatura sejam chamados filhos de Deus, mesmo sendo bandidos e ímpios debochados. De uma maneira geral, em tudo aquilo que um homem ultrapassava os demais, os antigos tinham o hábito de relacionar a Deus, não só os judeus, mas ainda os gentios. O faraó, por exemplo, quando ouviu a interpretação do seu sonho, disse que os pensamentos dos deuses estavam em José; e Nabucodonosor também diz a Daniel que os pensamentos dos deuses santos estavam nele. Com frequência, também nos latinos: o que é feito pela mão do obreiro, eles dizem fabricado por mão divina, e caso se quisesse traduzir essa expressão em hebraico, seria preciso dizer "fabricado pela mão de Deus", como o sabem os hebraístas.

25: Por esse motivo se entendem e se explicam facilmente as passagens da Escritura nas quais se faz menção ao Espírito de Deus. Assim, o Espírito de Deus, o Espírito de Jeová, em certas passagens, não significa nada mais do que um vento muito forte, seco e funesto, como em *Isaías* (40, 7): "o vento de Jeová soprou sobre ele", quer dizer, um vento muito seco e funesto. E no *Gênesis* (1, 2): "e o vento de Deus" (quer dizer, a violenta corrente de ar) "movia-se sobre as águas".

Em seguida, a mesma expressão significa grande coração: o coração de Gedeão e o de Sansão são chamados na Escritura Sagrada "Espírito de Deus", quer dizer, muito audacioso e a tudo disposto. Também toda virtude ou força acima do comum é dita "Espírito ou Virtude de Deus", como no *Êxodo* (31, 3), "e eu o preencherei com o Espírito de Deus" (Beseleel), quer dizer, de gênio e arte acima do comum, como a própria Escritura explica. O mesmo em *Isaías* (2, 2): "e o Espírito de Deus repousará sobre ele", ou seja, como adiante explica o profeta, seguindo um costume muito difundido na Escritura, a virtude da sabedoria, da prudência, da coragem etc. A melancolia de Saul é também dita "mau Espírito de Deus", quer dizer, uma melancolia muito profunda; os escravos de Saul que chamavam sua melancolia de melancolia de Deus, o instigaram a chamar para junto de si um músico para diverti-lo tocando flauta, o que mostra que eles entendiam por "melancolia de Deus" uma melancolia natural.

Por Espírito de Deus, em seguida, é designada a própria mente do homem, como em *Jó* (27, 3): "e o Espírito de Deus em minhas narinas", alusão ao que se encontra no *Gênesis*, onde Deus encheu com um sopro de vida as narinas do homem. Também Ezequiel, profetizando aos mortos, diz (37, 14): "eu vos darei o meu Espírito e vós ressuscitareis", quer dizer, que "eu vos darei uma nova vida". Com esse sentido é dito em *Jó* (34, 14): "se ele quiser (Deus), lhe será retirado seu Espírito (a mente que ele nos deu) e seu sopro". Assim é preciso interpretar o *Gênesis* (6, 3): "Meu Espírito não mais raciocinará (ou não mais discernirá) no homem, porque ele é carne"; quer dizer, doravante, "o homem agirá segundo as decisões da carne e não da mente que lhe dei para que ele discernisse o bem". Paralelamente, nos *Salmos* 51, 12-13: "Cria para mim um coração puro, meu Deus, e renova em mim um Espírito de decência (um apetite moderado), não me rejeites perante tua face e não me retires a mente de tua Santidade". Acreditava-se, de fato, que os pecados têm na carne sua origem única, enquanto a mente aconselha apenas o bem. O salmista invoca, portanto, o auxílio de Deus contra o apetite carnal e reza somente para que a mente que lhe foi dada por Deus santo seja por ele conservada.

Agora, como a Escritura tem o costume de representar Deus à imagem do homem, por causa da fraqueza de espírito da plebe, que lhe atribui uma alma, uma sensibilidade e paixões, e até mesmo um corpo e uma respiração, o "Espírito de Deus" é empregado frequentemente como alma, quer dizer, paixão, força e respiração da boca de Deus. Assim, *Isaías* (40, 13) pergunta "quem dispôs o Espírito de Deus" (quer dizer, sua mente), ou, dito de outra maneira, quem senão Deus determina a mente de Deus a querer uma coisa. E (63, 10): "eles afligiram de amargor e de tristeza o Espírito de Sua Santidade". Disso provém que o Espírito de Deus se emprega pela Lei de Moisés, pois essa lei exprime de alguma forma a mente de Deus. Assim em *Isaías* (63, 11), onde [se lê] "é aquele que pôs em meio a eles o Espírito de Santidade", a saber, a Lei de Moisés, como ressalta com clareza de todo o contexto. Da mesma maneira, *Neemias* (9, 20): "e tu poderás dar teu bom Espírito (tua mente) para torná-los capazes de conhecimento"; ele fala, com efeito, do tempo da Lei e faz alusão também a esta palavra do *Deuteronômio* (4, 6): "pois ela (a Lei) é vossa ciência e vossa sabedoria" etc. Semelhantemente, nos *Salmos* 143, 10: "tua mente me conduzirá na planície", quer dizer, tua mente, a nós revelada, me conduzirá na via correta.

Espírito de Deus significa também, como já o dissemos, respiração e sopro de Deus, uma respiração impropriamente atribuída a Deus na Escritura, como mente, sensibilidade e corpo, como, por exemplo, no salmo 33, versículo 6. Em seguida, significa poder de Deus, sua força ou virtude, como em *Jó* (33, 4): "o Espírito de Deus me fez", quer dizer, sua virtude e poder, ou, caso se prefira, seu decreto. O salmista, falando poeticamente, diz também: "os céus foram criados por ordem de Deus; e pelo Espírito de sua boca" (quer dizer, por decreto pronunciado como por um sopro), "foi criado todo o seu exército". Ainda no salmo 139, versículo 7: "e onde eu iria para estar fora de teu Espírito, e para onde fugiria para estar fora de tua face?", quer dizer (como se vê claramente pela amplificação que vem na sequência no salmo): onde ir para estar fora de teu poder e de tua presença?

Enfim, Espírito de Deus se utiliza na Escritura sagrada para exprimir as afecções da alma divina, a saber, a benignidade e a misericórdia, como em *Miqueias* (2, 7): "o Espírito de Deus (a misericórdia divina) retraiu-se? Essas coisas (funestas) são obras suas?" Também em *Zacarias* (4, 6): "não por um exército nem pela violência, mas apenas por meu Espírito", quer dizer, somente por minha misericórdia. É nesse sentido que creio se dever entender o versículo 12, capítulo 7, desse mesmo profeta: "eles tornaram seus corações astuciosos para não obedecer à Lei e aos mandamentos que Deus lhes enviou por seu Espírito (por sua misericórdia) pelos primeiros profetas". Sob o mesmo aspecto diz *Ageu* (2, 5): "e meu Espírito (quer dizer, minha graça) permanece entre vós, não tenhais medo".

Quanto à passagem em *Isaías* (48, 16): "e agora enviou-me o Senhor Deus e seu Espírito", pode-se entender ou o coração e a misericórdia de Deus, ou ainda sua mente revelada na Lei; pois ele diz: "desde o começo" (quer dizer, desde a primeira vez que vim a vós para pregar a cólera de Deus e a sentença pronunciada contra vós), "não falei em segredo; mesmo no tempo em que foi pronunciada, eu estava presente" (como atestado pelo capítulo VII); "mas agora sou um mensageiro de alegria e enviado pela misericórdia de Deus para cantar vossa restauração". Pode-se também, como disse, entender a mente de Deus revelada na Lei, o que seria dizer que ele veio adverti-los seguindo a ordem da Lei, tal como enunciada no *Levítico* (19, 17). Ele os advertirá, pois, nas mesmas condições e da mesma maneira que Moisés tinha por hábito. Enfim, como

TRATADO TEOLÓGICO-POLÍTICO

Moisés, ele terminará por lhes predizer sua restauração. A primeira explicação, porém, parece-me convir melhor.

26: Para voltar ao nosso propósito, todos esses exemplos esclarecem as frases da Escritura: "o profeta teve em si o Espírito de Deus, Deus fez descer seu Espírito nos homens; os homens estão cheios do Espírito de Deus e do Espírito Santo" etc. Elas significam simplesmente que os profetas possuíam uma virtude singular, acima do comum*, e praticavam a piedade com uma constância extraordinária. Que, além disso, percebiam a maneira de pensar ou de julgar de Deus. Nós mostramos que Espírito, em hebraico, significa da mesma forma "mente" e "julgamento da mente"; por esse motivo, a própria Lei, que exprimia um pensamento de Deus, chamava--se Espírito e pensamento de Deus. Ao mesmo tempo, a imaginação dos profetas, que revelava os decretos de Deus, também podia ser chamada de mente ou pensamento de Deus. E ainda que em nossa mente também estejam escritos o pensamento de Deus e seus julgamentos eternos, e que, por conseguinte, também percebamos o pensamento de Deus (para falar como a Escritura), o conhecimento natural, por ser comum a todos, não tem o mesmo valor para os homens e, sobretudo, para os hebreus, que tinham a pretensão de estar acima de todos e que, por consequência, haviam se acostumado a desprezar a ciência comum a todos. Enfim, dizia-se que os profetas tinham o Espírito de Deus porque os homens ignoravam as causas do conhecimento profético e, estando admirados por tal motivo, o relacionavam habitualmente a Deus como toda coisa prodigiosa, chamando-o conhecimento de Deus.

27: Podemos, portanto, afirmar, sem escrúpulo, que os profetas somente perceberam a revelação de Deus com o auxílio da imaginação, quer dizer, por meio de palavras e de imagens, às vezes reais, às vezes imaginárias. Pois, não se achando outros meios senão esses na Escritura, não nos é permitido forjar

* Ver Apêndice, nota 3.

outros. Quanto às Leis da Natureza, pelas quais essa revelação se fez, confesso ignorá-las. Poderia dizer, sem dúvida como outros, que é pelo poder de Deus, mas acreditaria dizer palavras vãs. Efetivamente, isso seria querer explicar a forma de um objeto singular por algum termo transcendental. De fato, tudo foi produzido pelo poder de Deus. Mais ainda, não sendo o poder da natureza senão o próprio poder de Deus, é certo que, na medida em que ignoramos as causas naturais, não conhecemos o poder de Deus. Portanto, é insensato recorrer a ele quando ignoramos a causa natural de uma coisa, quer dizer, o próprio poder de Deus. Mas não é necessário que saibamos a causa do conhecimento profético. Conforme a advertência feita anteriormente, aqui nos aplicamos à procura dos ensinamentos que se encontram na Escritura para deles tirar nossa conclusão, como o faríamos com dados naturais; quanto às causas dos seus ensinamentos, delas não nos ocupamos mais.

28: Em seguida, dado que os profetas perceberam o que Deus lhes revelou com a ajuda da imaginação, não se pode duvidar que não tenham percebido muitas coisas situadas fora dos limites do entendimento, pois com palavras e imagens pode-se compor muito mais ideias do que apenas com os princípios e noções do entendimento, sobre os quais se baseia todo o nosso conhecimento natural.

29: Vê-se, na sequência, porque os profetas quase sempre perceberam e ensinaram tantas coisas sob a forma de parábolas e de enigmas, e por que deram a coisas espirituais uma expressão corporal; tudo isso se adapta melhor à natureza da imaginação. Também não nos espantaremos ao encontrar na Escritura uma linguagem tão imprópria quanto obscura sobre o Espírito e o pensamento de Deus, como em *Números* (9, 7) e *1 Reis* (22, 2). Nem que Miqueias tenha visto Deus sentado, Daniel sob a forma de um velho vestido de branco, Ezequiel como um grande fogo, nem que os discípulos do Cristo tenham visto o Espírito Santo descendo como pomba, os apóstolos sob forma de línguas de fogo e que Paulo, enfim, quando de sua conversão, tenha visto uma grande luz. Todas essas visões concordam plenamente com as imaginações vulgares sobre Deus e os Espíritos.

30: Enfim, como a imaginação é vaga e inconstante, a profecia não durava muito tempo nos profetas, não sendo frequente, mas extremamente rara, quer dizer, sendo dada a um número muito reduzido de homens, e mesmo neles não se produzia a não ser raramente.

31: Assim sendo, devemos procurar de onde os profetas puderam extrair a certeza do que percebiam apenas pela imaginação, e não por princípios corretos do pensamento. Todavia, tudo o que podemos dizer a esse respeito deve igualmente ser tirado da Escritura, pois (já o dissemos) não temos dela uma ciência verdadeira, quer dizer, não podendo explicá-la por suas causas primeiras. De resto, vou mostrar no próximo capítulo, em que tratarei dos profetas, qual é o ensino da Escritura no tocante à certeza dos profetas.

CAPÍTULO II

Dos profetas

1: Do capítulo precedente segue-se, como já indicamos, que os profetas eram dotados não de um pensamento mais perfeito, mas do poder de imaginar com mais vivacidade, e os relatos da Escritura provam-no abundantemente. É sabido que Salomão, por exemplo, embora predominasse sobre outros homens em sabedoria, não teve o dom profético. Da mesma maneira, homens muito avisados, como Emã, Darda, Calcol, não foram profetas e, ao contrário, homens incultos, estranhos a qualquer disciplina, e mesmo simples mulheres, como Agar, a serviçal de Abraão, possuíram dons proféticos. Isso concorda, aliás, com a experiência e a razão: onde a imaginação domina, há menos aptidão para se conhecer as coisas pelo entendimento puro e, ao contrário, aqueles que são superiores pelo entendimento, e mais o cultivam, têm um poder de imaginar mais temperado, mais contido e como que refreado, para que ele não se misture ao entendimento. Procurar a sabedoria e o conhecimento das coisas naturais e espirituais nos livros dos profetas é afastar-se inteiramente da via correta; seguindo o que solicitam a época, eu e a filosofia, decidi mostrá-lo amplamente, sem me preocupar com os gritos que a superstição emitirá: ela não odeia acima de tudo os que honram a ciência verdadeira e a vida verdadeira? Infelizmente, as coisas chegaram a tal ponto que os homens, fazendo abertamente profissão de não possuir qualquer ideia de Deus, e só conhecê-Lo pelas coisas criadas (das quais ignoram as causas), não se sentem envergonhados de acusar os filósofos de ateísmo.

2: Para proceder com ordem, mostrarei primeiro que os profetas diferiram não apenas quanto à imaginação e o temperamento corporal próprios a cada um deles, mas também quanto às opiniões das quais estavam imbuídos. Em seguida, que a profecia nunca fez com que os profetas tivessem mais ciência, como logo explicarei mais amplamente. Mas é preciso antes falar da certeza própria dos profetas, pois, de um lado, isso diz respeito ao tema deste capítulo; de outro, isso também serve um pouco para estabelecer o que temos como intenção demonstrar.

3: Como a simples imaginação, por sua natureza, não envolve a certeza, assim como o faz toda ideia clara e distinta, sendo preciso que a ela, para que se esteja certo, se ajunte alguma coisa, que é o entendimento, vê-se que a profecia não podia abranger, por si só, a certeza, pois dependia apenas da imaginação, como já o mostramos. Os profetas, por conseguinte, não estavam certos da revelação de Deus, por ela mesma, mas por alguns signos: isso se vê em Abraão (*Gênesis* 15, 8), que pediu um sinal após ter ouvido a promessa de Deus; ele tinha fé e não pedia um sinal que o fizesse crer em Deus, mas que lhe fizesse saber que Deus havia feito tal promessa. Isso está melhor estabelecido ainda pelo que diz Gedeão a Deus: "e faz-me um sinal (para que eu saiba) que és Tu quem fala (ver *Juízes* 6, 17). Deus também diz a Moisés: "e que isso seja um signo de que te enviei". Ezequias, que sabia há muito tempo que Isaías era profeta, pediu um signo da profecia, predizendo seu retorno à saúde. Isso mostra que os profetas sempre tiveram algum sinal dando-lhe a certeza das coisas que imaginavam por dom

TRATADO TEOLÓGICO-POLÍTICO

profético e, por essa razão, Moisés advertiu os judeus (ver *Deuteronômio* 18, último versículo) de que tinham de pedir ao profeta um sinal, a saber, o resultado de algum caso vindouro. Sob tais considerações, a profecia é inferior ao conhecimento natural, que não tem necessidade de qualquer signo, mas envolve, por sua condição, a certeza. Com efeito, essa certeza profética não era uma certeza matemática, mas somente moral. Isso está estabelecido pela própria Escritura. No *Deuteronômio* (capítulo 13), Moisés estabelece esse princípio: que se algum profeta quiser ensinar novos deuses, e mesmo que sua doutrina seja confirmada por signos e milagres, ele deve ser condenado à morte. Pois, acrescenta Moisés, o próprio Deus faz signos e milagres para tentar o povo. E o Cristo deu o mesmo aviso aos seus discípulos, como estabelecido em *Mateus* (24, 24). Melhor ainda, Ezequiel ensina claramente (14, 9) que Deus, por vezes, engana os homens com falsas revelações; com efeito, diz ele: "e quando um profeta (um falso profeta) se deixar induzir em erro e disser uma palavra, é que Eu, o Senhor, o induzi em erro". Miqueias (ver *I Reis* 22, 21) presta o mesmo testemunho com relação aos profetas de Acab.

4: E embora isso pareça mostrar que profecia e revelação sejam coisas fortemente duvidosas, elas possuíam, no entanto, bastante certeza. Pois Deus jamais decepciona os piedosos e os eleitos, mas, em conformidade com o provérbio antigo (*I Samuel* 24, 14), e como ainda se vê pela história de Abigail e seu discurso, Deus se serve dos homens piedosos como instrumentos de sua piedade, e dos ímpios, como executores e meios de sua cólera. Isso está claramente assentado também pelo que ocorreu a Miqueias, que acabamos de citar: com efeito, quando Deus decidiu enganar Acab pelos profetas, serviu-se apenas de falsos profetas e revelou a coisa como era ao homem piedoso, sem proibi-lo de predizer a verdade. Como eu disse, porém, a certeza do profeta era apenas moral, pois ninguém pode justificar-se perante Deus e vangloriar-se de ser um instrumento de Sua piedade. A Escritura ensina e a coisa é clara por si; Davi, cuja piedade é inúmeras vezes atestada pela Escritura, não foi seduzido pela cólera de Deus para recensear o povo?

5: Por conseguinte, toda certeza profética repousa sobre estes três fundamentos: 1. eles imaginam as coisas reveladas muito vivamente, como nos temos acostumado a fazer quando somos afetados por objetos durante a vigília; 2. o signo; 3. e, principalmente, seus corações só estavam inclinados para o justo e o bom. Acrescentemos que, se a Escritura nem sempre faz menção ao signo, é preciso, no entanto, crer que os profetas sempre tiveram um. Com efeito, a Escritura (e muitos já o notaram) não tem o hábito de enunciar no relato todas as condições e circunstâncias, mas antes supor as coisas já conhecidas. Pode-se consentir, além disso, que os profetas que não profetizaram nada de novo, mas somente o que estava contido na Lei de Moisés, não tiveram precisão de signo, pois encontravam na Lei a confirmação de suas profecias. Por exemplo, a profecia de Jeremias a respeito da destruição de Jerusalém estava confirmada pelas profecias de outros profetas e pelas ameaças da Lei; logo, não tinha necessidade de um signo; de outra forma, ele teria duvidado de sua profecia até que o evento tivesse trazido a confirmação (ver *Jeremias* 28, 9).

6: Depois, tendo em vista que a certeza nascida dos signos nos profetas não é de ordem matemática (quer dizer, seguindo uma necessidade inerente à percepção da coisa vista ou percebida), mas apenas uma certeza moral, os signos foram adaptados, por consequência, às opiniões e capacidades dos profetas; de modo que o signo que dá a um profeta a certeza relativa à sua profecia pode não convencer de modo algum um outro, imbuído de opiniões diferentes. Por tal razão, os signos eram diversos para cada profeta.

7: Como dissemos, a revelação diferia da mesma maneira em cada profeta, conforme a disposição do seu temperamento corpóreo, de sua imaginação e relação com as opiniões que havia antes abraçado. As diferenças relativas ao temperamento eram as seguintes: a um profeta eufórico eram revelados os

TRATADO TEOLÓGICO-POLÍTICO

acontecimento que, como as vitórias e a paz, dão aos homens uma emoção de alegria. Homens com tal temperamento acostumaram-se, efetivamente, a imaginar coisas semelhantes; a um profeta triste, ao contrário, eram revelados os males, tais como a guerra, os suplícios e, assim, conforme era o profeta misericordioso, afável, colérico, severo etc., estava mais apto a tais ou tais revelações. As diferenças relativas à imaginação consistiam em que, se fosse o profeta refinado, percebia o pensamento de Deus em um estilo igualmente refinado; se fosse confuso, o perceberia confusamente. A mesma coisa quanto às revelações representadas por imagens. Se o profeta era um homem do campo, seriam bois e vacas; se era um soldado, chefes da armada; e enfim, se era homem de corte, se representava o trono do rei e coisas similares. Por fim, havia também diferenças quanto às opiniões dos profetas; assim, aos Magos, que acreditavam nos absurdos da astrologia, foi revelado o nascimento do Cristo (*Mateus* 2) pela representação de uma estrela levantando-se a Oriente; aos augures de Nabucodonosor foi revelada a destruição de Jerusalém nas entranhas de vítimas (*Ezequiel* 21, 26), que o mesmo rei conheceu também por oráculos e pela direção das flechas que ele atirou em direção ao alto. Aos profetas que criam agir o homem por livre escolha de seu próprio poder, Deus era revelado como indiferente e ignorante das ações humanas vindouras. Tudo isso iremos demonstrar, ponto por ponto, pela Escritura.

8: O primeiro ponto é estabelecido, por exemplo, por Eliseu (ver *II Reis* 3, 15) que, para profetizar em Jorão, pediu um instrumento de música e não pôde perceber o pensamento de Deus antes de se ter deleitado com a música desse instrumento. Então, fez a Jorão e a seus companheiros predições alegres; precedentemente, não o havia feito por estar colérico com o rei; quando se está irritado com alguém, podem-se imaginar males, mas não bens. Os que pretendem que Deus não se revela aos que estejam em estado de cólera ou tristeza, eles sonham, pois Deus revelou a Moisés, irritado com o faraó, esta horrorosa carnificina dos recém-nascidos (ver *Êxodo* 11, 8) e isso sem usar qualquer instrumento. Deus revelou-se também a Caim furioso. A Ezequiel, impaciente em sua cólera, foi revelada a miséria e a insubmissão dos judeus (ver *Ezequiel* 3, 14). Jeremias, abatido de tristeza e preso de um profundo desgosto pela vida, profetizou as calamidades suspensas sobre os judeus. Embora Josias não quisesse consultá-lo, tendo-se dirigido a uma mulher do seu tempo que julgava mais apta, em razão de sua compleição feminina, revelou-lhe a misericórdia de Deus (ver *II Crônicas* 34). Miqueias jamais profetizou para Acab o que quer que fosse de bom, o que haviam feito outros profetas verdadeiros (como se vê no primeiro livro de *Reis* 20), mas durante toda sua vida profetizou males (*I Reis* 22, 8 e, melhor ainda, *II Crônicas* 18, v.7). Assim, conforme seus diversos temperamentos corporais, os profetas estavam mais aptos a estas ou àquelas revelações.

9: Em segundo lugar, o estilo da profecia variava seguindo a eloquência de cada profeta. As profecias de Ezequiel e de Amós não são escritas com estilo elegante, como as de Isaías e Naum, e sim com mais grosseria. E se um conhecedor da língua hebraica quisesse estudar as diferenças com mais cuidado, ao comparar alguns capítulos dos profetas relativos ao mesmo objeto encontrará uma grande diversidade de estilos. Que compare, por exemplo, o capítulo 1 do homem de corte Isaías com o capítulo 5 do camponês Amós, do versículo 21 ao 24. Que compare, em seguida, a ordem seguida e os procedimentos empregados na profecia escrita por Jeremias contra Edom (canto 49) com a ordem e os procedimentos de Obadias. E ainda *Isaías* (40, 19-20) e o capítulo 44, a partir do versículo 8, com *Oseias* (8, 6; e 13, 2). Da mesma maneira para os demais: um exame atento mostrará facilmente que Deus não possui em seus discursos qualquer estilo que lhe pertença propriamente, mas que somente da cultura e da capacidade dos profetas dependem sua elegância, brevidade, severidade, grosseria, prolixidade ou obscuridade.

10: As representações proféticas e as figurações enigmáticas, embora tendo o mesmo significado, também diferiam; a glória de Deus abandonando o templo é representada a Isaías de modo diferente que a Ezequiel. Os rabinos, na verdade, querem que uma e outra representação tenham sido idênticas, com exceção de que Ezequiel, em razão de sua rusticidade, espantou-se desmedidamente e, na sequência, relatou todas as circunstâncias de sua visão. A menos, no entanto, que os rabinos não tenham formado a esse respeito uma tradição certa, no que não creio, tendo sido uma invenção da parte deles. Pois Isaías viu serafins de seis asas, Ezequiel, animais de quatro asas; Isaías viu Deus vestido e sentado sobre um trono real; Ezequiel o viu como um fogo. Ambos o representaram, indubitavelmente, como tinham por hábito imaginá-lo.

11: As representações variavam, além disso, não somente por sua natureza, mas também por sua clareza. As de Zacarias eram muito obscuras para que pudesse, ele mesmo, entendê-las sem explicação, como sobressai do relato que ele dá; as de Daniel, mesmo explicadas, não puderam ser entendidas pelo próprio profeta. E isso não acontecia por causa da dificuldade da coisa revelada (tratava-se apenas de coisas humanas, não ultrapassando a capacidade humana, salvo no que pertencia ao futuro), mas apenas porque a imaginação de Daniel não possuía o mesmo vigor profético na vigília e no sono. Isso se vê, pois, desde o início da revelação, quando ele se assustou a ponto de perder suas forças. Assim, em razão da fraqueza de sua imaginação e da insuficiência de suas forças, as coisas lhe foram representadas com extrema obscuridade, e delas não pôde fazer uma ideia clara, mesmo quando lhe foram explicadas. É preciso notar aqui que as palavras ouvidas por Daniel foram apenas imaginárias (como já o demonstramos acima); não é surpreendente que, muito emocionado naquele momento, tenha imaginado aquelas palavras tão confusa e obscuramente que não pudesse tirar delas qualquer ideia clara. Para aqueles que dizem que Deus não quis revelar a coisa claramente a Daniel, eles parecem não ter lido as palavras do anjo que diz expressamente (ver 10, 14) "que ele veio para fazer conhecer a Daniel o que ocorreria a seu povo na sequência dos dias". Tais coisas permanecem, pois, obscuras, porque não havia ninguém naquele tempo cuja imaginação tivesse bastante vigor para que pudessem ser claramente reveladas. Enfim, os profetas, aos quais foi revelado que Deus raptaria Elias, queriam persuadir Eliseu que Elias havia sido transportado para um outro lugar onde eles o poderiam encontrar; isso bem mostra que eles não haviam entendido corretamente a revelação de Deus.

12: Não há necessidade de mostrar isso mais amplamente aqui. Se alguma coisa ressalta claramente da Escritura, é que Deus concedeu mais a um profeta do que a outro a graça do dom profético. Ao contrário, mostrarei com mais cuidado e longamente que as profecias ou representações diferiam conforme as opiniões abraçadas pelos profetas e que estes tinham opiniões diferentes, até mesmo opostas, e preconceitos diferentes (digo apenas com relação a coisas especulativas, pois, no que concerne à probidade e aos bons costumes, é preciso julgar de outra maneira). Insisto porque acredito ser esse ponto de suma importância; disso, efetivamente, concluirei que a profecia jamais aumentou a ciência dos profetas, mas os deixou em suas opiniões preconcebidas, e que, por conseguinte, não estamos obrigados a dar-lhes fé no que se refere a coisas puramente especulativas.

13: Com uma surpreendente precipitação, todo o mundo persuadiu-se de que os profetas tiveram a ciência de tudo o que o entendimento humano pode apreender e, embora certas passagens da Escritura nos digam de modo claro que os profetas ignoraram certas coisas, prefere-se dizer que essas passagens não são compreensíveis do que aceitar que os profetas tenham ignorado algo, ou então há um esforço em se adulterar o texto para fazê-lo dizer o que, manifestamente, ele não quer dizer. Certamente, caso se use de semelhante liberdade, com ela se faz toda a Escritura: nós tentaremos em vão demonstrar qualquer coisa pela Escritura se nos permitirmos dispor os textos mais claros entre os mais obscuros e impenetráveis, ou interpretá-los segundo a fantasia. Nada mais claro na Escritura, por exemplo, do que este fato: Josué, e talvez também o autor que escreveu sua história, acreditava que o sol se movia em torno da terra, que essa era imóvel e que o sol parou durante algum tempo. Muitos, entretanto, não querendo concordar que possa haver qualquer mudança nos céus, explicam essa passagem de tal maneira que parece não dizerem nada de semelhante; outros, que aprenderam a filosofar mais corretamente, sabendo que a terra se move e que o sol, ao contrário, é imóvel, fazem esforços desesperados para tirar essa verdade da Escritura, a despeito de suas manifestas reclamações. Na verdade, eu os admiro. Eu vos pergunto: devemos crer que Josué, um soldado, era versado em astronomia? Que um milagre não lhe pôde ser revelado, ou que a luz do sol não pôde permanecer mais demoradamente do que de costume abaixo do horizonte, sem que Josué conhecesse a causa desse fenômeno? De minha parte, uma e outra interpretação me parecem ridículas; acho melhor dizer abertamente que Josué ignorou a verdadeira causa dessa delongação da luz, que, juntamente com toda a multidão presente, acreditava que o sol se movia em torno da terra e, naquele dia, se deteve por algum tempo, sem reparar que a grande quantidade de gelo então em suspensão no ar (ver *Josué* 10, 11) ou qualquer outra causa similar que aqui não procuraremos, podia produzir uma refração inabitual. Da mesma forma, o sinal da retrogradação da sombra foi revelado a Isaías por um meio ao seu alcance, a saber, a retrogradação do sol; pois ele também cria que o sol se movimentava e que a terra era imóvel e nunca teve, mesmo em sonho, qualquer ideia dos paraélios. Podemos admiti-lo sem nenhum escrúpulo, pois o sinal podia realmente aparecer e ser predito ao rei por Isaías, ainda que o profeta lhe ignorasse a causa verdadeira. É preciso dizer o mesmo da construção de Salomão, se ao menos ela foi revelada por Deus. Dito de outro modo, todas as medidas foram reveladas a Salomão por meios ao seu alcance e convenientes com suas opiniões, pois não estando obrigado a acreditar que Salomão fosse matemático, é-nos permitido afirmar que ele ignorava a relação da circunferência com o diâmetro do círculo, e pensava, juntamente com a multidão dos operários, que eles estão, uma para o outro, como 3 para 1; caso se possa dizer que não entendemos o texto do livro I de *Reis* (7, 23), então, na verdade, não sei o que podemos conhecer da Escritura, pois a construção é simplesmente descrita nesse lugar e de uma maneira puramente histórica. Se agora se acreditasse e supusesse que a Escritura o entendeu diferentemente, mas que por alguma razão desconhecida não quis escrever como ela o entendia, resulta daí nada menos do que uma inversão total da Escritura. Pois cada um poderá dizer a mesma coisa, e com o mesmo direito, de todas as suas passagens, e tudo o que a malícia humana puder inventar de mau e de absurdo será permitido sustentar e pôr em prática sob a coberta da Escritura. O que admitimos não contém, aliás, qualquer impiedade, pois Salomão, Isaías, Josué, ainda que profetas, foram homens e nada de humano lhes era estranho. Por um meio ao alcance de Noé, foi-lhe revelado que Deus destruiria o gênero humano. Noé acreditava que, para além da Palestina, o mundo era desabitado. Os profetas puderam ignorar não apenas coisas desse gênero, mas outras de maior importância, e efetivamente as ignoraram sem que a piedade lhes faltasse, pois eles nada ensinaram de particular sobre os atributos de Deus, mas tinham a seu respeito opiniões completamente vulgares e as revelações que fizeram são condizentes com essas opiniões, como logo o mostrarei por muitos testemunhos da Escritura. Vê-se, pois, com facilidade, que não é por causa da elevação ou da excelência de seu gênio, mas por sua piedade e constância de alma que são louvados e tidos em alta estima.

14: Adão, o primeiro a quem Deus se revelou, ignorava que Deus é onipresente e onisciente; ele escondeu-se de Deus e tentou desculpar-se em sua presença, como se estivesse perante um homem. Foi, portanto, por um meio também ao alcance de sua compreensão que Deus a ele se revelou, quer dizer, como um ser que não estava simultaneamente em todos os lugares e que desconhecia o pecado de Adão assim como o lugar em que se encontrava. Adão ouviu, com efeito, ou acreditou ter ouvido Deus andar no jardim, chamá-lo e perguntar-lhe onde estava; depois, percebendo o seu embaraço, informar-se se havia comido o fruto da árvore proibida. Adão não conhecia nenhum atributo de Deus, senão que era o Autor de todas as coisas. Deus também se pôs ao alcance de Caim, a ele se revelando como um ser ignorante das coisas humanas, e porque Caim arrependeu--se de seu pecado, não era necessário um conhecimento mais alto de Deus. A Labão, Deus se revelou como o Deus de Abraão, pois Labão acreditava que cada nação tinha seu Deus particular (ver *Gênesis* 31, 29). Abraão ignorava também ser Deus onipresente e conhecedor de todas as coisas; de fato, quando ouviu a sentença contra os habitantes de Sodoma, pediu a Deus que não a executasse antes de saber se todos mereciam o suplício. Ele diz (*Gênesis* 18, 24): "Talvez haja cinquenta justos nesta cidade". E Deus não se revelou de outra maneira, pois eis como falou na imaginação de Abraão: "eu descerei agora para ver se eles fizeram inteiramente como a queixa que me chegou; se assim não for, eu o saberei". O testemunho divino concernente a Abraão (ver *Gênesis* 18, 19) nada contém além de sua obediência, tendo instruído os de sua família a fazer o que é justo e bom, mas não que tenha tido elevados pensamentos de Deus. Moisés também não percebeu que Deus é onisciente e que todas as ações humanas são dirigidas somente por seu decreto; ainda que Deus lhe tivesse dito (ver *Êxodo* 3, 18) que os israelitas lhe obedeceriam, ele pôs a coisa em dúvida e replicou (*Êxodo* 4, 1): "mas se não me creem e não me obedecem?" E assim, Deus a ele se revelou como indiferente e ignorante das ações humanas futuras. Ele deu-lhe com efeito dois sinais e disse: "se acontecer de eles não crerem no primeiro sinal, acreditarão no último; se eles não crerem no último, pegue então um pouco de água do rio etc." (*Êxodo* 4, 8). Certamente, se se quiser examinar sem ideias preconcebidas as frases de Moisés, encontrar-se-á claramente que sua opinião sobre Deus foi que ele é um ser que sempre existiu, existe e existirá. E por esse motivo o chama Jeová, palavra que em hebreu exprime essas três fases da duração. Quanto à natureza de Deus, Moisés nada ensinou, a não ser que é misericordioso, benévolo etc. e ciumento no mais alto nível, como sobressai de um grande número de passagens do *Pentateuco*. Em segundo lugar, ele acreditou e ensinou que esse ser difere de todos os demais, a ponto de não ser expresso por qualquer imagem de coisa visível nem ser visto, não por causa da contradição que implicaria uma tal visão, mas por causa da debilidade humana; depois, relativamente ao poder, Deus é único e singular para Moisés. Ele concorda haver seres que ocupam o lugar de Deus (sem dúvida por ordem e em virtude de um mandato de Deus), quer dizer, seres aos quais Deus deu autoridade, o direito e o poder de dirigir nações, as velar e cuidar. Mas esse ser que os judeus eram obrigados a honrar, Moisés ensinou que era o Deus soberano e supremo, ou, em outras palavras, para usar um meio hebraico, o Deus dos Deuses. Eis por que no cântico do *Êxodo* (15, 11) ele diz: "quem entre os deuses é semelhante a ti Jeová?" E Jetro (*Êxodo* 18, 11): "agora sei que Jeová é maior do que todos os deuses"; quer dizer, sou obrigado a conceder a Moisés que Jeová é maior que todos os deuses e tem um poder único. Mas Moisés acreditou que esses seres substitutos de Deus tinham sido por ele criados? Pode-se duvidar disso, considerando-se que não há nada que saibamos sobre sua criação e origem. Em terceiro lugar, ele ensinou que esse ser fez sair este mundo visível do caos e estabeleceu a ordem (ver *Gênesis* 1, 2), que pôs na natureza as sementes das coisas, tendo, por conseguinte, um direito e um poder soberanos sobre tudo; e que, em virtude desse direito e desse poder soberanos, ele elegeu apenas por si a nação dos hebreus (ver *Deuteronômio* 10, 14-15), assim como uma região da terra (*Deuteronômio* 4, 19; e 32, 8-9), deixando as outras nações e suas regiões aos cuidados de outros deuses substitutos. Assim, era chamado Deus de Israel e Deus de Jerusalém (ver o livro II das *Crônicas* 32, 19), enquanto os outros deuses eram chamados Deuses das outras nações. Por esse mesmo motivo, os judeus acreditavam que essa região eleita por Deus requeria um Deus todo particular e inteiramente diferente daqueles das demais regiões, que ela não podia sofrer o culto dos outros deuses, próprio a outras regiões. Acreditava-se que as nações que o rei da Assíria conduziu às terras dos hebreus seriam dilaceradas pelos leões, pois ignoravam o culto dos deuses dessa terra (ver II *Reis* 17, 25-26). E por essa razão, conforme a opinião de Aben Ezra, Jacó disse a seus filhos, quando quis reganhar a pátria, para se prepararem para um novo culto e abandonar os deuses estrangeiros, quer dizer, o culto dos deuses da terra onde então se encontravam (*Gênesis* 35, v2-3). Também Davi, para fazer com que Saul entendesse que aquele rei o havia obrigado, por suas perseguições, a viver fora da pátria, disse que foi posto para fora da herança de Deus e que o enviaram para servir a outros deuses (ver *Samuel* I 26, 19). Enfim, Moisés acreditou que esse ser, Deus, tinha sua morada nos céus (*Deuteronômio* 33, 26) e esta opinião muito se difundiu entre os gentios.

15: Se considerarmos as revelações que fez Moisés, veremos que elas foram adaptadas a essas opiniões: como ele acreditava efetivamente que a natureza de Deus estava submetida às condições que dissemos, a saber, a misericórdia, a benevolência etc., Deus a ele se revelou em conformidade com essa opinião e sob tais atributos (ver *Êxodo* 34, 6-7, onde se relata de que maneira Deus apareceu a Moisés, e no Decálogo, em *Êxodo* 20, v4-5). Conta-se, além disso, no capítulo 33, versículo 8, do *Êxodo*, que Moisés pediu a Deus para se deixar ser visto, mas, como já dissemos, não tendo Moisés formado em seu cérebro qualquer imagem de Deus, e Deus, revelando-se aos profetas apenas conforme a disposição de suas imaginações, a ele não apareceu sob qualquer forma. Digo que assim foi porque repugnava à imaginação de Moisés que fosse de outro modo; outros profetas, com efeito, testemunham que viram Deus, como Isaías, Ezequiel,

Daniel etc. É por essa razão que Deus respondeu a Moisés: "tu não poderás ver minha face". E como Moisés acreditava que Deus era visível, quer dizer, que para ele não havia contradição entre a natureza divina e a visibilidade, sem o que não teria pedido a Deus para vê-lo, Deus aduziu então: "pois ninguém pode ver-me e permanecer em vida". Portanto, Deus ofereceu uma razão condizente com a opinião de Moisés: ele não disse haver contradição, como há na realidade, entre a natureza divina e a visibilidade; mas acontece de Deus não ser visto por causa da debilidade do homem. Além disso, para revelar a Moisés que os israelitas, por terem adorado um bezerro, se tinham tornado semelhantes às outras nações, disse Deus (*Êxodo* 33, 1-2-3) que ele veria um anjo, quer dizer, um ser cuidando dos israelitas em lugar do Ser Supremo; quanto a Ele, não queria mais estar entre eles. De sorte que não havia nada mais que pudesse fazer crer a Moisés que os israelitas eram mais amados por Deus do que as demais nações igualmente remetidas aos cuidados de outros seres, quer dizer, aos cuidados dos anjos. É o que ressalta do versículo 16 do capítulo 33 do *Êxodo*. Enfim, como Moisés acreditava que Deus habitasse os céus, Deus se revelava como descendo do céu sobre a montanha, e Moisés, ao contrário, subia ao topo da montanha para falar com Deus; ele não teria necessidade de fazê-lo se pudesse imaginar Deus em todos os lugares com a mesma facilidade. Os israelitas não souberam quase nada de Deus, embora ele se tenha revelado a Moisés; fizeram-no ver mais do que suficientemente quando transferiram alguns dias depois para um bezerro a honra e o culto de Deus, e creram ter sido Ele um dos deuses que lhes haviam tirado do Egito. Certamente não se deve acreditar que homens acostumados às superstições dos egípcios, grosseiros e esgotados pela infelicidade da servidão, tivessem de Deus algum conhecimento são, ou que Moisés lhes tenha ensinado outra coisa além de uma regra de vida, não a filosofar, de maneira que, tornados inteiramente livres, fossem por isso obrigados a viver bem, mas como legislador, de modo que fossem constrangidos pelos mandamentos da Lei. Assim, a regra do bem viver, quer dizer, a verdadeira vida, o culto e o amor a Deus, foi para eles antes uma servidão do que uma verdadeira liberdade, uma graça e um dom de Deus. Moisés ordenou-lhes amar a Deus e observar sua Lei para reconhecer as benfeitorias passadas de Deus (quer dizer, a liberdade sucedânea à servidão do Egito etc.); além disso, os desviou, com terríveis ameaças, da transgressão dos mandamentos e, por outro lado, prometeu que muitos bens recompensariam a observação. Moisés ensinou assim aos hebreus como os pais costumam ensinar aos filhos inteiramente privados de razão. Eis por que é certo que tenham ignorado a excelência da virtude e vera beatitude. Jonas acreditou fugir à presença de Deus, o que parece mostrar que também ele acreditou que Deus havia atribuído o cuidado das outras regiões, fora da Judeia, a outras potências que Lhe haviam substituído.

16: E não se vê ninguém no Antigo Testamento que tenha falado de Deus de uma maneira mais racional do que Salomão, quem, pela luz natural, sobrepujou todo o século; eis por que também se julgou superior à Lei (pois ela foi estabelecida somente por aqueles a quem faltam a razão e os ensinamentos da luz natural), e fez pouco caso de todas as leis concernentes ao rei, que se compunham de três principais (ver *Deuteronômio* 17, 16-17); mais até, as violou manifestamente, no que porém estava errado, e sua conduta não foi digna de um filósofo, entregue que estava aos prazeres; ensinou que todos os bens da fortuna são coisas vãs para os mortais (ver *Eclesiastes*), que os homens nada possuem de mais excelente do que o entendimento, sendo a desrazão o pior suplício com o qual podem ser punidos (*Provérbios* 7, 22).

17: Mas voltemos aos profetas para assinalar, conforme nosso desejo, suas opiniões divergentes. As maneiras de ver de Ezequiel pareceram aos rabinos que nos transmitiram os livros dos profetas (os que subsistem) tão contrárias àquelas de Moisés (ver o relato no Tratado do Sabá, capítulo 1, f. 13, p.2) que estavam prestes a não admitir o livro de *Ezequiel* no número dos canônicos, e o teriam excluído se um certo Hananias não se houvesse disposto a explicá-lo, o que se diz que acabou por fazê-lo com muita dificuldade (assim como é contado no sobredito tratado do Sabá). Mas de que maneira o explicou? É o que não está suficientemente estabelecido. Escreveu um comentário que talvez se tenha perdido, ou mudou e corrigiu a seu prazer as palavras e discursos de Ezequiel (audácia não lhe faltava para isso)? Como quer que seja, o capítulo 18 de *Ezequiel* não parece concordar com o versículo 7, capítulo 34, do *Êxodo*, nem com o versículo 18, capítulo 32, de *Jeremias*.

18: Samuel acreditava que Deus, após ter decretado alguma coisa, jamais voltava ao decreto (ver *Samuel*, livro I, 15, 29). Para Saul, arrependido de seu pecado e querendo adorar a Deus e pedir-Lhe graça, diz-lhe que Deus não mudaria seu decreto contra ele. Justamente o contrário foi revelado a Jeremias (ver capítulo 17, 8-10): Deus, o que quer que tenha decretado de bom ou de mau a respeito de uma nação, voltava a seu decreto em caso de uma mudança para melhor ou para pior produzida entre os homens, após a sentença dada. A doutrina de Joel foi a de que Deus se arrepende apenas do mal (ver 2, 13). Do capítulo 4 do *Gênesis*, versículo 7, ressalta muito claramente que o homem pode vencer a tentação do pecado e agir bem; isso é dito a Caim que, no entanto, nunca a venceu, como se vê na Escritura e também em José. A mesma doutrina sobressai com mais evidência do capítulo acima visado por Jeremias, pois, diz ele, Deus se arrepende do decreto emitido contra os homens ou em seu favor quando querem mudar seus hábitos e maneira de viver. Ao contrário, nada é ensinado mais abertamente por Paulo do que a doutrina segundo a qual os homens não possuem qualquer poder sobre as tentações da carne, a não ser por uma vocação singular e pela graça de Deus. Vede a *Epístola aos Romanos*, capítulo 9, versículo 10 e seguintes, e observai que no capítulo 3, versículo 5, e no capítulo 6, versículo 19, nos quais atribui a justiça a Deus, ele se arrepende de assim ter falado, de maneira humana e por causa da fraqueza da carne.

19: Está, pois, suficientemente estabelecido, por esse meio, que as revelações de Deus, como nos propusemos mostrar, foram adaptadas à compreensão e opinião dos profetas; que os profetas puderam ignorar e realmente ignoraram coisas de pura especulação que não se relacionam com a caridade e o uso da vida; enfim, que tiveram opiniões diferentes. Falta muito, portanto, para que possamos tirar-lhes o conhecimento das coisas naturais e espirituais. Nossa conclusão, por conseguinte, é que não estamos obrigados a ter fé nos profetas, a não ser no que se refere à finalidade e substância da revelação. De resto, cada um pode crer livremente como lhe aprouver. Por exemplo, a revelação de Caim nos ensina somente que Deus advertiu Caim de que tinha de viver melhor; somente isso é o objeto e a substância da revelação, e não ensinar a liberdade da vontade ou uma doutrina filosófica. Ainda que nas palavras dessa admoestação, e na maneira como é feita, a liberdade da vontade esteja claramente contida, nos é, entretanto, permitido fazer um julgamento contrário, já que essas palavras e maneira estão adaptadas à compreensão apenas de Caim. Assim também a revelação de Miqueias quer apenas ensinar que Deus revelou a Miqueias a verdadeira conclusão da batalha de Acab contra Arão e, por consequência, é apenas nisso que estamos obrigados a crer. Tudo o que está contido além, quanto ao verdadeiro espírito de Deus e do falso, e do exército do céu que se mantém de ambos os lados de Deus, tanto quanto das demais circunstâncias da revelação, em nada nos toca; que cada um julgue como lhe parecer mais condizente com sua razão. Quanto aos argumentos pelos quais Deus mostra a Jó que tudo está em seu poder – se é que essa revelação tenha sido feita a Jó e que o autor tenha querido relatar uma história, e não (como alguns o creem) revestir suas ideias de uma forma imaginada – é preciso dizer o mesmo: esses argumentos estão ao alcance de Jó e são próprios para convencê-lo. Nada têm de universal, não são para convencer todo o mundo. Não se devem julgar de outra maneira as razões pelas quais o Cristo dá provas aos fariseus de insubmissão e de ignorância e exorta seus discípulos à vida verdadeira: ele adaptou suas razões às opiniões de cada um. Por exemplo, quando diz aos fariseus (ver *Mateus* 12): "e se Satã rejeita Satã, ele está dividido contra si mesmo; como seu reino subsistiria?", ele só quis convencer os fariseus com seus próprios princípios. Não quis ensinar que há demônios e um reino de demônios. O mesmo quando diz a seus discípulos (*Mateus* 18, 10): "tomai cuidado para não menosprezar nenhum dos pequenos, pois vos digo que seus anjos estão nos céus", ele não quer ensinar outra coisa senão que não devem ser orgulhosos e desprezar quem quer que seja. Ele não quer ensinar o que está contido nos rodeios que faz para melhor persuadir seus discípulos. É preciso dizer exatamente a mesma coisa dos procedimentos e dos signos usados pelos apóstolos. Mas não é preciso falar sobre isso mais longamente, pois, se devesse enumerar todas as passagens da Escritura escritas somente por um homem, quer dizer, adaptadas à compreensão de uma certa pessoa e que não se pode, sem grande dano para a filosofia, apresentar como ensinamento divino, me afastaria muito da brevidade para a qual me esforço. Que seja suficiente haver tocado em alguns pontos de interesse geral. O leitor curioso examinará os outros por si mesmo.

20: Todavia, embora as observações que precedem sobre os profetas e a profecia tendam diretamente para o fim a que me proponho, e que é o de separar a filosofia da teologia, pois que fui conduzido a falar desta questão geral, convém procurar ainda se o dom profético pertenceu apenas aos hebreus, ou se foi conhecido de todas as nações; depois, o que é preciso pensar da vocação dos hebreus, o que será objeto do capítulo seguinte.

CAPÍTULO III

Da vocação dos hebreus e de como o dom
da profecia lhes é peculiar

1: A verdadeira felicidade e a beatitude consistem, para cada um, no gozo do bem e não na glória de ser o único a usufruí-lo, estando os demais excluídos. Com efeito, estimar-se na posse de uma felicidade maior porque se está sozinho numa boa condição, e outros não, ou porque se goza de uma beatitude maior, tendo-se um destino melhor do que outros, é ignorar a verdadeira felicidade e a beatitude. A alegria que se experimenta crendo-se superior, se não é infantil, só pode nascer da inveja ou de um mau coração. Por exemplo, a verdadeira felicidade e a beatitude de um homem consistem apenas na sabedoria e no conhecimento da verdade, de modo algum naquilo com que seria mais sábio do que os outros, ou estando os demais privados de sabedoria, pois isso não engrandece em nada sua própria sabedoria, quer dizer, sua verdadeira felicidade. Quem, pois, se regozija desse modo, regozija-se com o mal de outrem; é invejoso e mau, não conhece nem a verdadeira sabedoria nem a tranquilidade da vida verdadeira. Assim, quando a Escritura diz para exortar os hebreus à obediência da lei, que Deus os elegeu entre as demais nações (*Deuteronômio* 10, 15), que ele lhes está próximo e não de outros (idem, 8), e enfim que só a eles concedeu o privilégio de conhecê-lo, ele se põe a falar ao alcance dos hebreus que não conheciam a verdadeira beatitude, como mostramos no capítulo precedente e por testemunho de Moisés (*Deuteronômio* 9, 6-7). Com efeito, eles não estariam na posse de uma felicidade menor se Deus houvesse chamado igualmente todos os homens à salvação. Deus não lhes seria menos propício, ainda que tivesse concedido aos demais uma assistência igual. As leis não teriam sido menos justas e, ao mesmo tempo, menos sábias quando prescritas a todos; os milagres não teriam mostrado menos o poder de Deus se houvessem sido feitos para outras nações. Enfim, os hebreus não seriam menos obrigados a honrar a Deus mesmo se ele houvesse concedido todos os seus dons igualmente a todos. Quanto ao que Deus disse a Salomão (*Reis I* 3, 12), que ninguém depois dele lhe igualaria em discernimento, isso parece somente uma maneira de falar para dar a entender sua grande sabedoria. Como quer que seja, não se deve crer absolutamente que Deus tenha prometido a Salomão, para sua maior felicidade, não conceder a ninguém depois dele uma sabedoria igualmente grande, pois isso nada acrescentaria ao discernimento de Salomão, e esse prudente rei não teria menos graça a render a Deus por tão grande benefício, mesmo se Deus lhe houvesse anunciado sua intenção de dar a todos a mesma sabedoria.

2: Ao dizer que nas passagens acima visadas pelo *Pentateuco* Moisés se pôs ao alcance dos hebreus por sua linguagem, não queremos negar que Deus lhes tenha prescrito somente a eles as leis do *Pentateuco*, que só a eles falou e que, enfim, os hebreus tenham visto coisas surpreendentes, como não ocorreu com outra nação. O que pretendemos dizer é que Moisés quis, com uma linguagem desse gênero, e usando sobretudo daquelas razões, instruir os hebreus no culto a Deus e melhor uni-los por um meio adequado à sua infância de espírito. Pretendemos, além disso, mostrar que os hebreus não excederam as outras nações pela ciência ou pela piedade, mas sim noutra coisa; ou, para falar como a Escritura, em uma linguagem ao seu alcance, que os hebreus, a despeito das advertências frequentemente recebidas, não foram os eleitos de Deus pela via verdadeira e por altas especulações, mas por outra coisa. Que coisa, é o que mostrarei procedendo ordenadamente.

3: Antes de começar, todavia, quero explicar aqui, em poucas palavras, o que, na sequência, entenderei por governo de Deus, auxílios de Deus, externo e interno, por eleição de Deus e, enfim, por fortuna. Por governo de Deus entendo a ordem fixa, imutável, da Natureza, ou, dito de outra forma, o encadeamento das coisas naturais; dissemos antes, com efeito, e o mostramos em outro lugar, que as leis universais da Natureza, de acordo com as quais tudo se faz e tudo é determinado, não são outra coisa senão os decretos eternos de Deus que envolvem sempre uma verdade e uma necessidade eternas. Que digamos, pois, que tudo se faz seguindo as leis da Natureza, ou é ordenado pelo decreto ou pelo governo de Deus, é sempre a mesma coisa. Em segundo lugar, a potência de todas as coisas naturais, não sendo senão a potência mesma de Deus, pela qual tudo se faz e tudo se determina, segue-se daí que tudo o que o homem, ele mesmo parte da Natureza, se assegura por seu trabalho para a conservação de seu ser, e tudo o que lhe é oferecido pela Natureza, sem exigência de trabalho, é-lhe oferecido apenas pela potência divina, enquanto age pela própria natureza do homem ou por coisas exteriores à sua natureza. Portanto, tudo o que a natureza humana pode produzir unicamente por sua potência para a conservação de sua existência, podemos chamar auxílio interno de Deus; e auxílio externo tudo o que é produzido para ele pelas potências das coisas exteriores. Daí facilmente resulta o que se deve entender por eleição de Deus: com efeito, como ninguém age senão em conformidade com a ordem predeterminada da natureza, quer dizer, pelo governo e pelo decreto eterno de Deus, segue-se daí que ninguém escolhe sua maneira de viver e nada faz a não ser por uma vocação singular de Deus, que elegeu tal indivíduo, de preferência a outros, para tal obra ou tal maneira de viver. Por fortuna, enfim, não entendo outra coisa senão o governo de Deus, enquanto governa as coisas humanas por causas exteriores e inesperadas.

4: Após ter estabelecido essas definições, voltemos ao nosso objeto e vejamos por que razão a nação hebraica foi eleita de preferência às demais. Para mostrá-lo, procederei como se segue.

5: Tudo o que pode ser objeto de um desejo honesto de nossa parte se relaciona com um destes principais objetos: conhecer as coisas por suas causas primeiras; dominar as paixões, quer dizer, adquirir o estado de virtude; e enfim, viver em segurança num corpo são. Os meios que servem diretamente à aquisição do primeiro e do segundo objetos, e que podem ser considerados como causas próximas e eficientes, estão contidos na própria natureza humana. Por essa razão, é preciso admitir, sem reservas, que esses dons não pertencem a uma nação, mas sempre foram comuns a todo o gênero humano. Julgar de outra maneira seria sonhar que a Natureza tenha outrora procriado gêneros diversos de homens. Mas os meios que servem para viver em segurança e para conservar o corpo residem principalmente nas coisas exteriores e, por conseguinte, são chamados bens da fortuna, pois que dependem em alto grau do governo das coisas exteriores, o qual ignoramos. De tal modo que, a esse respeito, o insensato é quase tão feliz ou infeliz quanto o mais bem avisado. No entanto, para viver em segurança e evitar os ataques dos demais homens e ainda dos animais, o governo da vida humana e a vigilância são de grande ajuda. E a razão e a experiência ensinaram que o meio mais seguro de alcançá-lo é a formação de uma sociedade que tenha leis bens estabelecidas, a ocupação de uma certa região e a reunião das forças de todos em um mesmo corpo social. Todavia, para formar e conservar uma sociedade, uma disposição e uma vigilância pouco ordinárias são requeridas. Portanto, esta sociedade dará mais segurança, será mais estável e menos sujeita à fortuna quanto mais estiver fundamentada e governada por homens bem avisados e vigilantes; ao contrário, aquela que se compõe de homens de uma moralidade grosseira depende mais da fortuna e tem menos estabilidade. Se, no entanto, ela subsistiu por muito tempo, isso se deveu ao governo de um outro, não ao seu próprio; se ela sobrepujou grandes perigos e seus negócios prosperaram, ela não poderá deixar de admirar e adorar o governo de Deus (enquanto Deus age por causas exteriores desconhecidas e não pela natureza e pelo pensamento humanos), pois tudo lhe aconteceu de uma maneira inesperada e contrária à opinião, o que pode realmente ser tido por miraculoso.

6: É apenas nisso que as nações se distinguem entre si, quero dizer, com respeito ao regime social e às leis sob as quais elas vivem e se governam; e a nação hebraica foi eleita por Deus mais do que as outras tendo em vista não o entendimento nem a tranquilidade da alma, mas o regime social e a fortuna, a que lhe deu um império e o conservou por tantos anos. Isso se evidencia na própria Escritura; percorrendo-a, mesmo sem atenção, vê-se claramente que se os hebreus sobrepujaram as outras nações em alguma coisa, foi pela prosperidade de seus negócios, no que concerne à segurança da vida, e pela felicidade que tiveram em dominar grandes perigos; tudo isso apenas pelo auxílio externo de Deus. Quanto ao resto, foram iguais às outras nações e Deus é igualmente propício a todos. A respeito do entendimento sobre Deus e a natureza, está estabelecido (nós o mostramos no capítulo precedente) que tiveram pensamentos bastante vulgares. Não foi por esse motivo que foram eleitos por Deus. Não foi também com relação à virtude e à vida verdadeira; sob esse aspecto foram iguais a outras nações e muito poucos entre eles foram os eleitos. Sua vocação e eleição consistem, pois, unicamente na felicidade temporal de seu Estado e nas vantagens materiais. Também não vemos que Deus tenha prometido outra coisa aos patriarcas*ou a seus sucessores; mais ainda, a Lei não promete outra coisa aos hebreus, por sua obediência, que a feliz continuidade de seu

---

* Ver Apêndice, nota 4.

Estado e outras vantagens desta vida; e ao contrário, por sua insubmissão e ruptura do pacto, a ruína do Estado e os piores desastres. Nada de surpreendente nisso, pois a finalidade de toda sociedade e de todo Estado é viver na segurança e possuir certos benefícios. Ora, o Estado não pode subsistir senão por leis às quais todos estejam obrigados. Se todos os membros de uma sociedade quiserem estar ausentes da lei, justamente por isso destruirão a sociedade e o Estado. Pela constante observação das leis, nada pôde ser prometido à sociedade dos hebreus a não ser a segurança* da vida e os benefícios materiais; ao contrário, pela insubmissão, nenhum suplício foi mais assegurado e predito do que a ruína do Estado e os males que dela decorrem comumente, assim como outros que deveriam nascer para eles particularmente, mas isso não é preciso tratar aqui mais longamente. Acrescento apenas que as leis do Antigo Testamento também foram reveladas e prescritas tão somente aos judeus. Com efeito, tendo-os Deus elegido para constituir uma sociedade e um Estado particulares, eles deviam necessariamente ter leis particulares.

7: Quanto às outras nações, Deus lhes prescreveu igualmente leis particulares e revelou-se a seus legisladores de maneira profética, quer dizer, sob os atributos com os quais os profetas tinham o hábito de revestir sua imaginação? A meus olhos, esse ponto não se encontra bem estabelecido; o que se vê na Escritura é que outras nações tiveram, pelo governo exterior de Deus, um império e leis particulares; para mostrá-lo, citarei apenas duas passagens. Em *Gênesis* (14, 18-20), conta-se que Melquisedec foi rei em Jerusalém e pontífice do Deus altíssimo, que ele bendisse Abraão, seguindo o direito de pontífice (ver *Números* 6, 23) e que Abraão, querido de Deus, deu a esse pontífice o dízimo de todo o seu butim. Tudo isso mostra claramente que Deus, antes de fundar a nação israelita, havia estabelecido reis e pontífices em Jerusalém e lhes havia prescrito ritos

---

* Ver Apêndice, nota 5.

e leis; quanto a saber se foi de modo profético, não posso decidir, como disse acima. Estou ao menos persuadido que Abraão, durante o tempo que ali viveu, viveu religiosamente conforme aquelas leis. Com efeito, Abraão não recebera nenhuma culto em particular e, no entanto, é dito (*Gênesis* 26, 5) que Abraão observou o culto, os preceitos, as instituições e as leis de Deus, pelo que é preciso entender indubitavelmente o culto, os preceitos, as instituições e as leis do rei Melquisedec. *Malaquias* (1, 10-11) dirige aos judeus essa reprimenda: "quem dentre vós fechará as portas [do Templo] para que não se ateie o fogo em meu altar? Não me comprazo em vós etc. Pois desde o nascer do sol, e até seu ocaso, meu nome é grande entre as nações e em todos os lugares me são trazidos o perfume e uma oblação pura. Pois meu nome é grande entre as nações, diz o Deus dos exércitos". Tais palavras, não podendo ser entendidas senão no presente, único tempo admissível, a menos que se queira violentar o texto, provam abundantemente que, naquele tempo, os judeus não eram mais queridos por Deus do que outras nações; que Deus se fazia conhecer então por milagres a outras nações mais do que aos judeus, os quais, naquele momento, haviam reconquistado em parte seu império, sem milagres. E ainda que as nações possuíam ritos e cerimônias que lhes faziam agradáveis a Deus. Mas deixo de lado essa questão, pois basta ao meu propósito ter mostrado que a eleição dos judeus dizia respeito unicamente à felicidade temporal do corpo e à liberdade, quer dizer, à existência do Estado, assim como à maneira pela qual o constituíram e os meios pelos quais o conservaram; consequentemente, também as leis, enquanto necessárias ao estabelecimento desse Estado particular; e, enfim, o modo segundo o qual elas foram reveladas. Quanto ao resto, e àquilo que constitui a verdadeira felicidade do homem, não foram superiores aos demais. Quando, pois, na Escritura é dito (ver *Deuteronômio* 4, 7) que nenhuma nação possui deuses que estejam tão próximos quanto Deus o está dos judeus, é preciso entendê-lo apenas em relação ao Estado e pelo tempo em que tantos eventos miraculosos lhe aconteceram. Quanto ao entendimento e à virtude, quer dizer, à felicidade, Deus é igualmente propício a todos, como o dissemos e mostramos pela razão; isso, além do mais, sobressai da própria Escritura, pois o salmista diz: "Deus está próximo de todos os que o chamam verdadeiramente" (145, 18). No mesmo salmo: "Deus é benévolo para todos e sua misericórdia se estende a tudo o que faz". No salmo 33, versículo 15, é dito que Deus deu a todos o mesmo entendimento e isso com estas palavras: "que formam o coração da mesma maneira". Com efeito, os hebreus criam que o coração fosse a sede da alma e do entendimento (estimo que isso seja bastante conhecido de todos). De resto, do capítulo 28, versículo 28, de *Jó*, é ressaltado que Deus prescreveu a todos as leis de venerar a Deus e abster-se de obras más, quer dizer, de agir bem, e foi assim que Jó, embora fosse um gentio, foi entre todos o mais agradável a Deus, pois sobrepujava a todos em piedade e religião. Depreende-se, enfim, muito claramente de *Jonas* (4, 2) que não é só com relação aos judeus, mas a todos, que Deus é propício, misericordioso, indulgente, de uma grande benevolência e penitente do mal. Em verdade, diz Jonas: "eu havia antes decidido fugir para Társis porque sabia (pelas palavras de Moisés que se encontram no *Êxodo* 34, 6) que Tu és um Deus propício, misericordioso etc., e que, por conseguinte, Tu perdoarias aos de Nínive".

8: Concluímos, então, que Deus é igualmente propício a todos e os hebreus foram eleitos por Deus apenas no que concerne à sociedade temporal e ao Estado, que um indivíduo judeu, considerado fora da sociedade e do Estado, não possui qualquer dom de Deus que o ponha acima dos demais, não havendo qualquer diferença entre ele e um gentio. Depois, por ser verdade que Deus é benévolo e misericordioso para com todos, e que a função de um profeta foi mais a de ensinar as leis particulares da pátria do que a virtude verdadeira e nela instruir os homens, não é duvidoso que todas as nações tenham tido profetas e que o dom profético tenha sido particular aos hebreus. Aliás, isso é atestado pela história, tanto a profana quanto a sagrada, e se não se evidencia nos relatos sagrados do Antigo Testamento que as outras nações tenham tido tantos profetas quanto os hebreus, ou mesmo que algum profeta gentio lhes tenha sido expressamente enviado por Deus, isso em nada importa, pois os hebreus tiveram o cuidado de contar seus próprios assuntos, e não os de outras nações. Basta, portanto, que encontremos no Antigo Testamento que incircuncisos, gentios como Noé, Enoque, Abimeleque ou Balaão, tenham profetizado e que, além do mais, os profetas hebreus tenham sido enviados por Deus não apenas para sua própria nação, mas para muitas outras. Ezequiel, de fato, profetizou para todas as nações conhecidas do seu tempo. Obadias foi profeta, ao que saibamos, apenas para os idumeus, e Jonas, sobretudo, para os ninivitas. Isaías não se limita a deplorar as calamidades judaicas e a celebrar seu restabelecimento, falando também de outras nações; diz, por exemplo, no capítulo 16, versículo 9: "eis por que eu chorava por Jazer"; e no capítulo 19 prediz primeiramente as calamidades dos egípcios, depois seu restabelecimento (versículos 19, 20, 21, 25), quer dizer, que Deus lhes enviará um salvador que os libertará, e que Deus se fará por eles conhecido e, enfim, que os egípcios o honrarão com sacrifícios e oferendas. Finalmente, ele chama essa nação de "o povo do Egito bendito por Deus". Tudo isso parece ser merecedor de nota. Enfim, Jeremias não é denominado apenas profeta da nação hebraica, mas profeta das nações, indistintamente (ver *Jeremias* 1, 5). Ele lamenta em suas predições as calamidades dos países e prediz ainda seu restabelecimento; com relação aos moabitas, diz (48, 31): "eis por que falarei em causa de Moab e elevarei um clamor por causa de Moab"; no capítulo 36: "eis por que meu coração retumba como tambor por causa de Moab". Por fim, prediz sua restauração, assim como a dos egípcios, dos amonitas e dos elamitas. Não é, pois, duvidoso que as outras nações tenham, como os judeus, seus profetas que profetizaram por si e pelos judeus.

9: Embora a Escritura só faça menção a Balaão, a quem foi revelado o futuro dos judeus e das outras nações, não é preciso acreditar, porém, que Balaão tenha profetizado apenas nesse momento. Percebe-se claramente da própria história que ele se distinguia há muito tempo pela profecia e outros dons divinatórios. Quando Balak o faz vir, ele diz (*Números* 22, 6): "porque sei que quem tu bendizes é bendito, e maldito quem maldizes". Tinha, pois, aquela mesma virtude que Deus concedeu a Abraão (*Gênesis* 12, 3). Em segundo lugar, Balaão responde aos enviados, como homem acostumado às profecias, que devem esperar até que a vontade de Deus lhe seja revelada. Quando profetizava, quer dizer, interpretava o verdadeiro pensamento de Deus, tinha o hábito de dizer de si mesmo: "a palavra de quem ouve as palavras de Deus e que conhece a ciência (ou o pensamento e a presciência) do Altíssimo, que vê a visão do Onipotente, que cai por terra e tem os olhos abertos". Enfim, após ter benzido os hebreus por ordem de Deus, começou (era seu costume, com efeito) a profetizar e a predizer o futuro para as demais nações. Tudo isso indica com abundância que ele sempre foi profeta ou profetizou várias vezes e (também a ser notado) que teve o que sobretudo oferecia aos profetas a certeza da verdade da profecia, a saber, um coração inclinado para o justo e o bom. Não bendizia ou maldizia quem ele quisesse, como pensava Balak, mas apenas aqueles a quem Deus queria que fossem benditos ou malditos. E foi assim que respondeu a Balak: "dando-me Balak bastante prata e ouro para encher seu palácio, não poderia ainda assim transgredir o mandamento de Deus, e fazer o bem e o mal à minha escolha; o que Deus disser, eu o direi". No que se refere à cólera de Deus contra si, durante sua viagem, a mesma coisa aconteceu a Moisés quando ia ao Egito por ordem de Deus (ver *Êxodo* 4, 24); e quanto ao dinheiro que recebia para profetizar, Samuel também o recebia (ver *Samuel i* 9, 7-8). Se pecou em outra ocasião (ver a respeito *Epístolas ii de Pedro* 2, 15-16; e *Epístola de Judas*, versículo 11), ninguém é tão justo que aja sempre bem e não peque

TRATADO TEOLÓGICO-POLÍTICO

jamais (*Eclesiastes* 7, 21). E certamente seus discursos sempre tiveram bastante força perante Deus, tendo sido seguramente muito grande seu poder para maldizer, pois que se encontra com frequência na Escritura, para atestar a grande misericórdia de Deus face aos hebreus, que ele não queria escutar Balaão e mudava sua maldição em benção (ver *Deuteronômio* 23, 6; *Josué* 24, 10 e *Neemias* 13, 2). Ele foi, portanto, bastante agradável a Deus, pois os discursos dos ímpios e suas maldições não afetam a Deus em nada. Depois, tendo em vista que esse homem foi um verdadeiro profeta e é chamado por Josué de *adivinho*, quer dizer, áugure (13, 22), é certo que esse nome é tido em larga medida para aqueles que os gentios tinham o costume de chamar áugures e adivinhos e que foram verdadeiros profetas, e aqueles que a Escritura acusa e condena muitas vezes foram falsos adivinhos, enganando os gentios como os falsos profetas enganavam os judeus. O que, aliás, aparece muito claramente em outras passagens da Escritura. Concluímos, então, que o dom profético não foi exclusivo dos judeus, mas comum a todas as nações.

10: Os fariseus, porém, sustentam de modo áspero, e contra minha conclusão, que esse dom divino foi algo particular à sua nação e que as demais predisseram o futuro por não sei qual virtude diabólica (de que invenções não é a superstição capaz?). O texto principal que eles produzem para apoiar sua opinião com a autoridade do Antigo Testamento é retirado do *Êxodo* (33, 16), em que Moisés diz: "por que meios se conhecerá que eu e meu povo encontramos a graça aos teus olhos? Certamente quando marchares conosco; e nós formos separados, eu e meu povo, de tudo o que está na superfície da terra". Daí querem inferir que Moisés pediu a Deus estar presente com os judeus e a eles se revelar por profecias, não concedendo em seguida essa graça a nenhum outro povo. Certamente seria risível se Moisés ficasse enciumado com a presença de Deus em outras nações, ou ousasse pedir a Deus o que quer que fosse de semelhante. Na realidade, quando Moisés aprendeu a conhecer a compleição de seu povo e sua alma insubmissa, viu claramente que não poderia levar a bom termo a obra empreendida sem o maior dos milagres e um auxílio externo todo particular de Deus, pois os judeus pereceriam sem esse socorro. Para que ficasse bem estabelecido que Deus os queria conservar, pediu, por conseguinte, o auxílio particular de Deus. É assim que diz: "se encontro graça em teus olhos, Senhor, que o Senhor marche com minha prece entre nós, pois este povo é insubmisso" etc. A razão pela qual ele pediu uma ajuda particular a Deus é que o povo era indisciplinado. E o que demonstra ainda mais claramente que Moisés não pediu outra coisa a não ser esse auxílio singular foi a própria resposta de Deus: "Eis que concluo uma aliança pela qual farei perante todo o teu povo maravilhas que não foram feitas em toda a terra nem em todas as nações". Moisés não tem assim em vista senão a eleição dos judeus, tal como a expliquei, e outra coisa não pediu. No entanto, encontro na *Epístola de Paulo aos Romanos* um outro texto que me surpreende mais ainda. Falo desta passagem do capítulo 3, versículos 1 e 2, em que Paulo parece expor uma doutrina diferente da nossa: "qual é", diz ele, "a vantagem do judeu, e qual o proveito da circuncisão? Ele é grande de todas as maneiras, mas sobretudo porque as palavras de Deus lhe foram confiadas". Mas se nós considerarmos com atenção a doutrina que Paulo quer aqui expor, nada encontraremos que contradiga a nossa; ao contrário, ele ensina precisamente o que ensinamos. Com efeito, ele diz (mesmo capítulo, 29) que Deus é o Deus dos judeus e também dos gentios, e no capítulo 2, versículos 25-26: "se o circunciso se afasta da fé, a circuncisão se tornará prepúcio e, ao contrário, se o incircunciso observa o mandamento da lei, seu prepúcio será reputado circuncisão". Ele diz, em segundo lugar (3, 9; e 4, 15) que todos, igualmente, quer dizer, judeus e gentios, estão submetidos ao pecado, e que não há pecado sem mandamento e lei. Disso sobressai, com evidência, que a Lei foi revelada a todos, absolutamente, como mostramos acima por *Jó* (28, 28) e que todos viveram sob ela; falo dessa lei que diz respeito apenas à virtude verdadeira, não daquela estabelecida em relação a cada Estado e constituição e adaptada à compleição própria de cada nação. A conclusão de Paulo é que Deus é Deus de todas as nações, quer dizer, igualmente propício a todos, e estando todos igualmente submetidos à lei e ao pecado, Deus enviou seu Cristo a todas as nações para as livrar da servidão da lei, de maneira que os homens não mais façam o que é o bem pelo mandamento da lei, mas por um decreto constante da alma. Paulo, portanto, ensina precisamente a doutrina que sustentamos. Quando, na sequência, diz que "aos judeus foram unicamente confiadas as palavras de Deus", é preciso entender que só eles tiveram a guarda das Leis por escrito, enquanto as demais nações tiveram a revelação e a guarda no espírito, ou então é preciso dizer (pois ele se dedica a repelir uma objeção que só pode vir dos judeus) que Paulo, em sua resposta, se faz acessível aos judeus e falou conforme as opiniões então recebidas por eles: para ensinar, com efeito, o que havia em parte visto por si mesmo, em parte aprendido por ouvir dizer, era grego entre os gregos e judeu entre os judeus.

11: Resta-nos somente responder às razões pelas quais alguns acreditam não ter sido a eleição dos judeus temporal e relativa ao império, mas eterna. Vemos, dizem eles, que após a ruína do seu império, os judeus dispersos em todos os lugares e separados de todas as nações sobreviveram tantos anos, o que não foi dado a nenhum outro povo; além do mais, a Sagrada Escritura parece ensinar em muitas passagens que Deus elegeu os judeus para a eternidade e que assim, a despeito da ruína do seu império, não se conservam menos eleitos por Deus. As passagens que se crê ensinar mais claramente essa doutrina são principalmente: a. *Jeremias* (31, 36), em que o profeta atesta que a semente de Israel permanecerá na eternidade da nação de Deus, comparando os judeus à ordem fixa dos céus e da natureza; b. *Ezequiel* (20, 32), em que o sentido parece ser o de que, a despeito da assiduidade com que se dispuseram a abandonar o culto de Deus, ele os reunirá em todas as regiões pelas quais se dispersaram e os conduzirá ao deserto dos povos, como conduziu seus ancestrais ao deserto do Egito; em seguida, enfim, após ter separado os rebeldes e os trânsfugas, os fará subir a montanha da santidade, onde toda a família de Israel o servirá. Além dessas passagens, tem-se o costume, sobretudo os fariseus, de citar outras. Mas creio que terei respondido a todas, de modo satisfatório, quando houver respondido àquelas duas. O que farei sem grande esforço ao mostrar, pela própria Escritura, que Deus não elegeu os hebreus para a eternidade, mas somente nas mesmas condições anteriores dos cananeus. Como fizemos ver acima, estes aqui também tiveram pontífices que serviram religiosamente a Deus e, todavia, Deus os rejeitou em razão do seu amor pelos prazeres, de sua moleza e dos seus falsos cultos. Com efeito, Moisés, no *Levítico* (18, 27-28), adverte os israelitas para não se contaminarem com incestos, como os cananeus, para que a terra não os vomite como vomita as nações que habitam essas paragens. E no *Deuteronômio* (8, 19-20) ele os ameaça de total ruína, nos termos mais claros: "eu vos atesto hoje que vós perecereis inteiramente; como as nações que Deus faz perecer perante vós, assim vós perecereis". E da mesma maneira, encontram-se na Lei outras passagens indicando expressamente que Deus não elegeu a nação hebraica de modo absoluto e para a eternidade. Se, pois, os profetas lhes predisseram uma nova aliança e eterna, de conhecimento de Deus, de amor e de graça, é fácil se convencer de que essa promessa é feita somente aos piedosos. Nesse mesmo capítulo de *Ezequiel* que acabamos de citar, é dito expressamente que Deus separa os rebeldes e os trânsfugas; e em *Sofonias* (3, 12-13), que Deus destruirá os soberbos e deixará subsistir os pobres. Logo, como essa eleição concerne a verdadeira virtude, não se deve pensar que foi prometida apenas aos homens piedosos entre os judeus, com a exclusão dos demais, mas deve-se crer, indubitavelmente, que os verdadeiros profetas gentios, e mostramos que todas as nações os possuíram, prometeram a mesma eleição aos fiéis de suas nações e lhes trouxeram a mesma consolação. Esta aliança eterna de conhecimento e de amor de Deus é, pois, universal, como se depreende também com maior evidência em *Sofonias* (3, 10-11). Assim, não se deve admitir qualquer diferença a esse respeito entre judeus e gentios, e não há qualquer eleição particular dos judeus, à exceção daquela que já expusemos. Se os profetas, para esta eleição que concerne à verdadeira virtude, misturam muitas palavras relativas a sacrifícios e a outras cerimônias, à reedificação do Templo e da Cidade, é que quiseram, segundo o costume e a natureza da profecia, explicar as coisas espirituais sob figuras próprias a fazer ouvir ao mesmo tempo aos judeus, dos quais eram os profetas, que a restauração do Estado e do Templo devia ser esperada no tempo de Ciro.

12: Hoje, portanto, os judeus nada têm para se atribuir que deva colocá-los acima de todas as nações. Quanto à sua longa permanência na condição de nação dispersa e não mais formadora de um Estado, nada tem de surpreendente, tendo os judeus vivido à parte de todas as nações, de modo a atrair o ódio universal, e isso não apenas pela observação de ritos exteriores, opostos aos das outras nações, mas pelo sinal da circuncisão, ao qual permanecem religiosamente apegados. Que o ódio das nações seja bastante característico para assegurar a conservação dos judeus, é o que, aliás, mostrou a experiência. Quando um rei da Espanha constrangeu os judeus a abraçar a religião do Estado ou a exilar-se, um grande número tornou-se católico romano e, tomando parte em todos os privilégios dos espanhóis de raça, julgados dignos das mesmas honrarias, fundiram-se tão bem com os espanhóis que, pouco tempo depois, nada deles subsistia, nem mesmo uma lembrança. Aconteceu de modo totalmente diferente com aqueles que o rei de Portugal obrigou a se converter: eles continuaram a viver separados porque estavam excluídos de todas as categorias honoríficas. Eu atribuo também um tal valor, nesse caso, ao sinal da circuncisão, que sozinho o julgo capaz de assegurar a esta nação judaica uma existência eterna; se mesmo os princípios de sua religião não debilitassem seus corações, eu acreditaria sem reserva, conhecendo a mutabilidade das coisas humanas, que num certo momento os judeus restabelecerão seu império e Deus de novo os elegerá. Da importância que pode ter uma particularidade tal como a circuncisão, encontramos um exemplo notável entre os chineses: eles também conservam muito religiosamente a espécie de cauda que têm na cabeça, como que para se distinguir de todos os outros homens, e por isso se conservaram durante milhares de anos, ultrapassando muito em antiguidade todas as nações. Eles não mantiveram seu império sem interrupção, mas sempre o reergueram quando se encontrava em ruína e o reerguerão sem dúvida alguma tão logo a coragem dos tártaros começar a se enfraquecer por uma vida molenga e luxuosa.

13: Enfim, caso se queira sustentar, a este ou a aquele título, que os judeus foram eleitos para a eternidade por Deus, não contradirei, desde que se entenda que sua eleição, seja temporária, seja eterna, enquanto lhes é particular, se relaciona unicamente ao império e vantagens materiais (não havendo outra diferença entre uma nação e outra), ao passo que, em relação ao entendimento e à verdadeira virtude, nenhuma nação foi feita distinta, e assim não há uma que Deus, a esse respeito, tenha eleito de preferência a outras.

CAPÍTULO IV

Da lei divina

A Lei

1: A palavra lei, entendida absolutamente, aplica-se todas as vezes que os indivíduos, tomados um a um, na totalidade dos seres ou como alguns da mesma espécie, se conformam a uma só e mesma regra de ação bem determinada. De resto, uma lei depende às vezes de uma necessidade natural, às vezes de uma decisão entre homens. Uma lei depende de uma necessidade de natureza quando ela decorre da própria natureza ou da definição de um objeto; ela depende de uma decisão tomada pelos homens, e então se chama mais justamente uma regra de direito, quando, para tornar a vida mais segura e mais cômoda, ou por causas semelhantes, os homens a prescrevem a si mesmos ou a prescrevem a outros. Que os corpos, ao se encontrarem com outros menores, por exemplo, percam de seu movimento a mesma quantidade que comunicam, é uma lei universal aplicada a todos os corpos, seguindo uma necessidade de natureza. Da mesma maneira que um homem, quando se lembra de alguma coisa, logo se lembra de outra semelhante, ou que havia percebido ao mesmo tempo, é uma lei que se segue necessariamente da natureza humana. Ao contrário, que os homens abandonem ou sejam constrangidos a abandonar qualquer coisa do direito de natureza para se conformarem a uma regra de vida, isso depende de uma decisão humana. E se concordando, sem restrições, que todas as coisas estejam determinadas, em virtude de leis universais da natureza, a existir e a agir de uma maneira determinada, mantenho que leis desse gênero dependem de uma decisão tomada pelos homens. Primeiro, porque o homem, na medida em que é parte da natureza, constitui uma parte de sua potência; aquilo, pois, que se segue de uma necessidade da natureza humana, quer dizer, da própria natureza (enquanto a concebemos como definida pela natureza humana), retira sua origem da potência do homem; pode-se muito bem dizer, por essa razão, que o estabelecimento dessas leis depende de uma decisão tomada pelos homens, pois que depende, em primeiro lugar, da potência da mente humana e que esta mente, considerada como capaz de verdade e de erro em suas percepções, pode ser concebida claramente sem essas leis, embora não o possa ser sem uma lei necessária no sentido que acabamos de definir. Em segundo lugar, disse que essas leis dependem de uma decisão tomada pelos homens porque devemos definir e explicar as coisas por suas causas próximas, e que considerações totalmente gerais sobre o destino e o encadeamento das causas não nos são úteis quando se trata de formar e ordenar nossos pensamentos relativos a coisas particulares. Acrescentemos que ignoramos inteiramente a coordenação e o encadeamento das coisas, quer dizer, que ignoramos como as coisas estão ordenadas e encadeadas na realidade e que, assim, para a utilidade da vida, é preferível e mesmo necessário considerá-las como possíveis. Eis o que se refere à lei considerada em absoluto.

A Lei Humana

2: É por metáfora, no entanto, que a palavra lei se vê aplicada às coisas naturais e, comumente, entende-se por lei um mandamento que os homens podem igualmente cumprir ou negligenciar, considerando-se que ele constringe a potência do homem dentro de limites determinados, além dos quais nada ordena por ultrapassar suas forças. Parece, pois, que se deve definir a lei mais particularmente como uma regra de vida que o homem impõe-se a si mesmo ou a outros, com uma finalidade qualquer. Todavia, como a verdadeira finalidade das leis não aparece ordinariamente senão a um pequeno número, sendo a maioria dos homens quase incapaz de percebê-la, estando sua vida igualmente em conformidade com a Razão, os legisladores instituíram sabiamente uma outra finalidade bem diferente daquela que decorre necessariamente da natureza das leis: prometem aos defensores o que o vulgo mais ama, enquanto ameaçam seus violadores com o que mais receiam. Assim se esforçam para conter a plebe, nos limites em que é possível fazê-lo, como se contém um cavalo com a ajuda do bridão. Daí resulta que se manteve, sobretudo, como lei uma regra de vida prescrita aos homens pelo mandamento de outros homens, embora, conforme a linguagem corrente, os que obedecem às leis vivam sob o império das leis e a elas pareçam estar submetidos. É verdade que aquele que cede a cada um o que lhe é devido por medo do patíbulo, age apenas pelo comando de outro e é coagido pelo mal que teme. Não se pode dizer que ele seja justo. Mas aquele que entrega a cada um o que lhe é devido porque conhece a verdadeira razão das leis e sua necessidade, age em constante acordo consigo mesmo e por sua própria vontade, não pela de outro. Ele merece, por conseguinte, ser chamado justo. Penso ser isso o que Paulo quis ensinar quando disse que aqueles que viviam sob o império da lei não podiam ser justificados pela lei: a justiça, com efeito, tal como se define habitualmente, é uma vontade constante e perpétua de atribuir a cada um o que é seu. No mesmo sentido, Salomão (*Provérbios* 21, 15) diz que o justo tem alegria quando acontece o julgamento, e os injustos tremem.

3: Em seguida, dado que a lei não é outra coisa senão uma regra de vida que os homens se prescrevem ou prescrevem a outros, tendo em vista um fim, parece que se devem distinguir aí as leis humana e divina. Por lei divina, uma regra tendo por objeto apenas o soberano bem, quer dizer, o verdadeiro conhecimento e o amor de Deus. A razão pela qual chamo uma tal lei de divina prende-se à natureza do bem soberano, que aqui vou mostrar em algumas palavras tão claramente quanto possa.

4: Sendo o entendimento a melhor parte de nosso ser, é certo que se quisermos realmente procurar o útil, devemos acima de tudo esforçar-nos em aperfeiçoar nosso entendimento, tanto quanto possível, pois em sua perfeição deve consistir nosso soberano bem. De mais, todo o nosso conhecimento e a certeza que exclui real e completamente a dúvida depende apenas do conhecimento de Deus, tanto porque sem Deus nada pode existir nem ser concebido, quanto porque podemos duvidar de tudo enquanto não tivermos de Deus uma ideia clara e distinta. Segue-se daí que nosso soberano bem e nossa perfeição dependem somente do conhecimento de Deus. Além do mais, já que nada pode existir ou ser concebido sem Deus, é certo que todos os seres da natureza envolvem e exprimem a ideia de Deus, na proporção de sua essência e de sua perfeição; por onde se vê que quanto mais conhecemos coisas na natureza, maior e mais perfeito é o conhecimento que obteremos de Deus. Dito de outra forma (pois conhecer o efeito pela causa é apenas conhecer alguma propriedade da causa), quanto mais conhecemos coisas na natureza, mais perfeitamente conhecemos a essência de Deus (causa de todas as coisas). E assim, todo o nosso conhecimento, quer dizer, nosso soberano bem, não depende apenas do conhecimento de Deus, mas em tudo nele consiste. Isso resulta ainda de que o homem é mais perfeito na proporção da natureza e da perfeição da coisa que ama acima de tudo, e inversamente. É ainda necessariamente mais perfeito e participa mais da felicidade soberana quem ama, acima de tudo, o conhecimento intelectual de Deus, isto é, do ser inteiramente perfeito, e dele tira a máxima satisfação. É a isso, quer dizer, ao conhecimento e ao amor de Deus, que se resume nosso soberano bem e nossa felicidade. Por conseguinte, os meios de que a finalidade das ações humanas necessitam, a saber, o próprio Deus, enquanto sua ideia está em nós, podem ser chamados mandamentos de Deus, pois que nos são prescritos de algum modo por Deus mesmo, enquanto habita em nossa alma. Assim, uma regra de vida que tem essa finalidade é muito bem chamada *lei divina*. Quais são agora esses meios, que regra de vida essa finalidade requer? Como correlacionar a esse fim os princípios do melhor governo e regrar, por sua consideração, as relações dos homens entre si? Essas questões entram na *Ética*[1] universal. Aqui, continuarei a falar da lei divina apenas sob o aspecto geral.

5: Considerando-se, pois, que o amor de Deus é a suprema felicidade e a beatitude do homem, o fim último de todas as ações humanas, somente segue a lei divina aquele que tem o cuidado de amar a Deus, não por temor do suplício ou amor por outra coisa, tal como os prazeres ou a fama, mas pela única razão de conhecer a Deus; dito de outro modo, saber que o conhecimento e o amor de Deus são o soberano bem. Toda a lei divina, portanto, se resume a esse único preceito: amar a Deus como um bem soberano, e isso, já o dissemos, não por temor de um castigo ou suplício, nem por amor a outra coisa da qual queremos o prazer. A lição contida na ideia de Deus é, com efeito, ser ele nosso soberano bem, ou que o conhecimento e o amor de Deus são o fim derradeiro ao qual tendem todas as nossas ações. O homem carnal, no entanto, não pode conhecer essa verdade, e ela lhe parece vã, pois tem de Deus um conhecimento bastante insuficiente e também porque não encontra

---

1. O livro do próprio Spinoza. (N. da T.)

nesse soberano bem algo que possa tocar ou comer, ou que lhe sensibilize a carne, com a qual procura as delícias, já que esse bem consiste apenas na contemplação e no puro pensamento. Mas aqueles que reconhecerem que nada tem maior preço do que o entendimento e uma alma sadia, sem dúvida julgarão essa verdade muito sólida. Assim explicamos em que consiste essencialmente a lei divina e quais são as humanas: todas aquelas que visam a uma outra finalidade, a menos que não tenham sido estabelecidas por revelação, pois a respeito de uma revelação é também uma maneira de relacionar as coisas a Deus (já mostramos acima) e, nesse sentido, a lei de Moisés, embora não seja universal e sim adaptada à compleição própria e à conservação de um certo povo, pode ser chamada Lei de Deus ou Lei divina, pois a cremos estabelecida pela luz profética.

6: Tendo em vista, agora, a natureza da lei divina, veremos: primeiro, que ela é universal, quer dizer, comum a todos os homens, pois a deduzimos da natureza humana tomada em sua universalidade; segundo, que ela não exige que se tenha fé nos relatos históricos, qualquer que seja o seu conteúdo. Pelo fato da lei divina natural ser conhecida unicamente pela consideração da natureza humana, é certo que a podemos conceber igualmente em Adão e em qualquer outro homem; num homem que vive entre homens e num homem que vive solitariamente. E a fé nos relatos históricos, ainda que ela envolva uma certeza, não nos pode dar o conhecimento nem, consequentemente, o amor de Deus. O amor de Deus nasce do seu conhecimento, e o conhecimento de Deus deve ser extraído de noções certas e conhecidas por si mesmas. Falta muito, portanto, para que a fé em relatos históricos seja uma condição sem a qual não possamos alcançar o soberano bem. Todavia, se a fé nos relatos históricos não nos pode dar o conhecimento e o amor de Deus, não negamos que sua leitura seja proveitosa no que diz respeito à vida civil. Quanto mais tenhamos observado e conhecido os costumes e as condições dos homens (que não podemos conhecer melhor do que por suas ações), mais prudência iremos adquirir para viver entre os homens e melhor poderemos adaptar nossas ações e modo de vida à sua compleição, na medida em que esta aqui for racional. Vemos, em terceiro lugar, que essa lei divina não exige cerimônias rituais, quer dizer, ações que, em si mesmas, são indiferentes e apenas chamadas de boas em virtude de uma instituição, ou representam um bem necessário à salvação; ou ainda, caso se prefira, não exige ações cuja justificação ultrapasse a compreensão humana. Com efeito, a luz natural não exige nada que não possa alcançar essa própria luz e requer somente que a vejamos muito claramente como um bem, quer dizer, como um meio de chegar à beatitude. Ora, as coisas que são boas apenas por ordenamentos ou instituições, ou porque representam [imaginariamente] algum bem, não podem acrescentar perfeição ao nosso entendimento, configurando-se apenas como sombras. Não podemos contá-las entre o número das ações que engendram o entendimento e que são como os frutos de uma alma sadia. Mas não é preciso mostrar isso mais longamente. Vemos, enfim, em quarto lugar, que a mais alta recompensa da lei divina consiste em conhecer essa mesma lei, quer dizer, Deus, e amá-lo como seres verdadeiramente livres, de alma pura e constante, enquanto o castigo é a privação desses bens e a servidão da carne, quer dizer, uma alma inconstante e flutuante.

7: Após essas observações, podemos investigar: primeiro, se pela luz natural podemos conceber a Deus como um legislador ou um príncipe que prescreve leis aos homens; segundo, o que ensina a Escritura a respeito dessa luz e dessa lei naturais; terceiro, com que fim as cerimônias religiosas foram antigamente instituídas; quarto, que interesse há em se conhecer os relatos sagrados e neles crer. Os dois primeiros serão tratados neste capítulo, os demais no seguinte.

8: O que é preciso admitir quanto à primeira questão se deduz facilmente da natureza da vontade de Deus, que não se distingue do entendimento divino a não ser relativamente à nossa razão, quer dizer, que a vontade de Deus e seu entendimento são uma só e mesma coisa, e só se distinguem relativamente aos pensamentos que formamos sobre o entendimento divino. Por exemplo, quando temos em vista que a natureza do triângulo está contida, como verdade eterna, e desde toda a eternidade, na natureza de Deus, então dizemos que Deus tem a ideia do triângulo, ou concebe pelo entendimento a natureza do triângulo. Em seguida, quando consideramos que a natureza do triângulo está contida na natureza de Deus unicamente pela necessidade dessa natureza, e não pela necessidade da essência e das propriedades do triângulo, e ainda que a necessidade da essência e das propriedades do triângulo, enquanto concebidas como verdades eternas, dependem apenas da natureza e do entendimento divinos, não da natureza do triângulo, então chamamos vontade ou decreto de Deus aquilo mesmo que, precedentemente, chamamos de entendimento de Deus. Assim, relativamente a Deus, é a mesma coisa dizer que Deus quis e decretou, desde toda a eternidade, que os três ângulos de um triângulo fossem iguais a dois retos, ou que Deus concebeu esta verdade por seu entendimento. Segue-se daí que as afirmações e as negações de Deus envolvem sempre uma necessidade, ou, dito de outra maneira, uma verdade eterna.

9: Se, pois, como exemplo, Deus diz a Adão: "Não quero que tu comas do fruto da árvore da ciência do bem e do mal", implicaria contradição se Adão pudesse comê-lo e, por conseguinte, seria impossível que Adão o comesse, porque o decreto divino deve envolver a necessidade eterna e a verdade. No entanto, como a Escritura relata que Deus o proibiu a Adão e, ainda assim, Adão o comeu, dever-se-á dizer necessariamente que Deus revelou a Adão o mal que seria para ele a consequência necessária dessa manducação, mas não a necessidade da consequência desse mal. Por esse motivo, Adão percebeu a revelação não como uma verdade eterna e necessária, mas como lei, quer dizer, como regra instituindo que um certo proveito ou dano será a consequência de uma certa ação, não por uma necessidade inerente à própria natureza da ação, mas em virtude do bom prazer e do mandamento absoluto de um príncipe.

TRATADO TEOLÓGICO-POLÍTICO

Assim, apenas para Adão e por seu conhecimento imperfeito, essa revelação tornou-se uma lei e Deus se pôs como legislador e príncipe. Pelo mesmo motivo, e na sequência de uma imperfeição de conhecimento, o Decálogo fez uma lei só para os hebreus; de fato, não conhecendo a existência de Deus como verdade eterna, aquilo mesmo que lhes foi revelado pelo Decálogo, a saber, que Deus existe e só ele deve ser adorado, o tiveram que perceber como lei. Se Deus lhes houvesse falado imediatamente, sem usar intermediários corpóreos, não o teriam percebido como lei, mas como verdade eterna. O que dizemos de Adão e dos israelitas, deve-se dizer também de todos os profetas que escreveram leis em nome de Deus; eles não perceberam os decretos divinos adequadamente, como se percebem as verdades eternas. Por exemplo, é necessário também dizer de Moisés que ele percebeu por uma revelação, ou retirou de princípios a ele revelados, a maneira pela qual o povo de Israel podia melhor se unir em uma certa região do mundo e formar uma nova sociedade, ou, melhor dizendo, constituir um Estado; e, ainda, a melhor maneira pela qual esse povo podia ser levado à obediência. Ao contrário, ele não percebeu e nenhuma revelação lhe fez conhecer que essa maneira fosse a melhor; não soube, além disso, que pela obediência comum do povo, reunido por tal religião, o objetivo que os israelitas possuíam seria necessariamente alcançado. Portanto, ele não percebeu todas essas coisas como verdades eternas, mas como coisas ordenadas e instituídas, prescrevendo-as como leis desejadas por Deus. Disso provém ter-se representado a Deus como um regulador, um legislador, um rei, enquanto todos esses atributos pertencem apenas à natureza humana e devem ser inteiramente afastados da [natureza] de Deus.

10: É preciso dizer isso apenas dos profetas que, em nome de Deus, escreveram leis, mas não do Cristo; do Cristo, embora pareça ter escrito leis em nome de Deus, deve-se julgar diferentemente, pois percebeu as coisas em sua verdade e as conheceu adequadamente. Pois o Cristo foi não um profeta, mas a boca de Deus. Deus, pela mente do Cristo (como mostramos no primeiro capítulo), assim como antes pelos anjos, quer dizer, por uma voz criada, por visões etc., revelou certas coisas ao gênero humano. Por esse motivo, seria tão contrário à Razão admitir que Deus tenha adaptado suas revelações à opinião do Cristo, como supor que as houvera antes adaptado às opiniões dos anjos, ou seja, visões e vozes criadas para comunicar aos profetas as verdades a serem reveladas. Suposição que não pode ser mais absurda, tanto mais que o Cristo foi enviado para ensinar não apenas aos judeus, mas a todo o gênero humano, de sorte que não bastava que tivesse uma mente adaptada apenas às opiniões dos judeus; ela o devia ser às opiniões comuns a todo o gênero humano e aos ensinamentos universais, isto é, em relação com as noções comuns e as ideias verdadeiras. Certamente, Deus se revelou ao Cristo ou ao pensamento do Cristo imediatamente, e não por parábolas ou imagens, tal como se revelou aos profetas. Por isso conhecemos necessariamente que o Cristo percebeu as coisas reveladas em sua realidade, quer dizer, que as conheceu intelectualmente. Pois se diz que uma coisa é conhecida intelectualmente quando é percebida pelo puro pensamento, fora das palavras e das imagens. Portanto, o Cristo percebeu as coisas reveladas e as conheceu de verdade; depois, se em algum momento as prescreveu como leis, o fez pela ignorância e obstinação do povo. Nisso esteve em lugar de Deus, adaptando-se à compleição do povo e, embora tenha falado um pouco mais claramente do que os profetas, ensinava as coisas reveladas de um modo ainda obscuro e frequentemente por parábolas, sobretudo quando falava a homens aos quais ainda não havia feito conhecer o reino dos céus (ver *Mateus* 13, 10-11). E para os que havia feito conhecer os mistérios dos céus, sem dúvida ensinou essas mesmas coisas não como leis, mas como verdades eternas. E por esse meio os liberou da servidão da lei e, no entanto, a confirmou e escreveu para sempre no fundo dos corações. É isso o que Paulo parece indicar em algumas passagens, a saber, na *Epístola aos*

Romanos, capítulo 7, versículo 8, e capítulo 3, versículo 31. No entanto, também ele não quer falar abertamente, mas, como diz no capítulo 3, versículo 5 e capítulo 6, versículo 19, da mesma carta, ele fala em conformidade com os costumes dos homens, o que faz observar, expressamente, quando dá a Deus o nome de justo. Sem dúvida também por causa da fraqueza da carne, atribui a Deus, por ficção, a misericórdia, a graça, a cólera etc., adaptando suas palavras à índole da plebe, isto é, aos homens de carne (como o diz na *Epístola aos Coríntios* 3, 1-2). No capítulo 9, versículo 18, da *Epístola aos Romanos*, ele ensina como verdade absoluta que a cólera de Deus e sua misericórdia não dependem das obras dos homens, mas apenas da eleição de Deus, quer dizer, de sua vontade, pois ninguém está justificado pelas obras da lei, mas apenas pela fé (3, 28), que somente se entende como o pleno consentimento da alma. E, enfim, que ninguém é bem-aventurado se não tiver em si o espírito do Cristo (8, 9), pelo que percebe, com efeito, as leis de Deus como verdades eternas. Concluímos, então, que Deus não pode ser qualificado de legislador, de príncipe, e só é chamado de justo, misericordioso etc. seguindo a maneira de compreender do vulgo e por imperfeição de conhecimento. Em realidade, Deus age e dirige todas as coisas apenas pela necessidade de sua natureza e perfeição, e seus decretos e volições são verdades eternas que sempre envolvem uma necessidade. Eis o que me havia proposto explicar e mostrar em primeiro lugar.

11: Passemos, agora, ao segundo ponto. Percorramos o Livro Sagrado e vejamos o que ele ensina a respeito da luz natural e dessa lei divina. O primeiro texto que encontramos é a história do primeiro homem, na qual se relata que Deus ordena a Adão não comer o fruto da árvore da ciência do bem e do mal; o que parece significar que Deus ordena a Adão fazer e procurar o bem pelo fato de ser ele o bem, e não por ser contrário ao mal, ou seja, procurar o bem por amor do bem e não por medo do mal. Com efeito, e nós já o mostramos, quem faz o bem por conhecimento verdadeiro e amor ao bem, age livremente e de maneira constante. Ao contrário, quem o pratica por medo do mal, age constrangido pelo mal que teme, escravizado, e vive sob as ordens de outrem. Esse único preceito dado a Adão por Deus compreende, pois, toda a lei divina natural e concorda inteiramente com o ensino da lei natural. E não seria difícil explicar toda essa história ou parábola do primeiro homem por esse princípio. Prefiro, no entanto, omitir essa explicação, tanto porque não posso estar absolutamente seguro de que minha explicação coincida com o pensamento do narrador, quanto porque a maioria não concorda que essa história seja uma parábola, admitindo, sem reserva, ser uma simples narrativa.

12: Será, pois, preferível citar aqui outras passagens da Escritura, emprestadas, em primeiro lugar, desse autor que fala da virtude da luz natural, que sobrepujou a todos em seu século, e cujas sentenças inspiram no povo tanto respeito religioso quanto aquelas dos profetas. Penso em Salomão cujos livros sagrados celebram não os dons profético e da piedade, mas os da prudência e da sabedoria. Assim é que Salomão, em seus *Provérbios*, chama o entendimento humano uma fonte de vida verdadeira e faz consistir o infortúnio apenas na desrazão. Com efeito, diz ele (16, 22): "O entendimento é para nós, senhor, uma fonte de vida, e o suplício do insensato é sua desrazão". Ora, é de se notar que, por vida, falando absolutamente, entende-se em hebreu a vida verdadeira, como o mostra o *Deuteronômio* (30, 19). Portanto, Salomão faz consistir o fruto do entendimento apenas na vida verdadeira, e o suplício na sua privação, o que coincide inteiramente com aquilo que observamos, em quarto lugar, a respeito da lei divina natural. Que, aliás, essa fonte de vida, quer dizer, o entendimento, prescreve leis aos sapientes, como também o mostramos, é o que esse mesmo sábio ensina abertamente ao dizer (*Provérbios* 13, 14): "A lei do prudente é fonte de vida", quer dizer, como se vê pelo texto antes citado, que ela é o entendimento. Além do mais, no capítulo 3, versículo 13, ele ensina expressamente que o entendimento dá ao homem a felicidade, assim como a verdadeira tranquilidade

TRATADO TEOLÓGICO-POLÍTICO

da alma. Ele diz, efetivamente: "bem-aventurado o homem que encontrou a ciência e o filho do homem que instruiu o entendimento". A razão disso (versículos 16-17) é que "o entendimento dá diretamente a duração dos dias[2]; indiretamente, as riquezas e a honra: suas vias (aquelas que a ciência faz conhecer) são amáveis e todas as sendas, pacíficas". Somente os sábios, portanto, conforme as palavras de Salomão, vivem na paz e com constância de alma, e não como os ímpios, cuja alma flutua presa de paixões contrárias, e que, por conseguinte, não possuem nem paz nem repouso (como o diz *Isaías* 57, 20). É preciso notar, enfim, sobretudo nesses provérbios de Salomão, o que se encontra no segundo capítulo, considerando que isso confirma muito claramente nossa maneira de ver. É assim que ele começa no versículo 3: "Se tu te fizeres o arauto da prudência e deres voz à inteligência, conhecerás o temor de Deus e encontrarás a ciência (ou antes, o amor, pois a palavra *jadah* significa ambas as coisas); "Deus, com efeito, dá a sabedoria, de sua boca (deriva) a ciência e a prudência". Com essas palavras ele mostra claramente, em primeiro lugar, que somente a sabedoria, ou ainda o entendimento, nos ensina a temer sabiamente a Deus, quer dizer, render-lhe um culto verdadeiramente religioso. Em segundo lugar, ensina que a sabedoria e a ciência têm sua fonte em Deus e que ele no-las dá. É precisamente o que mostramos acima, a saber, que nosso entendimento e nossa ciência dependem apenas da ideia ou do conhecimento de Deus, dele tiram sua origem e nele encontram seu acabamento. Ele continua ensinando expressamente, no versículo 9, que esta ciência contém a verdadeira Ética e a verdadeira Política, as quais dela se deduzem: "então conhecerás a Justiça e o Julgamento e as vias retas, teu bom caminho"; não contente, prossegue: "quando a ciência entrar em teu coração e a sabedoria te for doce, então tua previdência[3] velará sobre ti e a prudência te guardará". Tudo isso coincide com a ciência natural, que ensina

2. Significando, em hebraico, a própria vida. (B. de S.)
3. *Mezima* significa, propriamente, pensamento, deliberação e vigilância. (B. de S.)

a Ética e a verdadeira virtude, quando adquirimos o conhecimento dos seres e apreciamos o sabor da ciência. Assim, a felicidade e a tranquilidade daquele que cultiva o entendimento natural, seguindo o pensamento de Salomão, não dependem do poder da fortuna (quer dizer, de um auxílio externo de Deus), mas principalmente de sua própria virtude interna (quer dizer, de um auxílio interno de Deus), pois que, estando vigilante e ativo e sendo avisado, proverá com o melhor sua própria conservação. Por fim, não se deve negligenciar esta passagem de Paulo, que se encontra no capítulo 1, versículo 20, da *Epístola aos Romanos*, onde é dito (conforme a versão que lhe dá Tremellius do texto siríaco): "as coisas divinas, ocultas desde os fundamentos do mundo, são percebidas pelo entendimento nas criaturas de Deus, da mesma maneira que sua virtude e sua divindade, que é eterna, de sorte que elas são inexcusáveis". Ele mostra assim bastante claramente a virtude de Deus e sua eterna divindade, pela qual se pode saber e da qual se podem deduzir que coisas devem ser procuradas, e quais devem ser evitadas. E assim conclui que tudo é inexcusável e que a ignorância não pode ser justamente alegada. Assim não seria se falasse de uma luz sobrenatural, da paixão sofrida por Cristo na carne e de sua ressurreição. Também ajunta mais abaixo, no versículo 24: "por esta razão, Deus os entregou às concupiscências imundas de seus corações etc." Assim fala dos vícios da ignorância e os descreve como o suplício dos ignorantes, o que concorda plenamente com o provérbio já citado de Salomão: "e o suplício é sua desrazão". Nada surpreendente, portanto, que Paulo diga: os que fazem o mal são inexcusáveis. Pois cada um colhe o que semeou; o mal engendra o mal, necessariamente, se não for corrigido, e o bem engendra o bem se for acompanhado da constância da alma. Assim, a Escritura recomenda em absoluto a Luz Natural e a Lei Divina Natural, e termino aqui de tratar das questões que me havia proposto examinar neste capítulo.

CAPÍTULO V

*Da razão para a instituição das observâncias
cerimoniais. A crença nas narrativas bíblicas: de que modo
e a quem é ela necessária*

1: Mostramos no capítulo precedente que a lei divina que dá aos homens a verdadeira felicidade e lhes ensina a vida verdadeira é comum a todos; melhor ainda, nós a deduzimos da natureza humana, de modo que se deve considerá-la inata à alma humana e como que nela escrita. Ao contrário, as cerimônias do culto, ao menos aquelas que se encontram no Antigo Testamento, foram instituídas apenas pelos hebreus e adaptadas ao seu Estado, de tal sorte que, em sua maioria, não puderam ser celebradas senão pela comunidade inteira e não por indivíduos isolados. Portanto, é certo que elas não se relacionam com a lei divina e não contribuem em nada para a felicidade e a virtude, mas dizem respeito apenas à eleição dos hebreus, quer dizer (conforme mostramos no capítulo III), apenas à felicidade temporal e à tranquilidade do Estado, pois que não podiam ter outra utilidade senão durante a existência do Estado. Se, portanto, no Antigo Testamento, essas cerimônias se relacionam com a lei de Deus, é porque foram instituídas em virtude de uma revelação ou retiradas de princípios revelados. No entanto, como um raciocínio, por sólido que seja, não possui muita força aos olhos dos teólogos ordinários, convém confirmar pela autoridade da Escritura o que acabamos de mostrar. Em seguida, faremos ver, para tornar as coisas mais claras, por que razão e como as cerimônias serviam à manutenção e à conservação do Estado judeu.

2: Não há nenhum ensinamento mais claro em *Isaías* do que aquele que identifica a lei divina, no sentido mais absoluto da palavra, a esta lei universal que consiste em uma verdadeira regra de vida, e não em cerimônias. No capítulo 1, versículo 10, o profeta conclama efetivamente sua nação a ouvir a Lei divina, e começa por excluir os sacrifícios de todos os gêneros e todas as festas; após o que, ensina a própria lei (versículos 15-17) e a resume em poucos preceitos: purificação da alma, prática ou uso constante das virtudes, quer dizer, boas ações e auxílio trazido aos pobres. Não menos notável esse testemunho que encontramos no salmo 40, versículos 7-9. O salmista assim se dirige a Deus: "tu não quiseste sacrifício nem oferenda, tu me perfuraste as orelhas[4]; tu não pediste holocausto nem oblação para o pecado; eu quis cumprir tua vontade, meu Deus, pois tua lei está em minhas entranhas". Ele não tinha em vista senão esta lei de Deus, escrita em suas entranhas ou em sua alma, e exclui as cerimônias. Elas são boas, com efeito, apenas em virtude de uma instituição, não por sua própria natureza, e assim não se encontram escritas nas almas. Outras passagens se encontrariam na Escritura para atestá-lo, mas bastam essas duas citações.

3: De resto, que as cerimônias não ajudem em nada a felicidade, tendo relação apenas com o bem temporal do Estado, a própria Escritura o estabelece, pois na observação das cerimônias promete tão somente vantagens materiais e prazeres corporais, reservando-se a beatitude para a lei divina universal. Nos cinco livros comumente atribuídos a Moisés, nada além da felicidade temporal é prometido, como o dissemos acima,

---

4. Deve-se entender: *ser capaz de percepção*. (B. de S.)

quero dizer, honras ou ainda renome, vitórias, riquezas, prazeres e saúde do corpo. E embora, além das cerimônias prescritas, os cinco livros contenham muitos preceitos morais, estes últimos não se encontram como ensinamentos morais comuns à universalidade dos homens, e sim como mandamentos adaptados sobretudo à compreensão e compleição da nação hebraica, relacionando-se apenas com a utilidade do seu Estado. Por exemplo, Moisés não ensina aos judeus, à maneira de um doutor ou profeta, a não matar e não roubar; ele ordena à maneira de um legislador e de um príncipe. Ele não prova pelo raciocínio a verdade desses ensinamentos; ele junta aos mandamentos a ameaça de um castigo que pode e deve variar, como a experiência já o demonstrou, conforme a compleição própria de cada nação. É assim que, ordenando não cometer adultério, ele tem em vista somente o bem público e o interesse do Estado. Se quisesse ter dado um ensinamento moral que dissesse respeito à tranquilidade da alma e à verdadeira felicidade dos indivíduos, não teria ordenado apenas a ação externa, mas também o consentimento da alma, como o fez Cristo, oferecendo somente ensinamentos universais (ver *Mateus* 5, 28). Por essa razão, o Cristo promete uma recompensa espiritual e não corporal, como Moisés. O Cristo, eu o disse, foi enviado não para conservar o Estado e instituir leis, mas para ensinar apenas a lei universal. Por aí conhecemos facilmente que o Cristo não ab-rogou em absoluto a lei de Moisés, pois não quis introduzir na sociedade quaisquer novas leis, não tendo outra intenção que a de dar ensinamentos morais e distingui-los das leis de Estado. E isso por causa da ignorância dos fariseus, que pensavam que, para viver na felicidade, bastaria observar as regras jurídicas do Estado, quer dizer, as leis de Moisés, ao passo que esta lei, como o dissemos, se relaciona apenas com o bem do Estado, e serviu não para esclarecer os hebreus, mas para coagi-los.

4: Mas voltemos ao nosso propósito e citemos outras passagens da Escritura que, para a observação das cerimônias, nada prometem senão as vantagens materiais, reservando a felicidade para a lei divina universal. Nenhum profeta ensinou mais claramente do que Isaías; no capítulo 58, após ter condenado a hipocrisia e recomendar a liberdade e a caridade para consigo e com o próximo, faz estas promessas: "então tua luz brilhará como a aurora e tua saúde florescerá ao mesmo tempo, e tua justiça irá adiante de ti e a glória de Deus te reunirá ao rebanho"[5]. Em seguida, assim recomenda a celebração do sabá e faz essa promessa aos que o observam com diligência: "então tu apreciarás o prazer com Deus[6] e eu te farei cavalgar sobre os cimos da terra, e te farei comer a herança de Jacó, teu pai, como o disse a boca de Jeová". Vemos assim que o profeta promete, para a liberdade e a caridade, uma mente sã em um corpo são e também a glória de Deus após a morte. E quanto à observação das cerimônias, não promete outra coisa senão a segurança do Estado, a prosperidade e a felicidade temporal. Nos salmos 15 e 24, não se fazem menções a cerimônias, mas apenas a ensinamentos morais, o que se mantém adstrito apenas à felicidade, sendo ela é o objeto a que se propõe o autor, embora fale por parábola. É certo que, nesse texto, é preciso entender por "montanha e tendas de Deus", e por "estada nos céus" a felicidade e a tranquilidade da alma, não a montanha de Jerusalém nem o tabernáculo de Moisés, pois tais lugares não eram habitados por ninguém, e apenas os da tribo de Levi possuíam a administração. Além do mais, todas as sentenças de Salomão, citadas no capítulo anterior, prometem a verdadeira felicidade somente àqueles que cultivam o entendimento e a sabedoria, considerando que apenas eles conhecem verdadeiramente o temor de Deus e honram sua ciência.

5: Aliás, após a destruição do seu Estado, os hebreus não são obrigados a observar as cerimônias, e é o que mostra Jeremias, que viu e predisse a devastação suspensa sobre a cidade, dizendo: "Deus ama apenas aqueles que sabem e conhecem que

---

5. Hebraísmo que significa morrer. (B. de S.)
6. Um prazer honesto, assim como em holandês se diz: *mit Got en mit eere*, com Deus e com honra. (B. de S.)

TRATADO TEOLÓGICO-POLÍTICO

ele faz reinar no mundo a misericórdia, o julgamento e a justiça; no futuro, pois, somente esses deverão ser julgados dignos de louvor" (ver 9, 23), como a dizer que, depois da devastação da cidade, Deus não tem, quanto aos judeus, nenhuma exigência em particular e lhes pede unicamente observar a lei natural que sujeita todos os mortais. O Novo Testamento confirma inteiramente essa verdade; lá, já o dissemos, encontram-se apenas ensinamentos morais e o reino dos céus é prometido aos que os observam; quanto às cerimônias, elas foram abandonadas pelos apóstolos após terem começado a pregar o Evangelho às nações submetidas a leis de outro Estado. Quanto ao fato de os fariseus terem conservado em grande parte as cerimônias israelitas, após a perda do Estado, é preciso ver aí antes a marca de hostilidade contra os cristãos do que uma intenção de agradar a Deus. Com efeito, tendo os cativos sido conduzidos à Babilônia, após a primeira devastação da cidade, e como ainda não estavam divididos em seitas (que eu saiba), logo negligenciaram as cerimônias e até mesmo renunciaram à lei de Moisés; esqueceram, como inteiramente supérfluo, o direito de sua pátria e começaram a se misturar às outras nações, como está abundantemente estabelecido por *Esdras* e *Neemias*. Portanto, é fora de dúvida que os judeus, após a dissolução do Estado, não estiveram mais ligados pela lei de Moisés, como não o estavam antes da fundação de sua sociedade e de seu Estado. Durante o tempo em que viveram entre as outras nações, antes da saída do Egito, não tiveram leis particulares e só estavam presos à observação do direito natural e também, sem dúvida, às regras vigentes no Estado em que viviam, na medida em que não contradiziam a lei divina natural. Quanto aos sacrifícios oferecidos a Deus pelos patriarcas, eles se explicam pelo desejo de instigar mais sua alma à devoção, acostumada desde a infância a tais sacrifícios, pois os homens, a partir de Enos, tinham o hábito de oferecer sacrifícios para instigar-se o mais possível à devoção. Os patriarcas sacrificaram a Deus não pelo ordenamento de uma regra divina nem por um conhecimento que teriam extraído dos fundamentos universais da lei divina, mas apenas por conformidade a um hábito do tempo; e se tais sacrifícios lhes houvessem sido ordenados, esse mandamento não seria outro que o da lei do Estado onde viviam e ao qual estavam igualmente vinculados, como já fizemos notar aqui mesmo, e também no capítulo III, falando de Melquisedec.

6: Penso ter assim confirmado minha maneira de ver por meio da Escritura. Resta mostrar como e por que razão as cerimônias serviam para a conservação ou manutenção do Estado dos hebreus, o que farei, tão brevemente quanto possa, por intermédio dos princípios universais.

7: Não é somente porque protege contra os inimigos que a sociedade é muito útil e mesmo necessária no mais elevado grau, é também porque permite reunir um grande número de comodidades, pois se os homens não quisessem mutuamente se ajudar, a habilidade técnica e o tempo lhes seriam escassos para entreter a vida e conservá-la tanto quanto possível. Ninguém teria tempo nem forças necessárias se lhe fosse preciso trabalhar, semear, segar, moer, tecer, costurar e fazer tantos outros trabalhos úteis à manutenção da vida; para nada dizer sobre as artes e as ciências, que são também sumamente necessárias ao aperfeiçoamento da natureza humana e à sua felicidade. Com efeito, vemos aqueles que vivem na barbárie, sem civilização, levar uma vida miserável e quase animalesca, e mesmo o pouco que têm, por miserável e grosseiro que seja, não o conseguem sem se prestar assistência mútua, qualquer que ela seja.

8: Se os homens estivessem dispostos pela natureza a desejar apenas o que lhes ensina a verdadeira Razão, certamente a sociedade não teria necessidade de quaisquer leis. Seria suficiente esclarecer os homens por ensinamentos morais para que fizessem por si mesmos, e de alma livre, o que é verdadeiramente útil. Mas é inteiramente outra a disposição da natureza humana. Todos observam muito bem seus próprios interesses, mas não seguindo o ensinamento da verdadeira Razão; com mais frequência, são arrastados apenas por seus apetites de prazer e pelas paixões da alma que desejam qualquer objeto, julgando-o útil (mas que não consideram o futuro e só atentam para si mesmas). Disso decorre que nenhuma sociedade pode subsistir sem um poder de ordenamento, de uma força e, consequentemente, sem leis que moderem e constranjam o apetite do prazer e as paixões desenfreadas. Todavia, a natureza humana não suporta ser absolutamente constrangida, e como diz Sêneca, o trágico: "ninguém exerceu por longo tempo um poder de violência, [mas] um poder moderado dura". Com efeito, enquanto os homens agem somente por medo, fazem o que é muito contrário à sua vontade, tendo o cuidado de salvar o pescoço e não se expor ao padecimento de um suplício. Mais ainda, é-lhes impossível não se comprazer com o mal e o dano do senhor, aquele que sobre eles tem poder, ou não lhe desejar o mal e fazê-lo quando podem. Não há nada, além disso, que lhes faça sofrer mais do que estar submetidos a seus semelhantes e por eles regidos. Enfim, nada mais difícil do que arrebatar a liberdade aos homens, após ela lhes ter sido concedida.

9: Disso se segue que toda sociedade deve, se lhe for possível, instituir um poder pertencente à coletividade, de maneira que todos sejam obrigados a obedecer a si mesmos, e não a seus semelhantes. Se o poder pertence a alguns somente ou a um só, este último deve possuir algo de superior à natureza humana, ou ao menos se esforçar ao máximo para que a plebe acredite nisso. Em segundo lugar, as leis deverão ser estabelecidas em todo o Estado de modo que os homens sejam contidos menos pelo temor do que pela esperança de algum bem particularmente desejado, de sorte que cada um faça o seu ofício com ardor. Enfim, porque a obediência consiste em se executar ordens apenas pela submissão à autoridade do chefe que comanda, vê-se que ela não tem qualquer lugar em uma sociedade em que o poder pertença a todos e em que as leis sejam estabelecidas pelo consentimento comum; e numa sociedade desse gênero, aumentando ou diminuindo o número de leis, o povo não deixa de ser igualmente livre, pois não age por submissão à autoridade de outrem, mas por seu próprio consentimento. É completamente diferente quando um só detém um poder absoluto; então, todos executam as ordens do poder por submissão à autoridade de um só e, assim, a menos que os homens tenham sido adestrados desde o princípio a estar presos à palavra do chefe que comanda, ser-lhe-á difícil, em caso de necessidade, instituir novas leis e retirar do povo a liberdade uma vez concedida.

10: Após tais considerações gerais, regressemos à organização política dos hebreus. Em sua saída do Egito, não estavam vinculados ao direito de qualquer nação e lhes era então possível estabelecer novas leis, conforme lhes agradasse, isto é, constituir um novo direito, fundar seu Estado no lugar de sua escolha e ocupar as terras que quisessem. Mas não estavam em nada preparados para estabelecer com sabedoria as regras do direito e exercer o poder coletivamente, pois eram todos de uma compleição grosseira e estavam deprimidos pela servidão sofrida. O poder teve, portanto, de permanecer nas mãos de um só, capaz de comandar os outros, de obrigá-los pela força, de prescrever, enfim, as leis e interpretá-las na sequência. Moisés pôde facilmente continuar a deter o poder, pois sobrepujava os demais pela virtude divina; disso persuadiu o povo e lhe mostrou por numerosos testemunhos (ver *Êxodo* 14, último versículo; e 19, 9). Estabeleceu, portanto, e impôs regras de direito pela virtude divina que o distinguia. Mas tomou o maior cuidado para fazer com que o povo cumprisse seu ofício menos por temor do que por sua boa vontade. Duas razões o impeliam: em primeiro lugar, a insubmissão natural do povo (que não tolerava ser dominado apenas pela força) e a ameaça de uma guerra que exigia, para ser vitoriosa, que os soldados fossem conduzidos antes pela persuasão do que por ameaças e castigos. De modo que, efetivamente, cada um se esforçaria por se distinguir por sua coragem e grandeza de alma, e não apenas escapar ao suplício.

11: Por tal razão, Moisés, por ordem e virtude divinas, introduziu a religião no Estado, de maneira que o povo fizesse suas obrigações mais por devoção do que por medo. Em segundo lugar, ligou os hebreus por favores, fazendo assim numerosas promessas para o futuro, em nome de Deus, sem estabelecer leis de severidade excessiva. Tudo isso nos será facilmente concedido se nos aplicarmos ao estudo dessa história e, sobretudo, se observarmos as circunstâncias requeridas para a condenação de um culpado. Enfim, para que o povo se prendesse à palavra do chefe em comando, não se permitiu que tais homens, acostumados à servidão, fizessem algo segundo sua vontade. Pois o povo nada podia fazer sem se lembrar da lei e executar os mandamentos unicamente dependentes da decisão do chefe. Não era permitido fazer o que quer que fosse a seu modo, havendo de se conformar a um certo rito determinado para trabalhar, semear e fazer a colheita; da mesma maneira, não podia se alimentar, vestir-se, cuidar da barba, alegrar-se nem fazer alguma coisa senão em conformidade com rituais obrigatórios e ordenamentos prescritos pelas leis. E tudo isso não era ainda suficiente; era preciso também que nos pilares de entrada, nas mãos e entre os olhos houvesse sempre algum signo lembrando a obediência.

12: Tal foi, portanto, a finalidade das cerimônias do culto: fazer com que o povo não agisse em conformidade com seu próprio decreto, mas sempre sob o mandamento de outrem, e reconhecesse em todas as suas ações e meditações que não se pertencia, mas estava submetido a uma regra estabelecida por outrem. Disso resulta, mais claro do que o dia, que as cerimônias do culto em nada contribuem para a felicidade, e que aquelas que o Antigo Testamento prescreve e mesmo toda a lei de Moisés se referem unicamente ao Estado hebreu e, por conseguinte, às comodidades do corpo.

13: Quanto às cerimônias do culto cristão, tais como a do batismo, a comunhão do Senhor, as festas, as orações externas e todas as que podem existir ademais, que são e sempre foram comuns a todos os cristãos, instituídas pelo Cristo ou pelos apóstolos (o que, a meus olhos, ainda não está bem estabelecido), elas o foram a título de sinais exteriores da Igreja universal, e não como coisas que contribuem para a beatitude ou tenham em si algum caráter sagrado. Eis por que, embora tais cerimônias não tenham sido instituídas no interesse do Estado [político], o foram, entretanto, tendo em vista a sociedade inteira e, por consequência, aquele que vive só não está de modo algum a elas vinculado, assim como aquele que vive em um Estado onde a religião cristã seja proibida e deva abster-se de tais cerimônias; ainda assim, poderá viver na felicidade. Um exemplo dessa situação encontra-se no Japão, onde a religião cristã é interdita. Os holandeses que ali habitam são obrigados, por ordem da Companhia das Índias Orientais, a abster-se de todo culto exterior. Não penso, no momento, poder confirmar isso por autoridade outra e, embora não seja difícil deduzi-lo dos princípios do Novo Testamento, e talvez mostrá-lo por testemunhos claros, acho melhor deixar essa questão, pois tenho pressa em tratar de uma outra. Continuo, pois, e passo ao segundo ponto que decidi tratar neste capítulo, a saber, para que homens a fé nos relatos históricos contidos nos livros sagrados é necessária, e por que razão. Para fazer esta investigação, com a ajuda da luz natural, parece-me que se deva proceder como segue.

14: Para que os homens aceitem uma crença ou dela se desviem, caso se trate de uma coisa que não é conhecida por si mesma, dever-se-á necessariamente partir de certos pontos concordes e apoiar-se neles para se convencer com a experiência ou com a razão, quer dizer, sobre os fatos que, pelos sentidos, os homens constatam na natureza, ou com axiomas do intelecto, conhecidos por si mesmos. Mas, a menos que a experiência seja de tal maneira que possa dar lugar a um conhecimento claro e distinto, convencendo inteiramente o homem, ela não afetará o entendimento e não dissipará as nuvens que o obscurecem, como o faz a dedução na ordem em que se deve estabelecer a verdade, apoiada apenas nos axiomas do intelecto; quer dizer, fundada sobre a virtude única do entendimento, sobretudo se se trata de uma coisa espiritual, que não cai, de nenhuma forma, sob os sentidos. Todavia, frequentemente se faz necessário, para estabelecer uma verdade apenas pelas noções do entendimento, um longo encadeamento de percepções e, além disso, uma prudência extrema, um espírito clarividente e um grande controle de si, qualidades que raramente se encontram nos homens. Ao mesmo tempo, eles preferem se deixar instruir pela experiência do que desenvolver suas percepções de um pequeno número de axiomas e encadeá-los uns aos outros. Se, portanto, se quiser ensinar toda uma doutrina a uma nação, para não dizer a todo o gênero humano, e fazê-la ser entendida em todas as suas partes, é-se obrigado a estabelecê-la fazendo apelo à experiência, e adaptar muito exatamente suas razões e as definições das coisas a serem ensinadas à compreensão da multidão, que constitui a maior parte do gênero humano, renunciando a encadear suas razões e a dar definições, como seria necessário para melhor ordená-las numa sequência. De outra maneira, escreve-se apenas para os doutos, o que significa dizer que não se poderá ser entendido senão por um número relativamente pequeno de homens.

15: Dado ainda que no princípio toda a Escritura foi revelada para uso de uma nação inteira, e em seguida de todo o gênero humano, seu conteúdo deveu necessariamente ser adaptado ao entendimento da multidão, e provado apenas pela experiência.

16: Expliquemos esse ponto mais claramente. Os ensinamentos da Escritura, os que são de ordem especulativa, são essencialmente: que há um Deus, isto é, um ser que fez, dirige e conserva todas as coisas com soberana sapiência; que se ocupa dos homens, e me refiro àqueles que vivem piedosa e honestamente; quanto aos demais, ele os pune com numerosos suplícios e os separa dos bons. Tais ensinamentos, a Escritura os estabelece apenas por meio da experiência, quero dizer, pelas histórias que conta. Ela não dá as definições dessas coisas, mas adapta todos os seus pensamentos e todas as suas razões à compreensão do vulgo. E embora a experiência não possa dar das coisas um conhecimento claro nem ensinar o que Deus é e de que maneira ele conserva e dirige todas as coisas e se ocupa com os homens, ela pode, no entanto, instruir e esclarecer os homens em uma medida suficiente para imprimir em suas almas a obediência e a devoção. Penso ter estabelecido por esse meio para que homens é necessária a fé nas histórias contidas nos livros sagrados, e por quais razões; pois decorre com bastante evidência do que acabo de mostrar que o conhecimento dessas histórias e a fé em suas verdades são sumamente necessárias para o vulgo, cujo espírito é incapaz de perceber as coisas clara e distintamente. Em segundo lugar, que aquele que as nega, porque não acredita haver um Deus e uma providência, é um ímpio. Ao contrário, aquele que as ignora e, no entanto, acredita pela luz natural haver um Deus e aquilo que dele segue, e que, simultaneamente, observa a verdadeira regra da vida, este possui inteiramente a felicidade e a possui ainda mais realmente do que a plebe, pois retém não apenas opiniões verdadeiras, mas um conhecimento claro e distinto. Resulta, enfim, do que mostrei acima que aquele que ignora essas histórias da Escritura e nada sabe da luz natural é, senão um ímpio, quer dizer, um insubmisso, ao menos um ser posto fora da humanidade, quase um bruto, despossuído de qualquer dom de Deus.

17: Notemos, porém, que, falando aqui da extrema necessidade para o vulgo de conhecer os relatos da Escritura, não pretendemos dizer que o conhecimento completo de todos os relatos seja necessário, mas apenas daqueles que mais têm importância e que, por si sós, sem o auxílio de outros, exponham com evidência a doutrina indicada acima, possuindo mais força para mover as almas humanas. Com efeito, se todos os relatos da Escritura fossem necessários para provar essa doutrina, e que só se pudesse concluir em seu favor pela consideração de todas as histórias, certamente a demonstração da doutrina e sua adoção final excederiam a compreensão e as forças não apenas da multidão, mas da humanidade em geral. Com efeito, quem poderia ter em vista, ao mesmo tempo, um tão grande número de relatos, tantas circunstâncias e partes da doutrina que teriam de ser extraídas de histórias tão numerosas e diversas? Ao menos quanto a mim, não posso me persuadir de que os homens que nos deixaram a Escritura, tal como a temos, tenham possuído as qualidades de espírito que lhes permitissem ser capazes de tal demonstração, e ainda menos que a doutrina da Escritura não possa ser compreendida senão após se ter tido conhecimento das contestações desencadeadas na casa de Isaac, dos conselhos dados por Arquitofel a Absalão, da guerra civil de Judá e de Israel, e de outras crônicas; ou ainda que os primeiros judeus, contemporâneos de Moisés, não tenham extraído das histórias conhecidas por eles, tão facilmente quanto os contemporâneos de Esdras, uma demonstração da doutrina da Escritura. Mas retornaremos mais longamente a esse assunto na sequência.

18: O vulgo, portanto, está obrigado a conhecer apenas as histórias que mais podem comover as almas e dispô-las à obediência e à devoção. No entanto, a plebe está pouco capacitada por si mesma a fazer um juízo sobre tais matérias, comprazendo-se mais com os relatos e a conclusão singular e inesperada dos acontecimentos, do que com a doutrina ensinada pelas histórias; por tal motivo, ela tem, além das histórias, necessidade de pastores e ministros da igreja que lhe deem um ensinamento, preenchendo a debilidade de sua compleição espiritual.

19: Não nos afastemos, porém, de nosso propósito e nos mantenhamos presos à conclusão que tínhamos como propósito estabelecer, ou seja: que a fé nos relatos, quaisquer que possam ser no final, nada tem a ver com a lei divina; por si só não dá aos homens a felicidade; não tem utilidade a não ser enquanto serve para estabelecer uma doutrina; e, por fim, quanto a esse último aspecto, certas histórias são superiores a outras. Os relatos contidos na Escritura têm mais valor do que a história profana, e alguns mais do que outros, na medida em que deles podemos nos servir para propagar opiniões salutares. Se, portanto, lermos os relatos da Escritura sagrada e tivermos fé sem considerarmos a doutrina que ela se propôs a ensinar e sem corrigirmos nossas vidas, seria exatamente o mesmo que se lêssemos o *Corão*, poemas dramáticos ou, ao menos, crônicas ordinárias com o mesmo espírito que o vulgo tem por costume fazer suas leituras. Diferentemente, como já o dissemos, podemos ignorar completamente os relatos, mas, se tivermos opiniões salutares e observarmos a verdadeira regra de vida, possuiremos a beatitude absoluta e teremos em nós, verdadeiramente, o espírito do Cristo. Os judeus têm uma maneira inteiramente diferente de ver; eles admitem que as opiniões verdadeiras e a observação da verdadeira regra de vida de nada servem para a felicidade, por mais que sejam adotadas simplesmente pela luz natural, e não como ensinamentos revelados a Moisés de maneira profética. Maimônides tem a audácia de afirmar nesta passagem (capítulo 8 dos *Reis*, lei 11): "quem quer que aceite os sete mandamentos[7] e os execute diligentemente está entre o número dos homens piedosos das nações e a vida futura é sua herança, pois aceitou e cumpriu esses mandamentos porque Deus os prescreveu dentro da lei e nos revelou, por Moisés, que havia dado tais mandamentos antes aos filhos de Noé; mas se ele os cumpre sob a conduta da razão, não tem o direito de cidade entre nós e não está entre os homens piedosos e instruídos das nações". Tais são as palavras de Maimônides, e José, filho de Schem Tob, acrescenta em seu livro *Kebod Elohin*, ou Glória de Deus, que eles de nada serviram para a salvação de Aristóteles (que ele acreditava ter escrito a Ética suprema, e a estima, acima de tudo), não tendo desconhecido qualquer dos preceitos pertencentes à verdadeira moral prescrita e exposta por ele mesmo em sua Ética, e de tê-los aplicado diligentemente, pois não tinha recebido essa doutrina como uma revelação, pela voz profética, tendo-a formulado sob o comando da razão. São apenas ilusões mentirosas que não possuem fun-

---

7. Os judeus creem que Deus deu a Noé sete mandamentos válidos para todas as nações; e teria dado um grande número à nação dos hebreus unicamente para que ela goze de uma beatitude superior. (B. de S.)

damento nem na razão nem na autoridade da Escritura, como creio que convirá a quem quer que leia atentamente este capítulo. Para refutar essa opinião, basta considerá-lo. Também não tenho a intenção de refutar os que admitem que a luz natural não pode ensinar nada de bom sobre o que diz respeito à salvação. Essa tese, mesmo os que a adotam não podem sustentá-la por qualquer razão, pois não reconhecem em si mesmos qualquer reta razão. E se se vangloriam de possuir algum dom superior à razão, é pura ficção, e qualquer coisa de inferior a ela, como o demonstra a sua maneira ordinária de viver. Mas não há necessidade de falar deles mais abertamente.

20: Ajunto, apenas, que não se pode conhecer ninguém a não ser por suas obras. Quem, portanto, traz em abundância frutos tais como a caridade, a alegria, a paz, a igualdade de alma, a bondade, a boa fé, a doçura, a inocência, o controle de si e todas aquelas coisas às quais a lei não se opõe (como diz Paulo, na *Epístola aos Gálatas* 5, 22), que ele se tenha feito apenas pela razão ou somente pela Escritura, está bem instruído por Deus e detém a felicidade. Terminei, pois, o exame dos pontos que me propus a tratar relativamente à lei divina.

CAPÍTULO VI

Dos milagres

1: Da mesma forma que esta ciência que ultrapassa a compreensão do homem é chamada divina, os homens se acostumaram a chamar de obra divina, isto é, obra de Deus, aquela cuja causa é ignorada pelo vulgo. Com efeito, este pensa que a potência e a providência de Deus jamais aparecem mais claramente do que quando parece ocorrer na natureza algo de insólito, ou de contrário à opinião corrente, em virtude de hábitos adquiridos. Sobretudo se para ele esse acontecimento é ocasião de ganho ou de vantagem. E ele considera que nenhuma prova mais clara pode ser dada da existência de Deus do que uma aparente derrogação da ordem da natureza. Por essa razão, os outros lhe parecem suprimir Deus, ou ao menos a providência de Deus, os que explicam as coisas e os milagres por causas naturais ou se dedicam a conhecê-las claramente. Dito de outra forma, o vulgo considera que Deus não age ao mesmo tempo que a natureza, conforme a ordem habitual; ou, ao contrário, que a potência da natureza e as causas naturais estão inativas quando Deus age. Ele imagina, portanto, duas potências numericamente distintas uma da outra: a potência de Deus e a das coisas naturais, estando estas últimas, no entanto, determinadas, de certa maneira, por Deus ou por ele criadas (como a maior parte prefere acreditar hoje em dia). Quanto ao que entende por uma e outra, e também por Deus e por Natureza, nada sabe a não ser que imagina a potência de Deus assemelhada ao poder de uma majestade real, e a da Natureza semelhante a uma força desencadeada. Portanto, o vulgo chama de milagres as obras de Deus ou as obras insólitas da natureza e, tanto por devoção quanto por desejo de protestar contra os que cultivam as ciências da natureza, prefere ignorar as causas naturais das coisas e não quer ouvir falar do que mais ignora e, por conseguinte, mais admira. Isso se prende a que para ele não há razão para adorar a Deus e de tudo relacionar à sua potência e à sua vontade senão se suprimem as causas naturais e se imaginam coisas superiores à ordem da natureza. E a potência de Deus não lhe parece jamais tão admirável do que quando representa a potência da natureza como que vencida por Deus. Opinião que parece ter sua origem entre os primeiros judeus. Para convencer os gentios de seu tempo, que adoravam deuses visíveis, tais como o sol, a luz, a terra, a água, o ar etc., e mostrar-lhes que esses deuses eram fracos e inconstantes, quer dizer, mutáveis e submetidos ao comando de um Deus invisível, esses judeus relatavam seus milagres e se esforçavam em mostrar por esse meio que toda a natureza estava dirigida para seu proveito pelo Deus que eles adoravam. Isso agradou de tal maneira os homens até os nossos dias que não deixaram de forjar, pela imaginação, milagres pelos quais se acreditaram mais amados por Deus do que os outros, vendo neles a causa última pela qual Deus criou e dirige continuamente todas as coisas. Quais não são as pretensões da desrazão humana, a ausência de toda ideia saudável de Deus e da natureza, na confusão que faz entre as decisões de Deus e aquelas dos homens, nos limites, enfim, que ela assinala ficticiamente para a natureza, da qual acredita ser o homem a parte principal!

2: Mas eis o bastante sobre as opiniões e os preconceitos do vulgo no que concerne à natureza e aos milagres. Todavia, para proceder com ordem nessa matéria, mostrarei: 1. que nada acontece que seja contra a natureza e que ela conserva uma ordem eterna, fixa e imutável, e farei ver ao mesmo tempo o que é preciso entender por milagre; 2. que não podemos conhecer pelos milagres nem a essência nem a existência e, consequentemente, a providência de Deus, enquanto podemos conhecê-las bem mais e melhor pela ordem fixa da natureza; 3. mostrarei também, por alguns exemplos sacados da Escritura, que ela mesma entende por decretos e volições de Deus, e, consequentemente, pela providência divina, nada além da própria ordem da natureza, consequência necessária de suas leis eternas; 4. enfim, tratarei da maneira pela qual é preciso interpretar os milagres da Escritura e o que é preciso notar, principalmente nos relatos miraculosos. Tais são as principais teses que entram no assunto do presente capítulo, e creio que tais considerações são de grande importância para o objeto de toda a obra.

3: A respeito da primeira tese, faz-se ver facilmente a verdade pelo princípio demonstrado no capítulo IV sobre a lei divina: que tudo o que Deus quer ou determina envolve uma necessidade e uma verdade eternas. Com efeito, concluímos que o entendimento de Deus não se distingue de sua vontade, que é um todo dizer que Deus quer alguma coisa e que concebe alguma coisa. A mesma necessidade que faz com que Deus, por sua natureza e perfeição, conceba uma coisa como ela é, faz também com que a queira como é. Depois, dado que nada é verdadeiro senão por decreto divino, segue-se daí claramente que as leis universais da natureza são simples decretos decorrentes da necessidade e da perfeição da natureza divina. Se, pois, alguma coisa acontecesse na natureza que contradissesse suas leis universais, isso também contradiria o decreto, o entendimento e a natureza de Deus. Ou, caso se admitisse que Deus age contrariamente às leis da natureza, ser-se-ia obrigado a admitir que ele age contrariamente à sua própria natureza, e nada pode ser mais absurdo. A demonstração ainda poderia ser facilmente tirada de que a potência da natureza é a mesma potência e virtude de Deus, e a potência de Deus absolutamente idêntica à sua essência. Mas prefiro deixar isso de lado por enquanto.

4: Assim, nada ocorre na natureza[8] que contradiga suas leis universais, ou mesmo que não coincida com suas leis ou não seja uma de suas consequências. Com efeito, tudo o que acontece se faz pela vontade e o decreto eterno de Deus; quer dizer, como já o demonstramos, nada ocorre a não ser seguindo leis e regras que envolvem uma necessidade eterna. Logo, a natureza sempre observa leis e regras que envolvem, embora não nos sejam de todo conhecidas, uma necessidade e uma verdade eternas, e, por conseguinte, uma ordem fixa, imutável. Nenhuma boa razão nos convida a atribuir à natureza uma potência e uma virtude limitadas e a crer que suas leis se apliquem a algumas coisas e a outras não. Pois, como a virtude e a potência da natureza é a própria virtude e a potência de Deus, que as leis e regras da natureza são os decretos do próprio Deus, é preciso crer, sem restrição, que a potência da natureza é infinita e que suas leis são bastante amplas para se estender a tudo o que é concebido pelo entendimento divino. Ajuizando de outro modo, não seria admitir que Deus criou uma natureza tão impotente e estabeleceu leis tão estéreis que é frequentemente obrigado a vir-lhe em socorro para que ela se conserve e que as coisas ajam segundo suas intenções?

5: De tais princípios, pois – que nada ocorre na natureza que não se siga de suas leis; que suas leis se estendem a tudo o que o entendimento divino concebe; e que, enfim, a natureza observa uma ordem fixa, imutável –, decorre muito claramente que o nome de milagre não se pode entender a não ser em relação às opiniões dos homens e significa simplesmente uma obra para a qual não podemos indicar uma causa pelo exemplo de outra coisa habitual, ou que, ao menos, não o possa o autor do relato milagroso. Poderia dizer, em verdade, que um milagre é um evento para o qual não podemos

---

8. Entendo aqui por natureza não apenas a matéria e suas afecções, mas, além dela, uma infinidade de outras coisas. (B. de S.)

TRATADO TEOLÓGICO-POLÍTICO   141

indicar a causa pelos princípios das coisas naturais, tal como a Luz Natural as faz conhecer. Todavia, dado que os milagres foram feitos na medida da compreensão do vulgo, que ignorava totalmente os princípios das coisas naturais, é certo que os antigos entenderam por milagre o que não podiam explicar pelos meios que a plebe costuma usar para explicar as coisas naturais, ou seja, recorrendo à memória para lembrar-se de um caso semelhante com o qual se represente, sem surpresa, o que é ordinário. Os antigos, pois, e quase todos os homens até hoje não tiveram outra regra aplicável aos milagres. Por consequência, não é duvidoso que os livros santos relatem muitos fatos pretensamente miraculosos, e que seria fácil assinalar a causa pelos princípios conhecidos das coisas naturais. Já indicamos no capítulo II, falando da parada do sol ao tempo de Josué, e de sua retrogradação ao tempo de Acaz, mas trataremos adiante desse ponto mais detidamente, tendo prometido ocuparmo-nos neste capítulo da interpretação dos milagres.

6: É tempo agora de passar à segunda proposição, quero dizer, mostrar que não se pode conhecer a essência de Deus, como também sua existência ou providência, por meio dos milagres, mas, ao contrário, que as percebemos mais e melhor pela ordem fixa e imutável da natureza. Para demonstrá-lo, procederei como se segue. A existência de Deus, não podendo ser conhecida por si mesma*, deve ser concluída, necessariamente, de noções cuja veracidade seja tão firme e inquebrantável que não possa haver aí, nem ser concebido, um poder capaz de mudá-las. Ao menos é preciso que, a partir do momento em que concluirmos a existência de Deus, elas assim nos apareçam, se quisermos que nossa conclusão não seja exposta a algum risco de dúvida. Se pudéssemos conceber que tais noções fossem mudadas, por qualquer potência que seja, duvidaríamos de sua verdade e, por conseguinte, duvidaríamos também de nossa conclusão, quer dizer, da existência de Deus.

*   Ver Apêndice, nota 6.

E jamais poderíamos estar certos de nada. Em segundo lugar, não sabemos se alguma coisa concorda com a natureza ou lhe é contrária a não ser quando mostramos que ela concorda com essas mesmas noções fundamentais ou lhes são contrárias. Depois, se nós podemos conceber que algo aconteça na natureza por uma potência (qualquer que seja) que a contradiga, é porque essa coisa contradiria as noções primeiras e deveria ser rejeitada como absurda, ou então nos seria necessário duvidar das primeiras noções (como acabamos de mostrar) e, consequentemente, de Deus e de tudo o que tenhamos percebido por algum meio. Muito ao contrário, pois, que os milagres, se entendermos por isso obras contrárias à ordem da natureza, nos demonstrem a existência de Deus; ao contrário, eles nos fariam duvidar, ao passo que, sem eles, poderíamos estar seguros de sua existência, quero dizer, quando sabemos que tudo na natureza segue uma ordem fixa, imutável.

7: No entanto, seja posto que um milagre é aquilo que não pode ser explicado por causas naturais; isso pode ser entendido em dois sentidos. Ou a coisa da qual se trata possui causas naturais, mas cuja investigação não é [ainda] possível ao entendimento humano, ou então ela não reconhece nenhuma outra causa senão Deus, isto é, a vontade de Deus. Mas como tudo o que acontece por causas naturais acontece também unicamente pela potência e vontade de Deus, seria preciso dizer que um milagre, que tenha ou não causas naturais, é uma obra que excede a compreensão humana. Ora, de uma obra tal como essa e, mais geralmente, de qualquer coisa que exceda nossa compreensão, nada podemos conhecer. De fato, tudo o que conhecemos clara e distintamente nos deve ser conhecido ou por si ou por outra coisa que nos seja conhecida, clara e distintamente por si. Logo, não podemos por um milagre, quer dizer, por uma obra que ultrapassa nossa compreensão, conhecer a essência de Deus, sua existência nem absolutamente nada que seja de Deus e da Natureza. Ao contrário, quando sabemos que tudo está determinado e estabelecido por Deus e que as ações que se fazem na natureza são consequências da natureza de Deus, que as leis da natureza são decretos de Deus, é preciso concluir que conhecemos em absoluto Deus e sua vontade [e isso] quanto mais conhecemos as coisas naturais e concebemos mais claramente de que maneira elas dependem de sua primeira causa e como operam seguindo as leis eternas da natureza. Tendo em vista nosso entendimento, chamar-se-ão pois obras de Deus, e as que se referem à sua vontade, de preferência as obras que conhecemos clara e distintamente do que as que ignoramos inteiramente, embora ocupem a imaginação e encantem os homens pela admiração, pois somente as obras da natureza que conhecemos clara e distintamente nos dão de Deus um conhecimento mais elevado e nos manifestam com inteira clareza sua vontade e seus decretos. Aqueles, portanto, mostram à vontade a frivolidade de seu espírito ao recorrerem à vontade de Deus tão logo ignoram alguma coisa; um modo bastante ridículo de confessar sua ignorância.

8: De mais, mesmo que pudéssemos concluir alguma coisa dos milagres, de modo algum poderíamos concluir a existência de Deus. Com efeito, um milagre é uma obra limitada e só exprime uma certa potência limitada; logo, é certo que de tal efeito não podemos concluir a existência de uma causa cuja potência seja infinita, mas, no máximo, de uma causa cuja potência seja maior do que a do efeito. Digo *no máximo*; de muitas causas reunidas pode-se seguir uma obra cuja força e potência sejam inferiores, na verdade, à potência de todas as causas juntas, mas muito superior à potência de cada uma em particular. Mas como as leis da natureza (como já o mostramos) se estendem a uma infinidade de objetos e são concebidas por nós com uma certa espécie de eternidade, procedendo a natureza segundo essas leis numa ordem fixa e imutável, essas mesmas leis manifestam, na medida em que lhes são adequadas, a infinidade de Deus, sua eternidade e sua imutabilidade. Nós concluímos portanto que, pelos milagres, não podemos conhecer Deus, sua existência e sua providência; e que podemos concluí-las bem mais e melhor da ordem fixa e imutável da natureza. Falo dessa conclusão de um milagre enquanto simplesmente entendido como obra que excede à compreensão humana, ou se acredita ultrapassá-la. Enquanto se supuser destruir ou interromper a ordem da natureza, ou contradizer suas leis, não apenas não poderia oferecer qualquer conhecimento de Deus, mas, ao contrário, usurparia aquele que temos naturalmente e nos faria duvidar de Deus e de tudo.

9: Não reconheço aqui qualquer diferença entre uma obra contrária à natureza e uma obra sobrenatural (quer dizer, como a pretendem alguns, uma obra que não contradiz a natureza e, no entanto, não pode ser produzida ou executada por ela). O milagre, com efeito, produzindo-se não fora da natureza, mas nela, embora o qualifiquemos somente de sobrenatural, interrompe necessariamente a ordem da natureza que concebemos como fixa e imutável em virtude dos decretos de Deus. Se, pois, acontecesse algo na natureza que não fosse decorrência de suas próprias leis, isso contradiria a ordem necessária que Deus estabeleceu para a eternidade na natureza por meio de leis universais. Logo, isso seria contrário à natureza e suas leis e, consequentemente, a fé nos milagres nos faria duvidar de tudo e nos conduziria ao ateísmo. E assim penso ter estabelecido o que me propunha em segundo lugar, com razões bem sólidas; de onde podemos concluir novamente que um milagre que fosse contrário à natureza, ou também sobrenatural, é puramente absurdo. Por conseguinte, não se pode entender por milagre nos livros sagrados a não ser uma obra da natureza que excede, como dissemos, a compreensão humana, ou se acredita ultrapassá-la.

10: Antes de passar ao meu terceiro ponto, parece-me conveniente confirmar, pela autoridade da Escritura, esta maneira de ver que defendo, a saber, que pelos milagres não podemos conhecer Deus. Ainda que a Escritura não o ensine abertamente em lugar algum, isso se pode facilmente concluir desta prescrição de Moisés (*Deuteronômio* 13), que condena à morte um profeta por erro, a despeito dos milagres que ele faz. Ele assim se exprime: "ainda que ocorresse um sinal e um prodígio que ele tenha predito etc., guarda-te no entanto de acreditar nas palavras deste profeta etc., porque o Senhor vosso Deus vos tente etc. Que este profeta seja, pois, condenado à morte etc." De onde se segue claramente que mesmo falsos profetas podem fazer milagres e que os homens, se não forem defendidos pelo verdadeiro conhecimento e pelo amor de Deus, também podem, pelos milagres, apegar-se facilmente a falsos deuses, como ao verdadeiro. Com efeito, Moisés acrescenta: "pois que o Senhor vosso Deus vos tenta para saber se vós o amais com o coração puro e com toda a vossa alma". Em segundo lugar, os israelitas, com tantos milagres, jamais puderam fazer de Deus uma ideia sã, como o atesta a experiência. Quando eles se persuadiram de que Moisés havia partido, pediram a Aarão um deus visível e um bezerro (que vergonha!) representava para eles essa ideia de Deus, que tantos milagres lhes havia ensinado a formar. Asaf, a despeito de tantos milagres dos quais ouvira falar, duvidava da providência de Deus e seria desviado do reto caminho se não houvesse conhecido, enfim, a verdadeira beatitude (ver salmo 73). Mesmo Salomão, num tempo de grande prosperidade para os judeus, duvida que tudo aconteça por acaso (ver *Eclesiastes* 3, 19-21; e 9, 2-3). Para quase todos os profetas foi uma questão bastante obscura a de se saber como a ordem da natureza e os acontecimentos humanos podem coincidir com a ideia que haviam formado de Deus, enquanto os filósofos, esforçando-se por conhecer as coisas não por milagres, mas por ideias claras, sempre assim as tiveram. Quero dizer, aqueles que fazem consistir a verdadeira felicidade unicamente na virtude e na tranquilidade da alma, e cujo esforço não tende a submeter a natureza, mas, ao contrário, a obedecer-lhe, tanto mais que sabem, com certeza, que Deus tem em vista não apenas o gênero humano, mas a natureza inteira.

11: Está, pois, estabelecido pela própria Escritura que os milagres não dão o verdadeiro conhecimento de Deus nem ensinam com clareza sua providência. Na verdade, encontra-se com frequência na Escritura que Deus fez prodígios para se dar a conhecer aos homens, como, por exemplo, no *Êxodo* (10, 2), vê-se que enganou os egípcios e deu de si os sinais para que os israelitas soubessem que ele era Deus. Disso não segue, porém, que os milagres ofereçam realmente tais ensinamentos, mas apenas que as opiniões dos judeus, sendo o que eram, podiam se deixar facilmente convencer por milagres. Nós demonstramos claramente acima, no capítulo II, que os argumentos de ordem profética ou, o que dá no mesmo, apoiados sobre uma revelação, têm como ponto de partida não noções universais e comuns, mas ou um simples acordo entre crenças que podem ser absurdas, ou ainda as opiniões daqueles a quem a revelação é feita, quer dizer, a quem o Espírito Santo quer convencer. Demos muitos exemplos disso e ilustramos mesmo pelo testemunho de Paulo, que era grego com os gregos e judeu com os judeus. Mas se os milagres podiam convencer os egípcios e os judeus, em virtude de crenças sobre as quais concordavam, não podiam todavia dar de Deus uma ideia verdadeira nem um conhecimento verdadeiro. Podiam apenas fazer com que se aceitasse a existência de uma divindade mais poderosa do que qualquer coisa conhecida, que tinha cuidados com os hebreus, para os quais tudo se realizaria para além de suas esperanças, mais do que para outros homens. Eles não podiam fazer com que se soubesse que Deus tem um cuidado igual; isso, somente um filósofo pode ensinar. Também os judeus, e todos aqueles que devem suas ideias da Providência Divina às dessemelhanças e desigualdades de fortuna observadas nos assuntos humanos, adquiriram a convicção de que os judeus eram mais amados por Deus do que outros, embora não os excedessem na verdadeira perfeição humana, como já o mostramos no capítulo III.

12: Passo, então, ao terceiro ponto, isto é, vou mostrar pela Escritura que os decretos e mandamentos de Deus não são, em realidade, nada mais do que a ordem da natureza. Dito de outro modo, quando a Escritura diz que tal coisa ocorreu por vontade de Deus, na verdade é preciso simplesmente entender que isso

TRATADO TEOLÓGICO-POLÍTICO

aconteceu em conformidade com as leis e a ordem da natureza, não, como diz o vulgo, que a natureza deixou por um tempo de agir ou que sua ordem foi interrompida. No entanto, a Escritura não ensina diretamente o que não diz respeito à sua própria doutrina, pois seu objeto não é (como o mostramos em relação à lei divina) fazer conhecer as coisas por suas causas naturais, assim como oferecer um ensinamento especulativo. É preciso, consequentemente, chegar ao que aqui queremos provar utilizando, vantajosamente para isso, certos relatos da Escritura mais longos e circunstanciados. Logo, citarei alguns desse gênero.

13: No livro I de *Samuel* (9, 15-16) encontra-se o relato da revelação feita ao profeta por Deus, que lhe deve enviar Saul. Todavia, Deus não envia Saul a Samuel da maneira como os homens costumam enviar. Essa missão de Deus outra coisa não foi senão a ordem da natureza. Saul procurava as asnas que havia perdido e já se perguntava se não voltaria sem elas para casa, quando, por conselho de um servidor, foi encontrar--se com o profeta para saber onde poderia encontrá-las. E em todo o relato, nada indica que, além desse motivo, conforme a ordem da natureza, tenha Saul recebido qualquer comando para encontrar-se com Samuel. No salmo 105, versículo 24, se diz que Deus mudou as disposições dos egípcios, fazendo com que odiassem os israelitas; ora, a mudança foi inteiramente natural, como o demonstra o capítulo 1 do *Êxodo*, no qual está exposta a grave razão que levou os egípcios a reduzir os israelitas à servidão. No capítulo 9, versículo 13, do *Gênesis*, Deus diz a Noé que ele fará aparecer o arco-íris em meio à névoa. Ora, essa ação de Deus confunde-se com a refração e a reflexão que os raios do sol sofrem nas gotas de água. No salmo 147, versículo 18, a ação natural do vento quente, que liquefaz a geada e a neve, é chamada O Verbo de Deus. No versículo 15, o vento frio é chamado a Palavra e o Verbo de Deus; o vento e o fogo, no salmo 104, versículo 4, são os enviados e ministros de Deus. E encontram-se na Escritura várias passagens desse gênero, indicando claramente que o decreto de Deus, seu mandamento, sua palavra e Verbo são a própria ação da natureza. Logo, não é duvidoso que tudo o que é contado na Escritura tenha ocorrido naturalmente. E, no entanto, tais fatos são relacionados a Deus porque o objeto da Escritura, como já o mostramos, não é fazer conhecer as coisas por causas naturais, mas apenas contar coisas que possam ter lugar na imaginação, e isso seguindo um método e estilo próprios para excitar o mais possível a admiração e, por consequência, imprimir a devoção na alma da plebe.

14: Logo, se encontrarmos relatados nos livros sacros certos fatos dos quais não conhecemos as causas, e que parecem ter ocorrido fora da ordem da natureza, ou mesmo contra ela, não devemos aí nos deter, mas acreditar que tudo aquilo que realmente aconteceu, aconteceu naturalmente. Esta maneira de ver é ainda confirmada, nos milagres, pela presença de várias circunstâncias que mostram a necessidade das causas naturais, embora essas circunstâncias sejam às vezes omitidas nos relatos, sobretudo quando o narrador usa de um estilo poético. É assim que, para infectar os egípcios, foi preciso que Moisés jogasse cinzas no ar (ver *Êxodo* 9, 10). Os gafanhotos também se abateram sobre o Egito por um ordenamento de Deus, a saber, um vento este que soprou um dia e uma noite inteiros, e foram expulsos por um vento oeste muito violento (ver *Êxodo* 10, 14-19). Pelo mesmo ordenamento de Deus, o mar se abriu para deixar passar os judeus (*Êxodo* 14, 21), tendo o Euros soprado violentamente durante uma noite inteira. Em outro lugar, para que Eliseu ressuscitasse a criança que se julgava morta, foi necessário que ele permanecesse deitado algum tempo ao seu lado, até que a criança fosse, primeiramente, reaquecida e, enfim, abrisse os olhos (ver *ii Reis* 4, 34-35). Também o *Evangelho de João* (capítulo 9) relata certas circunstâncias que o Cristo usou para curar o cego, e assim se encontram na Escritura muitas outras passagens mostrando suficientemente, todas elas, que os milagres requerem outra coisa além, como se diz, do ordenamento absoluto de Deus. É preciso acreditar, portanto, que embora as circunstâncias e as causas naturais dos acontecimentos miraculosos nem sempre sejam relatadas, elas não fazem falta. Isso se vê pelo *Êxodo* (14, 27), onde se conta apenas que, por um simples gesto de Moisés, o mar foi reduzido à obediência e nenhuma menção é feita ao vento que, segundo o "Cântico de Moisés" (*Deuteronômio* 32), aconteceu porque Deus soprou seu vento (quer dizer, um vento fortíssimo); a omissão dessa circunstância faz o milagre parecer maior.

15: Mas, se insistirá, talvez encontremos nas Escrituras um grande número de fatos que, ao que parece, não pode ser, de maneira alguma, explicado por causas naturais; que, por exemplo, os pecados dos homens e suas rezas podem ser uma causa de chuva e de fertilidade para a terra, ou que a fé pode curar os cegos e outros fatos do mesmo gênero, relatados nos livros. Penso já ter respondido a essa objeção. Com efeito, já mostrei que a Escritura não faz conhecer as coisas por suas causas próximas, mas as relata em uma ordem e com frases tais que possam excitar ao máximo os homens, e sobretudo a multidão, à piedade. Por esse motivo, ela fala muito impropriamente de Deus e das coisas; quero dizer, aplica-se não a convencer pela razão, mas afetar e ocupar ao máximo a fantasia e a imaginação. Se a Escritura contasse a ruína de um Estado à maneira dos historiadores políticos, isso de modo algum agitaria a multidão; ao contrário, o efeito é grande quando se representa o que aconteceu num estilo poético, relacionando-o a Deus, como ela tem o costume de fazer. Quando, portanto, a Escritura conta que a terra é estéril por causa do pecado dos homens, ou que os cegos são curados pela fé, tais relatos não devem nos comover mais do que quando narra que, por causa dos pecados dos homens, Deus irritou-se e se contristou, arrependido do bem prometido ou já feito, ou ainda que Deus se lembra de sua promessa à vista de um signo, e tantas outras histórias que são invenções poéticas ou exprimem as opiniões e os preconceitos do narrador. Logo, concluímos que tudo o que a Escritura narra verdadeiramente como tendo ocorrido é produzido conforme as leis da natureza, como tudo o que acontece. E se há algum fato do qual se possa provar de maneira apodíctica que ele contradiz as leis da natureza, ou não foi por ela produzido, deve-se crer plenamente ser uma adição feita aos livros sagrados por homens sacrílegos. Tudo o que é contrário à natureza é contrário à razão; e o que é contrário à razão é absurdo e deve, consequentemente, ser rejeitado.

16: Nada mais resta senão trazer algumas observações sobre a interpretação dos milagres ou antes, já que o principal foi dito, reunir e ilustrar, por um ou dois exemplos, o que me propus estabelecer em quarto lugar a esse respeito. Quero fazê-lo por medo de que algum milagre mal interpretado desperte a suspeita de que certas coisas na Escritura contradizem a Luz Natural.

17: É muito raro que os homens narrem uma coisa simplesmente como aconteceu, sem nada aí misturar com sua própria maneira de julgar. Há mais: quando ouvem ou veem algo de novo, a menos que estejam prevenidos contra suas opiniões preconcebidas, têm o espírito de tal forma ocupado que percebem outra coisa além do que veem ou ouvem de outra pessoa, sobretudo quando se trata de algo que ultrapassa a compreensão do narrador ou do ouvinte, e sobremodo quando há interesse que aquilo aconteça de uma certa maneira. De onde esta consequência: que em suas crônicas e histórias os homens contam suas próprias opiniões, mais do que os fatos realmente ocorridos. O mesmo caso é contado por dois homens de opiniões diferentes de uma maneira tão diversa que parecem falar de casos distintos. Enfim, não é muito difícil reconstituir os relatos segundo as opiniões do cronista e do historiador. Eu poderia, se não julgasse supérfluo, trazer aqui, como confirmação, muitos exemplos, tanto de cronistas quanto de filósofos que escreveram a história da natureza. Contentar-me-ei com um só exemplo tirado da Escritura; o leitor julgará os demais.

18: No tempo de Josué, os hebreus (já fizemos antes a observação) acreditavam que o sol se movesse com o movimento chamado diurno, enquanto a terra permanecia imóvel. A essa opinião preconcebida, eles adaptaram o fato miraculoso que

TRATADO TEOLÓGICO-POLÍTICO

ocorreu durante seu combate contra os cinco reis. Eles não relataram, com efeito, simplesmente que o dia havia durado mais do que de costume, mas que o sol e a lua se haviam retido, quer dizer, que seus movimentos haviam sido interrompidos. Assim apresentada, naquele tempo, a história lhes podia ser grandemente útil para convencer os gentios que adoravam o sol e provar-lhes, pela própria experiência, que o sol está sob o poder de outra divindade, a qual, de um só gesto, o obriga a mudar o curso natural. Pela religião, pois, e por uma opinião preconcebida, conceberam e relataram a coisa de modo totalmente diferente do que podia realmente se passar.

19: Para interpretar os milagres da Escritura e conhecer, pelos relatos que ela oferece, como as coisas realmente se passaram, é necessário conhecer as opiniões dos primeiros narradores e daqueles que, precursores, miram o relato por escrito, distinguindo essas opiniões da representação sensível que puderam ter as testemunhas dos fatos relatados. Sem o quê, confundiremos com o próprio milagre, tal como aconteceu, as opiniões e os julgamentos daqueles que o contaram. E não apenas para evitar essa confusão, mas ainda para não confundir as coisas que realmente se passaram com as coisas imaginárias, simples visões proféticas, importa-nos conhecer as opiniões do narrador. Muitas coisas são relatadas como reais na Escritura e eram tidas como reais, não sendo senão visões e coisas imaginárias. Por exemplo, que Deus (o ser supremo) desceu dos céus (*Êxodo* 19, 18; e *Deuteronômio* 5, 22) e que o monte Sinai fumegava porque Deus ali havia descido, envolvido em fogo; que Elias subiu ao céu num carro de fogo e com cavalos de fogo; coisas que, seguramente, são apenas visões ligadas às opiniões dos que nos contaram suas visagens como elas se lhes apresentaram, quer dizer, como realidades. Com efeito, todos aqueles que possuem um pouco mais de conhecimento do que o vulgo, sabem que Deus não tem direita ou esquerda, que não se move nem permanece imóvel, que não está em lugar algum, mas é absolutamente infinito e que todas as perfeições nele estão contidas.

Aqueles, digo eu, sabem disso pois julgam as coisas pelas percepções do entendimento puro e não segundo a disposição que os sentidos externos imprimem na imaginação, como o faz o vulgo e, por consequência, forja um Deus corporal, investido do poder real, cujo trono se apoia na abóbada do céu, sobre as estrelas, e que o ignorante não acredita estar a uma distância muito grande da terra. Com tais opiniões e outras similares se relaciona um grande número de casos relatados na Escritura, os quais não devem ser aceitos como reais pelos filósofos.

20: Para conhecer enfim os acontecimentos miraculosos tais como aconteceram, importa saber de que desvios e figuras de retórica usam os hebreus; se não se tem isso em vista, se introduzirão muitos milagres fictícios que os redatores jamais pensaram em narrar, embora se vá ignorar completamente não apenas os fatos e os milagres tais como realmente ocorreram, mas o pensamento mesmo dos autores dos livros sagrados. Por exemplo, *Zacarias* (14, 7), falando de uma guerra futura, diz: "e haverá um dia único, somente por Deus conhecido, pois não será nem dia nem noite, mas na noite desse dia que a luz se fará". Com essas palavras, ele parece predizer um grande milagre e, no entanto, não quer nada dizer senão que a conclusão da guerra, conhecida de Deus, será duvidosa durante todo o dia, e somente à noite se alcançará a vitória. É por frases semelhantes que os profetas se tinham acostumado a predizer as vitórias e as derrotas. É assim que vemos Isaías descrever no capítulo 13 a destruição da Babilônia: "pois as estrelas do céu e seus astros não clarearão por suas luzes; o sol se escurecerá ao nascer e a lua não enviará a claridade de sua luz". Penso que ninguém acredita que isso tenha ocorrido quando o império da Babilônia foi destruído, assim como no que acrescenta um pouco adiante: "para isso farei tremer os céus e a terra mudará de lugar". Também *Isaías* (48, penúltimo versículo) para significar aos judeus que retornariam salvos da Babilônia a Jerusalém e não sofreriam de sede durante o caminho: "e eles não teriam sede, ele os conduziu através do deserto, ele fez escorrer a água

TRATADO TEOLÓGICO-POLÍTICO

da pedra, ele rompeu a pedra e as águas jorraram". Ele quer dizer por essas palavras simplesmente que os judeus encontrarão no deserto, como de fato aconteceu, fontes que matarão sua sede. Quando, com o consentimento de Ciro, eles regressaram a Jerusalém, não se vê a ocorrência de milagres semelhantes. Encontram-se nos livros sagrados numerosos exemplos desse gênero: são maneiras de dizer em uso entre os hebreus e não é preciso passá-los todos em revista. Quero fazer notar apenas que tais modos habituais de se expressar dos hebreus não são apenas ornamentos literários, mas também, e principalmente, marcas de devoção. Por essa razão, encontra-se nos livros *abençoar a Deus* por *maldizer* (ver livro 1 de *Reis* 21, 10 e *Jó* 2, 9). Pelo mesmo motivo, relacionavam tudo a Deus e, por conseguinte, a Escritura só parece relatar milagres quando fala das coisas mais naturais (já demos exemplos anteriores). Quando a Escritura diz que Deus endureceu o coração do faraó, é preciso crer que isso diz simplesmente que o faraó se obstinou. E quando diz que Deus abriu as janelas do céu, significa que a chuva desceu em abundância. E assim de resto. Se se tem lealmente em vista tal particularidade, como também que muitos relatos são de uma brevidade excessiva, muito pouco circunstanciados e quase mutilados, quase nada se encontrará na Escritura que contradiga a Luz Natural. E muitas passagens que pareciam obscuras se tornarão inteligíveis com um pouco de reflexão e fáceis de interpretar. Penso ter assim demonstrado bastante claramente o que me havia proposto.

21: Antes, porém, de encerrar o capítulo, resta-me ainda uma observação a ser feita: no que concerne aos milagres, segui um método inteiramente diferente daquele que havia adotado para a profecia. Da profecia nada afirmei senão o que pude concluir dos princípios revelados nos livros sagrados; neste capítulo, apoiei-me principalmente sobre os princípios conhecidos da Luz Natural. Eu o fiz expressamente porque a profecia, por si só, ultrapassa a compreensão humana e é uma questão de pura teologia. Logo, não podia nada afirmar ou saber a seu respeito a não ser pelos dados fundamentais da revelação e, na sequência, fui obrigado a considerar a profecia como historiador e tirar de minha investigação alguns dogmas de modo a conhecer, na medida do possível, sua natureza e propriedades. Na questão dos milagres, ao contrário, o objeto de nossa enquete (a saber, se se pode concordar que alguma coisa aconteça na natureza que contradiga suas leis ou delas não possa ser deduzida), sendo puramente filosófico, não tinha necessidade de algo semelhante. Julguei mais avisado resolver essa questão com a ajuda dos fundamentos conhecidos e, tanto quanto possível, com os mais conhecidos pela Luz Natural. Digo que acreditei ser mais avisado, pois eu podia facilmente resolvê-la pelos dogmas e pelos dados retirados apenas da Escritura; e vou mostrá-lo aqui em poucas palavras, para que todo o mundo o veja.

22: Em algumas passagens, a Escritura afirma da natureza em geral que ela observa uma ordem fixa, imutável, pelo exemplo do salmo 148, versículo 6, e em *Jeremias* (31, 35-36). Além disso, o filósofo ensina muito claramente em seu *Eclesiastes* (1, 10) que nada de novo ocorre na natureza, e nos versículos 11 e 12 ele esclarece esta sentença ajuntando que, em verdade, alguma coisa que parece nova acontece às vezes, mas que essa novidade não é real, tendo o mesmo caso se produzido em séculos anteriores e suas lembranças se perdido inteiramente. Pois, assim como diz, nenhuma lembrança dos tempos antigos subsiste hoje e a posteridade não terá qualquer recordação dos homens de nosso tempo. Mais adiante (*Eclesiastes* 3, 11), diz que Deus tudo regrou diligentemente no tempo dos antigos e, no versículo 14, que ele sabe que tudo o que Deus fez permanecerá na eternidade, que nada será acrescido e nada retirado. Tudo isso faz conhecer muito claramente que a natureza observa uma ordem fixa e imutável, que Deus sempre foi o mesmo em todos os séculos conhecidos e desconhecidos, que as leis da natureza são perfeitas e férteis, a ponto de nada poder ser acrescentado ou retirado e que, enfim, os milagres não parecem nada de novo senão por causa da ignorância dos homens. Isso, portanto, a Escritura ensina expressamente, mas em nenhum lugar ensina que ocorra na natureza algo que contradiga suas leis ou que delas não se deduza. Logo, não é preciso introduzir essa ficção na Escritura. Ajuntemos que os milagres requerem (como já mostramos) causas e circunstâncias, não sendo a consequência de não sei que poder real atribuído ficticiamente a Deus pela plebe, mas de um poder e de um decreto divinos, quer dizer, das leis da natureza e de sua ordem; enfim, que os milagres podem ser feitos por mestres do engano, como nos podemos convencer pelo capítulo 13 do *Deuteronômio* e pelo capítulo 24, versículo 24, de *Mateus*. Daí se segue, com a máxima evidência, que os milagres não eram coisas naturais e que é preciso, por conseguinte, explicá-los de tal sorte que eles não pareçam nem novos (para falar como Salomão) nem em contradição com a natureza. É necessário, caso se possa, explicá-los como se reencontrassem inteiramente as coisas naturais. É para que qualquer um possa fazê-lo sem escrúpulo que dei algumas regras tiradas apenas da Escritura.

23: Todavia, quando digo que tal é o ensinamento da Escritura, não entendo que forneça esse ensinamento como necessário à salvação, mas apenas que os profetas abraçaram a mesma maneira de ver que a nossa. Cada um, portanto, tem a liberdade de julgar conforme acreditar ser o melhor para o culto de Deus e para que a religião preencha sua alma inteira. Josefo assim pensa, pois escreve na conclusão do livro II das *Antiguidades*: "Que ninguém se recuse a crer por essa razão que se trata de um fato milagroso, que aos antigos, isentos de todo vício, uma via de salvação foi aberta através do mar, fosse pela vontade divina, fosse espontaneamente, enquanto os soldados de Alexandre, rei da Macedônia, viram outrora recuar diante de si o mar de Pâmfilo e, na falta de outra rota, oferecer-lhes uma passagem quando Deus quis destruir o poder dos persas. É o que afirmam, de comum acordo, os que narraram os altos feitos de Alexandre. Cada um também pode pensar no que lhe agradar". Tais são as palavras de Josefo e seu juízo sobre a fé nos milagres.

CAPÍTULO VII

Da interpretação da Escritura

1: Todo o mundo diz que a Escritura sagrada é a palavra de Deus e que ela ensina aos homens a beatitude verdadeira ou a verdadeira salvação. A conduta dos homens mostra inteiramente outra coisa, pois se o vulgo parece se preocupar apenas em seguir os ensinamentos da Escritura, vemos que quase todos substituem a palavra de Deus por suas próprias invenções e se dedicam unicamente, sob a coberta da religião, a obrigar os outros a pensar como o fazem. Vemos os teólogos inquietos, em sua maioria, com os meios de tirar dos livros sagrados, violentando-os, suas próprias invenções e julgamentos arbitrários, abrigando-os sob a autoridade divina. Em matéria alguma agem com menos escrúpulo e mais temeridade do que na interpretação da Escritura, quer dizer, do pensamento do Espírito Santo. E seu único medo nessa tarefa não é o de atribuírem ao Espírito Santo alguma falsa doutrina e se afastarem do caminho da salvação, mas o de serem convencidos por outros de erro e ver assim sua própria autoridade jogada ao chão, sob os pés de seus adversários, atraindo assim o desprezo alheio. Certamente, se os homens fossem sinceros no testemunho que rendem à Escritura, teriam uma outra regra de vida; suas almas não seriam agitadas por tantas discórdias e não se combateriam com tanto ódio; não se deixariam possuir por um desejo cego e temerário de interpretar a Escritura e descobrir novidades na religião. Ao contrário, não ousariam abraçar como doutrina da Escritura nada do que ela não ensinasse com a maior clareza; enfim, que esses sacrílegos, que não têm medo de alterar a Escritura em muitos lugares, se guardassem de tal crime e não pusessem nela a mão profanadora. Uma ambição criminosa pôde fazer com que a religião consistisse menos em obedecer aos ensinamentos do Espírito Santo do que defender as invenções humanas, tanto mais que se dedicou a espalhar entre os homens não a caridade, mas a discórdia e o ódio mais cruel sob o disfarce do zelo divino e do fervor ardente. A esses males juntou-se a superstição, que ensina a desprezar a natureza e a razão e a admirar e venerar apenas o que lhes contradiz. Assim, não é surpreendente que os homens, para melhor admirar e venerar a Escritura, tenham se apegado a explicá-la de tal sorte que ela parece inteiramente contrária a essa mesma natureza e a essa mesma razão. Assim, chega-se a delirar que nos livros santos se escondem mistérios profundos e se estafa em sondá-los, negligenciando o útil como sendo absurdo. E tudo o que se inventou nesse delírio se atribui ao Espírito Santo, esforçando-se em defendê-lo com todas as forças, com o ardor da paixão. Tais são os homens, com efeito: tudo o que concebem pelo entendimento puro eles o defendem apenas com a ajuda do entendimento e da razão; as crenças irracionais, que as afecções da alma lhes impõem, são defendidas com suas paixões.

2: Para sairmos desses extravios, liberarmos nossos pensamentos dos preconceitos dos teólogos e não nos apegarmos imprudentemente a invenções humanas tomadas como se fossem ensinamentos divinos, nos é preciso um método verdadeiro para seguir na interpretação da Escritura e chegar a ter dela uma visão clara. Enquanto não a conhecermos efetivamente, nada poderemos saber com certeza o que ela e o Espírito

Santo querem ensinar. Para ser breve, resumirei esse método dizendo que ele não difere em nada daquele que adotamos na interpretação da natureza, concordando inteiramente com ele. Da mesma maneira que o método de interpretação da natureza consiste essencialmente em considerar a natureza como historiador e, após ter assim reunido dados corretos, concluir com as definições das coisas naturais, também para interpretar a Escritura é necessário adquirir dela um conhecimento histórico e, uma vez de posse desse conhecimento, quer dizer, de dados e princípios certos, pode-se concluir, por via de consequência, o pensamento dos autores da Escritura. De modo que cada um poderá avançar sem riscos de erro e poderá fazer uma ideia do que ultrapassa nossa compreensão com tanta segurança quanto o que nos é conhecido pela Luz Natural.

3: Para estabelecer que esta via não é somente segura, mas a única, e coincide com o método de interpretação da natureza, é preciso notar, porém, que a Escritura trata com frequência de coisas que não podem ser deduzidas dos princípios conhecidos pela Luz Natural. São histórias e revelações que formam sua maior parte; ora, as histórias contêm principalmente milagres, quer dizer (como mostramos no capítulo precedente), relatos de fatos insólitos da natureza, adaptados às opiniões e juízos dos que os escreveram; as revelações são adaptadas às opiniões dos profetas, de sorte que ultrapassam a compreensão humana. Eis por que o conhecimento de todas as coisas, isto é, de quase todo o conteúdo da Escritura, deve ser tirado da própria Escritura, assim como o conhecimento da natureza é extraído dela própria.

4: Quanto aos ensinamentos morais contidos nos livros, embora se possa demonstrá-los por noções comuns, não se pode por essas noções demonstrar que a Escritura dá esses ensinamentos; isso só pode ser estabelecido pela própria Escritura. E mesmo que queiramos que a divindade da Escritura nos apareça para além de todo preconceito, é preciso que da mesma Escritura resulte que ela ensina a verdadeira moral, de modo que somente sua divindade pode ser demonstrada, pois fizemos ver que a certeza dos profetas se fundamenta principalmente sobre aquilo que fazia com que tivessem uma alma inclinada à justiça e à bondade. Mesmo isso é preciso que seja estabelecido por nós, para que possamos ter-lhes fé. Pelos milagres não podemos provar a divindade de Deus, já o demonstramos, e passo em silêncio que um falso profeta podia também fazer milagres. A divindade da Escritura, deve se concluir, pois, é que ela ensina a verdadeira virtude. Ora, isso não pode ser estabelecido senão pela própria Escritura, e caso não se pudesse, seria em virtude de um grande preconceito que lhe daríamos nossa adesão e testemunharíamos sua divindade. Todo o conhecimento da Escritura deve, portanto, ser extraído unicamente dela mesma. Enfim, da mesma maneira que a natureza, a Escritura não nos dá definições das coisas de que fala. E da mesma maneira que é preciso concluir as definições das coisas naturais das diversas ações da natureza, as definições que não nos dá a Escritura deverão ser tiradas dos diversos relatos que ali se encontram, a respeito de cada objeto.

5: Portanto, a regra universal a ser posta na interpretação da Escritura é a de não lhe atribuir outros ensinamentos além daqueles que a investigação histórica nos terá muito claramente mostrado. Diremos agora qual deve ser essa investigação histórica e o que ela nos deve fazer conhecer. Em primeiro lugar, ela deve abranger a natureza e as propriedades da língua na qual foram escritos os livros da Escritura e que seus autores tinham o hábito de falar. Dessa maneira, com efeito, poderemos examinar todos os sentidos que um texto pode ter, conforme o uso comum. E tendo sido hebreus todos os escritores, tanto do Antigo quanto do Novo Testamento, é certo que o conhecimento da língua hebraica é, antes de tudo, necessário, não apenas para entender os livros do Antigo Testamento, escritos nessa língua, mas também os do Novo. E embora tenham sido difundidos em outras línguas, estão, no entanto, cheios de hebraísmos. Em segundo, é preciso agrupar os enunciados contidos em cada livro e os reduzir a um certo número de chaves

TRATADO TEOLÓGICO-POLÍTICO

principais, de modo a reencontrar com facilidade todos aqueles que se relacionam ao mesmo objeto; em seguida, anotar todos aqueles que são ambíguos, obscuros ou estejam em contradição uns com os outros. Chamo aqui enunciado claro ou obscuro conforme seu sentido seja fácil ou dificilmente percebido com a ajuda do contexto e não conforme seja fácil ou dificilmente percebido pela razão, pois nos ocupamos aqui do sentido dos textos e não de sua veracidade. É necessário antes de tudo tomar cuidado, quando procuramos o sentido da Escritura, para não ter o espírito preocupado com raciocínios baseados nos princípios do conhecimento natural (para não falar dos preconceitos). A fim de não confundir o sentido de um discurso com a verdade das coisas, será preciso encontrar o sentido com a ajuda unicamente da Escritura. Vou ilustrar tais distinções com um exemplo, a fim de fazê-las mais claramente conhecidas. Essas palavras de Moisés, como "Deus é um fogo" ou "Deus é ciumento", são as mais claras do mundo quando se tem em vista apenas a significação das palavras; eu as classifico, portanto, entre os enunciados claros, embora, relativamente à razão e à verdade, sejam muito obscuras. Quando até mesmo o sentido literal está em contradição com a luz natural, se ele não se opõe claramente aos princípios e dados fundamentais tirados da história crítica da Escritura, é preciso mantê-lo; ao contrário, se essas palavras contradisserem, por sua interpretação literal, os princípios tirados da Escritura, embora concordem perfeitamente com a razão, seria preciso admitir uma outra interpretação (quero dizer, uma interpretação metafórica). Para saber, assim, se Moisés, acreditou que Deus era verdadeiramente um fogo, ou não, não será preciso, para que se tire uma conclusão, saber se essa opinião concorda ou contradiz a razão, mas apenas se concorda ou contradiz as outras palavras de Moisés. Como em muitos lugares Moisés ensina claramente que Deus não possui qualquer semelhança com as coisas visíveis que estão nos céus, na terra ou na água, devemos concluir que esta palavra, ou todas as demais do mesmo gênero, devem ser entendidas como metáforas. Mas como é preciso afastar-se também, por menos que seja, do sentido literal, será necessário em primeiro lugar procurar se esta única dicção – "Deus é um fogo" – admite um outro sentido além do literal, quer dizer, se a palavra *fogo* significa outra coisa que não o fogo natural. Se o uso da língua não lhe permitisse atribuir um outro sentido, não haveria outro meio de interpretar a frase diferentemente, ainda que o sentido literal seja contrário à razão; e, ao contrário, será preciso considerar seu sentido na interpretação de todas as demais frases, embora concordem com a razão. Mas como a palavra fogo também se toma por cólera e ciúme (ver *Jó* 31, 12), é fácil conciliar entre elas as frases de Moisés e chegamos legitimamente a esta conclusão: a de que as proposições "Deus é um fogo, Deus é ciumento" são uma única enunciação. Prossigamos: Moisés ensina claramente que Deus é ciumento e não ensina em nenhum lugar que Deus seja impassível ou isento de afecções passivas da alma; disso concluiremos que Moisés acreditou na existência do Deus do ciúme, ou, ao menos, que o quis ensinar, ainda que isso, em nosso juízo, seja contrário à razão. Com efeito, não devemos acomodar à força o pensamento da Escritura às injunções de nossa razão e às nossas opiniões preconcebidas, como já o mostramos. Todo o conhecimento dos livros bíblicos deve ser retirado apenas dos próprios livros. Em terceiro lugar, essa investigação histórica deve relacionar, a propósito dos livros dos profetas, todas as circunstâncias particulares cuja lembrança nos foi transmitida: entendo por isso a vida, os costumes do autor de cada livro, a finalidade que perseguia, qual foi, em que ocasião e tempo, para quem e, enfim, em que língua escreveu. Deve também restituir as fortunas próprias a cada livro, como foi acolhido na origem, em que mãos foi cair, quantas lições diferentes são conhecidas de seu texto, que homens decidiram admiti-lo no cânon e, enfim, como todos os livros assim reconhecidos foram reunidos num só corpo. Tudo isso, digo, a enquete histórica sobre a Escritura deve abranger. Pois, para saber que proposições são enunciadas como leis, quais como ensinamentos

TRATADO TEOLÓGICO-POLÍTICO

morais, é importante conhecer a vida, os costumes dos autores e a finalidade por eles visada, além de que podemos explicar mais facilmente as palavras de um homem de quem conhecemos melhor o gênio e compleição espiritual. Além do mais, para não confundir ensinamentos eternos com outros válidos apenas para um tempo e destinados a um pequeno número de homens, importa também saber para que ocasiões, em que tempo, para que nação e século eles foram escritos. Por fim, importa conhecer as demais circunstâncias acima mencionadas para saber não apenas ao que nos atermos quanto à autoridade própria de cada livro, mas ainda se o texto pôde ser falsificado por mãos criminosas, ou se não pôde, se erros foram ali introduzidos e corrigidos por homens competentes e dignos de fé. É sumamente necessário saber-se de tudo isso para não cedermos a um exercício cego que facilmente nos enganaria, e para não admitirmos o que é certo e fora de dúvida.

6: Após termos concluído essa investigação sobre a Escritura e tomado a firme decisão de nada admitir como doutrina certa dos profetas o que dela não se seguir, ou que dela não possa ser tirado com a máxima clareza, então será tempo de nos aplicarmos ao estudo do pensamento dos profetas e do Espírito Santo. Mas para essa tarefa, igualmente é preciso proceder, para seguir-se o método e a ordem requerida, como o fazemos quando nos elevamos da história para a interpretação da natureza. Da mesma maneira que no estudo das coisas naturais, é preciso apegar-se antes de tudo à descoberta das coisas mais universais, as que são comuns a toda a natureza, como o movimento e o repouso, formular suas leis e regras, as quais a natureza sempre observa e pelas quais age constantemente, e depois elevar-se por degraus às outras coisas menos universais. Também na história da Escritura procuraremos inicialmente o que é mais universal, o que é sua base ou fundamento, o que é recomendado por todos os profetas como doutrina eterna e da mais alta utilidade para todos os homens. Por exemplo, que existe um Deus único e todo-poderoso, a quem unicamente se deve adorar, que vela sobre todos e ama sobretudo os que lhe adoram e amam o seu próximo como a si mesmos etc. Estes ensinamentos e outros similares se encontram em todos os lugares da Escritura, tão claros e expressos que jamais ninguém pôde duvidar do seu significado. Quanto à natureza de Deus, à maneira pela qual vê todas as coisas e a tudo provê, a Escritura nada ensina expressamente como doutrina eterna, sobre esse e outros pontos semelhantes. Ao contrário, os próprios profetas não concordam sobre tais questões, como já o mostramos. Não há nada como doutrina do Espírito Santo a esse respeito, embora ele possa ser tratado à perfeição pela Luz Natural.

7: Uma vez bem conhecida essa doutrina universal da Escritura, se passará a ensinamentos menos universais que, no entanto, se relacionem com o uso comum da vida e que escoem como riachos dessa doutrina universal: tais são todas as ações particulares externas, verdadeiramente virtuosas, que não podem ser cumpridas a não ser numa dada ocasião. Tudo o que se encontrar nos escritos de obscuro e ambíguo, relativamente àquelas ações, deverá ser esclarecido e determinado pela doutrina universal da Escritura. Caso se descubram contradições, será preciso ver em que ocasião, em que tempo e por quem os textos opostos foram escritos. Por exemplo, quando o Cristo diz "bem-aventurados os que choram, porque serão consolados", não sabemos apenas por esse texto o que ele entende por choros; mas ele ensina adiante que devemos nos inquietar apenas com o reino de Deus e sua justiça, que ele nos apresenta como o soberano bem (ver *Mateus* 6, 33). Logo, para aqueles que choram, ele entende como sendo apenas os que choram pelo reino de Deus e sua justiça, desconhecido pelos homens; com efeito, somente isso pode ser chorado por aqueles que só possuem amor pelo reino de Deus, quer dizer, pela equidade, e desprezam o resto, que é da fortuna. Da mesma maneira, quando diz "a quem te houver batido em tua face direita, mostra a outra". Se o Cristo ordenasse à maneira de um legislador, fazendo conhecer aos juízes sua vontade, ele teria destruído a

TRATADO TEOLÓGICO-POLÍTICO

lei de Moisés com tal preceito, interpretação contra a qual ele nos previne abertamente (*Mateus* 5, 17). É preciso ver o que era aquele que disse isso, a quem e em qual tempo o disse. Foi o Cristo quem disse essa palavra, o Cristo que não instituía leis, à maneira de um legislador, mas oferecia ensinamentos como um doutor. Pois ele não quis corrigir as ações exteriores, mas as disposições internas da alma. Ele disse a homens oprimidos, que viviam em um Estado corrompido, onde a justiça era inteiramente desconhecida e que parecia ameaçada de ruína iminente. E isso que o Cristo ensina nessa passagem, quando a cidade estava ameaçada de ruína, nós vemos que Jeremias ensinou quando da primeira devastação da cidade, quer dizer, num tempo semelhante (ver *Lamentações* 3, Tet e Yod). Depois, como os profetas deram tal ensinamento num tempo de opressão, não tendo ele sido posto em lei, e que, ao contrário, Moisés (que não escreveu em tempo de opressão, mas, observação importante, procurou constituir uma sociedade política saudável), condenando a vingança e o ódio ao próximo, ordenou que se pagasse o olho pelo olho, aparece muito claramente que, conforme somente os princípios da própria Escritura, esse ensinamento dado por Cristo e por Jeremias, a saber, a aceitação da injustiça e a não resistência à impiedade, aplica-se apenas ali onde a justiça é desconhecida e em tempos de opressão, não em um Estado são. Ao contrário, num Estado são, em que a justiça é conservada, cada um é levado a pedir ao juiz a punição da injustiça por ele sofrida, caso queira mostrar-se justo (ver *Levítico* 5, 1); não por vingança (idem, 19, 17-18), mas pelo desejo de defender a justiça e a lei da pátria, e para que os maus não tirem vantagem do mal. Tudo isso coincide inteiramente com a razão natural. Poderia citar vários exemplos desse gênero, mas creio que os que dei bastem como explicação do meu pensamento e de sua utilidade, o que é, no momento, minha preocupação.

8: Até aqui, porém, mostramos como é preciso estudar os textos da Escritura que se relacionam com o uso da vida e cujo estudo é, por esse motivo, mais fácil, pois, em verdade, jamais houve controvérsia a esse respeito entre os que escreveram os livros sagrados. Quanto ao resto do conteúdo da Escritura, que está apenas no domínio da especulação, não é fácil lhe ter acesso; a via é mais estreita. Com efeito, não estando os profetas de acordo sobre as matérias de ordem especulativa, e estando seus relatos grandemente adaptados aos preconceitos próprios de cada época, não nos é permitido concluir o que quis dizer um profeta das passagens mais claras de um outro, a menos que seja estabelecido, com inteira evidência, que tiveram uma só e mesma maneira de ver. Portanto, vou expor brevemente como, em casos semelhantes, se chega a conhecer o pensamento dos profetas pela história crítica da Escritura. Será preciso ainda começar pelos princípios mais universais, perguntando, antes de tudo, o que é um profeta ou uma revelação, e em que ela consiste essencialmente; depois, o que é um milagre e assim por diante, aplicando-se às coisas mais comuns, e de lá se descendo às opiniões próprias de cada profeta; em seguida, chegar-se-á ao sentido de cada revelação do profeta, de cada relato, de cada milagre. De quais precauções é necessário utilizar-se para não confundir o pensamento dos profetas e dos historiadores com a do Espírito Santo e a verdade, mostramos acima por numerosos exemplos; disso não é necessário falar mais longamente. A notar, porém, no que se refere ao sentido das revelações, que nosso método ensina a investigar apenas o que os profetas realmente viram e ouviram, não o que quiseram significar ou representar com suas imagens sensíveis. Isso bem se pode conjecturar, mas não deduzir com certeza, dos dados fundamentais da Escritura.

9: Expusemos, assim, uma maneira de interpretar a Escritura e demonstramos, ao mesmo tempo, que ela era a única via e a via correta para se chegar a conhecer seu verdadeiro sentido. Reconheço, aliás, que alguns teriam uma certeza superior, tendo eles mesmos, a esse respeito, recebido dos profetas uma tradição, quer dizer, uma explicação verdadeira, como os fariseus pretendiam ter uma, ou ainda aqueles que teriam um pontífice infalível na interpretação da Escritura, como se vangloriam os católicos romanos. Não podendo estar seguros nem da tradição nem da autoridade do pontífice, não podemos nelas nos fundamentar; a autoridade, os mais antigos cristãos a negaram; a tradição, as mais antigas seitas judaicas a rejeitaram. E se nós considerarmos a conta dos anos que os fariseus receberam de seus rabinos (para não dizer nada do resto), conta segundo a qual essa tradição remontaria a Moisés, veremos que ela é falsa, como o demonstro em outro lugar. Uma tradição desse gênero nos será, pois, extremamente suspeita. Há uma tradição dos judeus que, em nosso método, somos obrigados a considerar pura de toda corrupção: é a significação das palavras da língua hebraica, pois que as temos deles; enquanto a primeira nos parece duvidosa, a segunda não o é. Com efeito, ninguém jamais pôde achar proveito em mudar o sentido de uma palavra enquanto há proveito, com frequência, em se mudar o sentido de um texto. A primeira operação, certamente, é muito difícil; quem quisesse mudar o significado de uma palavra, de uma língua, deveria ao mesmo tempo explicar todos os autores que escreveram nessa língua e que empregaram essa palavra no sentido recebido, e isso em conformidade com a compleição e o pensamento de cada um deles, os quais deveria falsificar com a maior prudência. Mais ainda, a língua é conservada ao mesmo tempo pelo povo e pelos doutos, enquanto o texto e os livros, apenas pelos doutos. Logo, podemos facilmente conceber que os doutos tenham podido mudar ou corromper a significação do texto de qualquer livro raro que tenham possuído, mas não a das palavras. Além disso, se um homem quisesse mudar a significação de uma palavra que tem o hábito de empregar, não poderia, sem dificuldade, observar depois o novo significado, ao falar e escrever. Por todas essas razões, nos persuadiremos com facilidade de que não pode vir ao espírito de ninguém corromper uma língua, enquanto se pôde com frequência corromper o pensamento de um escritor, mudando-lhe o texto ou o interpretando mal.

10: Considerando, portanto, que o nosso método (baseado na regra de que o conhecimento da Escritura deve ser tirado apenas dela) é o único e verdadeiro, tudo o que ele nos poderá oferecer para se chegar a um conhecimento completo da Escritura não poderá ser encontrado alhures. Agora, que dificuldades ele apresenta ou lhe faltam para que nos possa conduzir a um conhecimento certo dos livros sagrados? É o que iremos dizer.

11: Em primeiro lugar, uma grande dificuldade nasce de que o método exige um conhecimento completo da língua hebraica. De onde extrair esse conhecimento? Os antigos hebraístas nada deixaram para a posteridade no que concerne aos fundamentos dessa língua e do seu conhecimento. Ao menos, nada temos deles: nem um dicionário nem uma gramática nem uma retórica. A nação hebraica perdeu tudo o que faz a honra e o ornamento de uma nação, salvo alguns fragmentos de sua língua e de sua literatura. E isso não é surpreendente, após ter sofrido tantos desastres e perseguições. Quase todos os nomes de frutas, de pássaros, de peixes e muitos outros pereceram com a injúria do tempo. De muitos nomes e verbos que se encontram na *Bíblia*, o significado ou é totalmente desconhecido, ou é controverso. Eles nos fazem falta e mais ainda o conhecimento de certos tropos próprios da língua hebraica. O tempo, que a tudo devora, aboliu da memória dos homens quase todas as frases e maneiras de dizer próprias dos hebreus. Não poderemos, pois, como o desejávamos, investigar, para cada texto, todos os sentidos aceitáveis, contendo palavras muito conhecidas, cujos sentido será, no entanto, muito obscuro e inteiramente inacessível.

12: Ao fato de não podermos ter um conhecimento perfeito do hebreu, se ajunta a própria constituição e natureza dessa língua; dela provêm tantas ambiguidades que é impossível encontrar um método* que permita com certeza determinar o sentido de todos os textos da Escritura. Além das causas de ambiguidade comuns a todas as línguas, encontram-se particularidades no hebraico que dão origem a numerosas outras

---

* Ver Apêndice, nota 7.

ambiguidades. Penso valer a pena fazê-las notar aqui. Em primeiro lugar, a ambiguidade e a obscuridade do texto nascem com frequência, na *Bíblia*, do fato de que as letras [sons] que saem do mesmo órgão [fonador] são tomadas umas pelas outras. Com efeito, os hebreus dividiam todas as letras do alfabeto em cinco grupos, por causa dos cinco órgãos bucais de que se servem para pronunciá-las: os lábios, a língua, os dentes, o palato e a garganta. Por exemplo, as letras *Alef, Het, Ain, He* são chamadas guturais e, quase sem nenhuma diferença (ao menos por nós conhecida), uma se emprega pela outra. Assim, *el*, que significa *para, em direção a*, é com frequência tomado por *hgal*, que significa *sobre*, e inversamente. Com isso, acontece muitas vezes de todas as partes de um texto se tornarem ambíguas ou formarem sons sem significado. Uma segunda causa de ambiguidade reside nas múltiplas significações das conjunções e dos advérbios. Por exemplo, *Vav* serve indistintamente para unir e distinguir; significa *e, então, mas, pois que, entretanto*. A palavra *ki* possui sete ou oito significados: *pois, apesar, se, quando, assim como, que, combustão* etc. Uma terceira causa, fonte de muitas ambiguidades, é que os verbos não possuem, no indicativo, nem presente, nem imperfeito, nem mais-que perfeito, nem futuro anterior [por exemplo, *teria amado*] e outros tempos empregados em várias línguas. No imperativo e no infinitivo, faltam todos os tempos, salvo o presente, e, no subjuntivo, absolutamente todos. Na verdade, regras bem deduzidas dos princípios da língua permitiriam suprir com facilidade esses tempos e modos que faltam, e até mesmo com a máxima elegância. Porém, os escritores mais antigos as negligenciaram completamente e utilizaram indistintamente o tempo futuro pelo presente e pelo pretérito e, ao contrário, o pretérito pelo futuro; além disso, o indicativo pelo imperativo e pelo subjuntivo, do que resultaram numerosas anfibologias.

13: Além dessas três causas de ambiguidade, é preciso assinalar duas outras que são, uma e outra, muito mais graves. A primeira é que os hebreus não possuem letras representando as vogais. A segunda é que não tinham o costume de dividir os discursos escritos, nem de lhes dar a significação mais expressa, quer dizer, reforçá-la com signos. E sem dúvida, quanto a esses dois defeitos, podia-se supri-los com pontos e acentos, mas não podemos ter confiança nesses meios, considerando-se que eles foram inventados e instituídos por homens de uma idade posterior, cuja autoridade não deve contar para nada. Os antigos escreviam sem pontos (quer dizer, sem vogais e sem acentos), como estabelecem numerosos testemunhos. Os pontos são uma adição posterior, do tempo em que se acreditou dever interpretar a *Bíblia*. Os que temos agora, como também os acentos, são apenas interpretações modernas e não merecem fé, tanto quanto a autoridade das outras explicações. Os que ignoram essa particularidade não sabem por que razão se deve desculpar o autor da *Epístola aos Hebreus* (no capítulo 11, versículo 21) por ter interpretado o texto do *Gênesis* (47, 31) de forma inteiramente diversa que no texto pontuado. Como se o apóstolo tivesse aprendido o sentido da Escritura por aqueles que o pontuaram! Para mim, são antes esses últimos que é preciso acusar. Para que cada um possa julgar e ver ao mesmo tempo que essa divergência tem por origem unicamente a falta de vogais, dou aqui as duas interpretações. O texto pontuado lê-se como se segue: "e Israel se curvou sobre" ou (mudando a letra *Ain* por *Alef*, que é do mesmo grupo), "em direção à cabeceira do leito". Em contrapartida, o autor da epístola lê: "e Israel se curvou sobre a ponta do bastão", substituindo a palavra *mita* por *mate*, que só se diferenciam pelas vogais. Ora, como se trata, nesse momento do relato, somente da velhice de Jacó, e não, como no capítulo seguinte, de sua enfermidade, parece mais verossímil que o historiador tenha querido dizer: "Jacó se curvou sobre a ponta do bastão", e não do leito (os velhos em idade muito avançada têm, com efeito, necessidade de um bastão para se sustentar). Tanto mais que, desse modo, não é preciso supor-se qualquer substituição de letra. Por esse exemplo quis não somente restabelecer o acordo entre o texto da *Epístola aos Hebreus* e o do *Gênesis*, mas, sobretudo, mostrar quão pouca confiança pode-se ter nos pontos e acentos modernos. Portanto, aquele que quiser interpretar a Escritura sem preconceitos é obrigado a considerar como duvidoso o texto completo e retomar seu exame novamente.

14: Sendo essas a constituição e a natureza da língua hebraica, pode-se conceber facilmente, para voltarmos ao nosso propósito, encontrando-se muitas passagens ambíguas, que não há método que permita determinar o verdadeiro sentido de todas. Não é de se esperar que por uma colação de textos (único caminho, já mostramos, para se chegar ao verdadeiro sentido de um texto que, de acordo com o uso da língua, admite muitos outros) se possa fazê-lo em todos os casos. De um lado, com efeito, essa colação de textos não pode esclarecer uma passagem senão por acaso, considerando-se que nenhum profeta escreveu expressamente para facilitar a explicação das palavras de outro ou as suas próprias. De outro, não podemos concluir o pensamento de um profeta ou de um apóstolo por aquele de outro, salvo no que diz respeito ao uso da vida, como já o fizemos ver com evidência; mas não quando falam de coisas de interesse especulativo, quer dizer, narram milagres ou histórias. Poderia mostrar ainda por alguns exemplos que muitos textos inexplicáveis se encontram na Sagrada Escritura. Todavia, no momento prefiro protelar e passo às outras observações que tenho a fazer sobre a dificuldade que apresenta o verdadeiro método de interpretação da Escritura e as falhas que ele não pode remediar.

15: Outra dificuldade nesse método provém de que ele exige o conhecimento histórico das circunstâncias particulares próprias a todos os livros da Escritura, conhecimento que não temos. De alguns livros, efetivamente, ignoramos completamente os autores ou (caso se prefira) ignoramos que pessoas os escreveram, ou ainda temos a esse respeito dúvidas, como o mostrarei abundantemente em seguida. Em segundo lugar, não sabemos também em que ocasião e tempo tais livros, dos quais ignoramos os verdadeiros autores, foram escritos. Não sabemos ainda em que mãos esses livros caíram, de quem provêm os manuscritos originais, onde tantas lições diferentes se encontraram, ou, enfim, se numerosas outras lições não se encontravam em manuscritos de outra proveniência. Em seu lugar, indiquei brevemente qual a importância de todas essas circunstâncias. Mas omiti de propósito certas considerações que aqui acrescento. Quando lemos um livro contendo coisas inacreditáveis e não perceptíveis, ou ainda um livro escrito em termos extremamente obscuros, se não sabemos quem é o autor, em que tempo e em que ocasião foi escrito, é em vão que procuramos conhecer seu sentido. Na ignorância em que estamos de todas essas circunstâncias, não podemos saber qual era ou qual podia ter sido a intenção do autor. Ao contrário, quando conhecemos exatamente tudo isso, ordenamos nossos pensamentos de modo a estarmos livres de todo preconceito, quero dizer, que concedemos ao autor ou àquilo para o qual escreveu, nada a mais ou a menos do que merece, e não nos representamos outros objetos senão aqueles que o autor pôde entrever em espírito. Penso que isso seja para todos. Muito frequentemente acontece de lermos histórias muito semelhantes em livros diferentes e que julgamos bem diversamente, em decorrência da diversidade de opiniões que temos dos autores. Sei ter lido num determinado livro que um homem, de nome Rolando Furioso, tinha o hábito de montar um monstro alado, de voar por todas as regiões à sua guisa, de massacrar sozinho um grande número de homens e de gigantes e outras coisas fantásticas do mesmo gênero, que o espírito não percebe de modo algum. Li em Ovídio uma história muito semelhante relacionada à Pérsia e, enfim, uma outra nos livros dos *Juízes* e dos *Reis* sobre Sansão (que só e sem armas massacrou mil homens) e sobre Elias, que voava nos ares e terminou por ganhar os céus em um carro de fogo puxado por cavalos. Essas histórias, digo, são muito similares; no entanto, fazemos de cada uma delas um julgamento diferente; o primeiro autor não quis escrever senão frivolidades; o segundo, coisas tendo um interesse político; o terceiro, coisas sagradas. Persuadimo-nos disso em virtude da opinião que temos dos autores. Assim se estabelece que o conhecimento dos autores que escreveram coisas obscuras ou ininteligíveis é necessário antes de tudo para a interpretação de seus escritos. Pelas mesmas causas não podemos, dentre as diferentes lições de um texto relativo a histórias obscuras, escolher a verdadeira, a menos que saibamos de quem provêm os manuscritos originais onde se encontram tais lições, e se outras numerosas lições não se encontram em outros manuscritos provenientes de homens de maior autoridade.

16: Uma outra dificuldade, enfim, que apresenta a interpretação de certos livros da Escritura, segundo esse método, consiste em que não os possuímos na língua original, aquela da qual se serviram os que os escreveram. O *Evangelho Segundo Mateus* e, sem dúvida, a *Epístola aos Hebreus* foram, conforme a opinião comum, escritos em hebraico e, no entanto, o texto em hebreu não mais existe. Quanto ao livro de *Jó*, pergunta-se em que língua foi escrito. Aben Ezra, em seus comentários, afirma que ele foi traduzido para o hebraico de uma outra língua, e isso o torna mais obscuro. Nada digo dos livros apócrifos, cuja autoridade é ainda inferior.

17: Passei, assim, em revista, conforme meu propósito, todas as dificuldades que esse método de interpretação da Escritura apresenta com o exame crítico dos dados da história. Eu as julgo tão grandes que não hesito em dizer: em várias passagens o sentido da Escritura nos é desconhecido, ou o adivinhamos sem ter qualquer certeza. Mas, importa repetir, todas essas dificuldades só nos podem impedir que apreendamos o pensamento dos profetas relativamente às coisas não perceptíveis e que só se podem imaginar. O mesmo não se dá com relação às coisas que podemos apreender pelo entendimento e com as quais formamos facilmente um conceito*: as coisas que, por sua

---

* Ver Apêndice, nota 8.

natureza, são percebidas com facilidade, jamais se lhes pode dizer tão obscuramente que não sejam facilmente entendíveis, de acordo com o provérbio: "a bom entendedor, meia palavra basta". Euclides, que só escreveu coisas extremamente simples e altamente inteligíveis, é facilmente explicável por todos em todas as línguas. Para compreender seu pensamento e se estar seguro de ter encontrado o verdadeiro sentido, não é preciso um conhecimento perfeito da língua em que escreveu; um conhecimento comum e quase infantil basta. Inútil também conhecer a vida do autor, o fim a que tendia e seus hábitos, de saber em que língua escreveu, para quem, em que tempo, não mais do que a fortuna do livro, as diversas lições do texto e, enfim, que homens decidiram acolhê-lo. O que digo de Euclides é preciso dizer de todos os que escreveram sobre matérias que, por sua natureza, são perceptíveis. Concluímos, pois, que chegaremos muito facilmente, pelo conhecimento histórico da Escritura, tal como a podemos estabelecer, a apreender o pensamento da Escritura quando se tratar de ensinamentos morais e que conheceremos o seu sentido com certeza. Com efeito, os ensinamentos da verdadeira piedade se exprimem com as palavras mais correntes, porque são muito comuns, mais simples e fáceis de aprender. Como, de resto, a verdadeira salvação e a felicidade consistem no repouso da alma e não podemos encontrá-lo senão no que conhecemos com clareza, é evidente que podemos apreender com certeza o pensamento da Escritura referente às coisas essenciais à salvação e necessárias à beatitude. Não há por que inquietar-se com o resto, pois, não podendo alcançá-lo pela razão e pelo entendimento, devemos tê-lo mais por curioso do que por útil.

18: Penso assim ter feito conhecer o verdadeiro método de interpretação da Escritura e explicado com suficiência minha maneira de ver sobre o assunto. Não duvido, além disso, que cada um verá agora que esse método não exige outra luz a não ser a natural. A natureza e a virtude dessa luz consistem em que ela deduz e conclui, por via de consequência legítima, as coisas obscuras daquelas que são conhecidas ou dadas como conhecidas. Nosso método não exige nada mais. Sem dúvida, concordamos que ele não é suficiente para tornar claro todo o conteúdo da *Bíblia*, mas isso não provém de ser ele defeituoso, e, sim, pelo fato de que a via que ele ensina, que é reta e verdadeira, jamais foi franqueada nem seguida pelos homens, de sorte que, com o tempo, tornou-se muito árdua e quase impraticável. Penso que isso está bem claramente estabelecido pelo que relatei das dificuldades que ali se encontram.

19: Não nos resta senão examinar as maneiras de ver que se afastam da nossa. Em primeiro lugar, aquelas dos homens que julgam que a luz natural não tem força para interpretar a Escritura e que uma luz sobrenatural é requerida para esse efeito. O que é esta luz sobrenatural que se junta à natural, cabe a eles explicar. Quanto a mim, só posso conjecturar que eles quiseram confessar, em termos mais obscuros, a incerteza em que se encontram face ao verdadeiro sentido da Escritura em grande número de passagens, pois se considerarmos suas explicações, nada encontraremos nelas de sobrenatural, tanto lhes falta; encontraremos puras conjecturas. Que se as compare, caso se queira, com as explicações daqueles que confessam ingenuamente não ter outra luz senão a natural. Veremos que são perfeitamente semelhantes: de uma parte e de outra são invenções totalmente humanas, devidas a um longo esforço do pensamento. Para os que afirmam a insuficiência da luz natural, isso é seguramente falso. De um lado, nós o demonstramos, as dificuldades na interpretação da Escritura não vêm da fraqueza da luz natural, mas apenas da moleza (para não dizer da malícia) dos homens que negligenciaram na Escritura o conhecimento histórico e crítico, quando o poderiam ter; de outro lado, essa luz sobrenatural é (todos concordam, salvo erro) um dom divino atribuído apenas aos fiéis. Ora, os profetas e os apóstolos tinham o costume de pregar não apenas aos fiéis, mas sobretudo aos infiéis e aos ímpios que, por isso mesmo, deviam ser capazes de entender o pensamento de ambos. Sem o que, profetas e apóstolos teriam parecido pregar a jovenzinhos e crianças, não a homens dotados de razão. E Moisés teria prescrito em vão as leis se elas não pudessem ser entendidas senão pelos fiéis, que não têm necessidade de qualquer lei. Parece-me, portanto, que, para aqueles que procuram uma luz sobrenatural para entender o pensamento dos profetas e dos apóstolos, lhes falta a luz natural; encontram-se tão longe dela que acredito estarem na posse de um dom divino sobrenatural.

20: Maimônides teve uma outra maneira de ver; segundo ele, cada passagem da Escritura admite vários sentidos e até mesmo opostos, e não podemos saber qual é o verdadeiro de nenhuma passagem enquanto não soubermos nada conter que não esteja de acordo com a razão ou lhe contradiga, tal como a interpretamos. Se, tomada em sentido literal, contradisser a razão, por mais que pareça clara será preciso interpretá-la de outra maneira. É o que ele indica claramente no capítulo xxv, parte ii, do seu livro *More Nebukhim*[9]. Com efeito, ali diz:

Sabei que não nos recusamos a dizer que o mundo é eterno por causa dos textos que se encontram na Escritura a respeito da criação do mundo. Pois os textos que ensinam que o mundo foi criado não são mais numerosos do que os que ensinam que Deus é corpóreo, e nada nos impedirá de explicar esses textos relativos à criação do mundo; não teríamos nem mesmo ficado embaraçados por interpretá-los ao proceder como o fizemos quando rejeitamos a atribuição de um corpo a Deus; talvez mesmo a explicação tivesse sido mais fácil e mais cômoda e nós teríamos podido admitir a eternidade do mundo com menos esforço do que foi preciso para rejeitar, em nossa explicação da Escritura, essa atribuição de um corpo ao Deus que glorificamos. Eu não o quis, entretanto, e recuso-me a crer (que este mundo seja eterno) por duas razões: em primeiro lugar, demonstra-se claramente que Deus não é corporal; é necessário, pois, explicar todas as passagens cujo sentido literal contradiz essa demonstração, pois existe necessariamente, em caso semelhante, uma explicação (além da literal). Não preciso, portanto, violentar as Escrituras para fazê-las coincidir com uma opinião falaciosa e frente à qual temos alguma razão para, ao menos,

9. Trata-se de *O Guia dos Perplexos*.

preferir uma contrária; em segundo lugar, crer que Deus seja incorpóreo nada tem de contrário às crenças sobre as quais a Lei se fundamenta, enquanto acreditar num mundo eterno, como o faz Aristóteles, é retirar da Lei seu fundamento.

Tais são as palavras de Maimônides com as quais bem se observa o que acabamos de dizer: se, para ele, estivesse racionalmente estabelecido que o mundo é eterno, ele não hesitaria em fazer violência à Escritura e explicá-la de modo como ela lhe parece ensinar. Mais ainda, ele estaria seguro, de forma incontinente, de que a Escritura, embora pudesse protestar, quis ensinar a eternidade do mundo. Logo, ele não poderá estar seguro do verdadeiro sentido da Escritura, tão claro seja ele, enquanto puder duvidar da verdade do que ela diz e que isso não possa ser estabelecido a seus olhos. Enquanto essa verdade não estiver estabelecida, não saberemos se o que diz a Escritura concorda com a razão ou lhe contradiz, e ignoramos, consequentemente, se o sentido literal é verdadeiro ou falso. Se essa maneira de ver for a verdadeira, concordarei inteiramente que temos necessidade, para interpretar a Escritura, de uma outra luz, além da natural. Pois quase nada do que a Escritura contém pode ser deduzido dos princípios conhecidos pela luz natural (assim como já o mostramos). A luz natural seria então impotente para estabelecer a verdade da maior parte desse conteúdo e, consequentemente, também do verdadeiro sentido e do pensamento da Escritura. Para isso, teríamos necessidade de uma outra luz. De mais, se a maneira de ver de Maimônides fosse a verdadeira, o vulgo, que com frequência ignora as demonstrações, ou é incapaz de a elas se aplicar, não deveria admitir nada a respeito da Escritura senão com a autoridade ou pelo testemunho dos homens que filosofam, e, por conseguinte, supor que os filósofos são infalíveis na interpretação da Escritura; seria, na verdade, uma nova autoridade eclesiástica, um novo sacerdócio ou sorte de pontificado que excitaria na plebe mais o riso do que a veneração. Sem dúvida, nosso método exige o conhecimento do hebreu, estudo ao qual o vulgo não pode se dedicar. No entanto, não há razão para que nos façam tal objeção, pois, entre os judeus e os gentios, o vulgo para o qual pregaram os profetas e os apóstolos, e para o qual escreveram, entendia a linguagem dos profetas e dos apóstolos, e assim apreendia o pensamento dos profetas, ao mesmo tempo que ignorava as provas da verdade das coisas pregadas, as quais ele deveria saber, segundo Maimônides, para compreender o pensamento. Não é, portanto, uma exigência de nosso método que o vulgo se baseie necessariamente sobre o testemunho dos intérpretes; onde mostro um homem do povo que saiba manejar a língua dos profetas e dos apóstolos, Maimônides, ao contrário, não mostra nenhum que conheça as causas das coisas, pelas quais pudesse perceber o pensamento dos profetas. No que toca à plebe de nosso tempo, já mostramos que todas as verdades necessárias à salvação, ainda que ela ignore os raciocínios que as justifiquem, podem ser facilmente percebidas, não importa em que língua, tão fáceis e comuns são elas de serem expressas na língua corrente. E é sobre essa percepção, e não sobre o testemunho dos intérpretes, que o vulgo se fundamenta. Quanto ao resto, ele compartilha a fortuna dos doutos.

21: Voltemos, porém, à maneira de ver de Maimônides e a examinemos mais atentamente. Ele supõe, primeiramente, que os profetas estão de acordo entre si sobre todos os pontos, tendo sido grandes filósofos e teólogos; ele quer, com efeito, que tenham sido conclusivos, porque conheceram a verdade. Ora, nós mostramos no capítulo II que isso era falso. Em segundo lugar, ele supõe que o sentido da Escritura não pode ser estabelecido pela própria Escritura, pois a verdade das coisas que ela ensina não é estabelecida por ela, já que não demonstra nada e não faz conhecer os objetos por suas definições e primeiras causas. Segundo Maimônides, portanto, o verdadeiro sentido não pode ser estabelecido pela Escritura ou dela extraído. A falsidade dessa consequência resulta do presente capítulo, pois mostramos, tanto pelo raciocínio quanto por exemplos, que o sentido da Escritura somente dela pode ser tirado, mesmo

TRATADO TEOLÓGICO-POLÍTICO

quando fala de coisas conhecidas pela luz natural. Enfim, ele supõe ser permitido explicar, torturar as palavras da Escritura conforme nossas opiniões preconcebidas, rejeitar e substituir por outra, à vontade, o sentido literal, mesmo quando ele é manifesto ou expresso. Uma tal licença, além de ser diametralmente oposta ao que demonstramos neste capítulo e alhures, parecerá a todos excessiva e temerária. Concedamos-lhe, no entanto, essa liberdade: o que fará com ela? Nada. O que é indemonstrável, e é a maior parte da Escritura, nós não podemos chegar a conhecer pela razão, como também a explicá-la e interpretá-la seguindo-se a regra de Maimônides. Diferentemente, conforme nosso método, podemos com muita frequência explicá-la e chegar a esclarecê-la com segurança, como já o demonstramos pelo raciocínio e pelo exemplo; e quanto àquilo que por sua natureza é perceptível, o sentido é facilmente obtido pela simples consideração do contexto. Logo, esse método de Maimônides é completamente inútil. Ajuntemos que ele sequestra inteiramente a segurança de se ter entendido a Escritura em seu sentido verdadeiro, ao qual o vulgo pode chegar por outro método de interpretação. Rejeitamos, portanto, a maneira de ver de Maimônides como danosa, inútil e absurda.

22: No que diz respeito agora à tradição dos fariseus, nós dissemos antes que ela não está de acordo consigo mesma; quanto ao pontífice dos romanos, sua autoridade teria necessidade de um testemunho mais notável. E eu a repilo só por essa razão. Com efeito, se pela própria Escritura nos pudessem mostrar que ela está fundamentada tão certamente quanto podia estar antigamente a dos pontífices judaicos, não me abalaria pela indignidade de alguns papas heréticos e ímpios; também entre os pontífices hebraicos encontravam-se heréticos e ímpios que ocuparam o pontificado por meio de crimes e que tinham, porém, em virtude do mandamento da Escritura, o poder soberano de interpretar a lei (ver *Deuteronômio* 17, 11-12; 33, 10; e *Malaquias* 2, 8). Mas como não nos chega qualquer testemunho desse gênero, a autoridade do pontífice romano permanece suspeita. Para que não se deixe enganar pelo exemplo do pontífice dos hebreus, e que se vá acreditar que a religião católica também tenha necessidade de um pontífice, convém notar que as leis de Moisés que constituem o direito de nação precisavam, necessariamente, para sua conservação, de alguma autoridade pública. Se qualquer um tivesse tido a liberdade de interpretar a seu prazer as leis do Estado, a sociedade não teria podido subsistir; logo teria caído em dissolução e o direito público teria se tornado privado. Mas é diferente com a religião, pois que ela consiste não em ações exteriores, mas na simplicidade e candura da alma; ela não se submete a qualquer cânon, a nenhuma autoridade pública, e ninguém pode ser constrangido pela força ou pelas leis a possuir a felicidade. O que se requer para isso é uma admoestação piedosa e fraterna, uma boa educação e, sobretudo, um julgamento honesto e livre. Depois, porque um direito soberano de pensar livremente pertence a todos, mesmo em matéria de religião, e não se pode conceber que alguém possa ser dele despossuído, cada um terá também o direito soberano e uma soberana autoridade para julgar a religião e, consequentemente, para se explicar a si mesmo e interpretá-la. A única razão pela qual, efetivamente, os magistrados possuem uma autoridade soberana para interpretar as leis e um poder soberano para julgar as coisas de ordem pública, é que se trata da ordem pública. Pela mesma razão, portanto, uma autoridade soberana para explicar a si mesmo a religião e julgá-la pertence a cada um, porque é de direito privado. Assim, falta muito para que, da autoridade do pontífice dos hebreus para interpretar as leis do Estado, se possa concluir a autoridade do pontífice romano para interpretar a religião. Ao contrário, conclui-se facilmente da autoridade do pontífice hebraico que cada um é soberano em matéria religiosa. Por esse motivo, podemos mostrar que nosso método de interpretação da Escritura é o melhor. Visto que a mais alta autoridade pertence a cada um para interpretar a Escritura, não deve haver outra regra de interpretação do que a luz natural, comum a todos: nenhuma luz superior à natureza, nenhuma autoridade exterior. Esse método não deve ser penoso a ponto de que apenas os filósofos de espírito muito aguçado possam acompanhá-lo. Ele deve estar em relação com a compleição natural e comum dos homens e de sua capacidade, como mostramos que é a nossa. Vimos, com efeito, que as dificuldades que se podem encontrar provêm da negligência dos homens, não da natureza do método.

CAPÍTULO VIII

No qual se mostra que o Pentateuco *e os livros de* Josué, Juízes, Rute, Samuel *e* Reis *não são autógrafos. A questão da autoria é considerada: houve vários autores ou um? E quem seriam eles?*

1: No capítulo precedente tratamos dos fundamentos e dos princípios do conhecimento das Escrituras, e mostramos que são a consequência histórica e crítica da Escritura. Mas os antigos a negligenciaram, embora necessária, ou, se a escreveram e transmitiram, ela pereceu pela injúria do tempo. Em seguida, falta uma grande parte desses fundamentos e princípios. Isso ainda seria suportável se a posteridade, na sequência, mantida em limites justos, houvesse transmitido de boa fé a seus sucessores o pouco que encontrara, sem nele introduzir sua própria invenção. Sua infidelidade fez com que as informações históricas dadas sobre a Escritura sejam não apenas incompletas, mas mentirosas, quer dizer, que os fundamentos do conhecimento da Escritura são não apenas insuficientes em número, de sorte que nada se edifica completamente sobre eles, mas bastante defeituosos em qualidade.

2: Esconde-se em meu intuito corrigi-los e suprimir os preconceitos comuns da teologia. Receio, porém, que minha tentativa seja muito tardia; as coisas chegaram a tal ponto que os homens não sofrem mais por serem retificados no que diz respeito à religião, defendendo obstinadamente os preconceitos que adotaram sob aquele nome. Nenhum lugar tem mais a razão senão aos olhos de um pequeno número (comparativamente), tão grande é a extensão com que se tomam os preconceitos. Não deixarei de me esforçar, no entanto, e prosseguirei em minha tentativa, não tendo motivo para desesperar-me inteiramente.

3: Para proceder com ordem, começarei pelos preconceitos relativos aos homens que escreveram os livros sagrados. E, em primeiro lugar, por aquele que escreveu o *Pentateuco*. Quase todos criam ter sido Moisés; os fariseus até mesmo o sustentaram com tal tenacidade que consideravam herético quem pensasse de outro modo. Por essa razão, Aben [ou Ibn] Ezra, homem de espírito bastante livre e de uma erudição não medíocre, o primeiro que, em meu conhecimento, percebeu esse preconceito, não ousou explicar abertamente seu pensamento, sinalizando-o apenas em termos obscuros. Não temerei esclarecê-los e fazer surgir a verdade com evidência. Eis aqui quais são as palavras de Aben Ezra em seu comentário sobre o *Deuteronômio*: "Para além do Jordão etc., contanto que conheças o mistério dos doze [...]; e Moisés escreveu também a lei [...]; e o cananeu estava então sobre a terra [...]; será revelado sobre a montanha de Deus[...]; agora então, eis seu leito, um leito de ferro [...]; agora tu conhecerás a verdade". Por essas poucas palavras, ele indica e, ao mesmo tempo, prova que não foi Moisés que escreveu o *Pentateuco*, mas algum outro que viveu muito tempo depois, e que o livro escrito por Moisés era diferente. Para mostrá-lo, ele nota: primeiro, que o próprio prefácio do *Deuteronômio* não podia ter sido escrito por Moisés, que não atravessou o Jordão; segundo, que todo o livro de Moisés foi transcrito muito legivelmente apenas sobre o perímetro de um altar (ver *Deuteronômio* 27; e *Josué* 8, 30-31), o qual, segundo a relação dos rabinos, era composto de doze pedras. De onde esta consequência: a de que o livro de Moisés possuía uma extensão muito menor do que o *Pentauteco*. Foi assim que o autor quis significar o *mistério dos doze*. A menos que tenha entendido as doze pragas que se encontram no capítulo acima do *Deutero-nômio* e que, talvez, tenha acreditado não estarem compreendidas no livro da Lei: com efeito, Moisés, após haver escrito a lei, ordena aos levitas recitar essas pragas para obrigar o povo à obediência, por meio de um juramento. Ou, ainda, tenha querido significar o último capítulo do *Deuteronômio*, relativo à morte de Moisés, o qual se compõe de doze palavras. É inútil examinar aqui, com mais cuidado, tais conjecturas e as que outros puderam fazer; em terceiro lugar, ele observa que no *Deuteronômio* (31, 9) é dito: "e Moisés escreveu a lei", palavras que não podem ser de Moisés, mas de um outro escritor, contando seus atos e palavras; em quarto lugar, ele faz notar esta passagem do *Gênesis* (12, 6), em que o narrador, contando que Abraão percorria a terra dos cananeus, ajunta: "os cananeus estavam então nessa terra", com o que ele marca claramente que não é mais assim ao tempo em que escreve. Logo, tais palavras devem ter sido escritas após a morte de Moisés e quando os cananeus haviam sido expulsos, não ocupando mais aquelas regiões. Aben Ezra o dá claramente a entender quando assim comenta a mesma passagem: "e o cananeu estava então nessa terra; isso pode significar que Canaã, neto de Noé, tomou essa terra inicialmente ocupada por outro; se não é assim, há um mistério e, quem o conhece, o esconde", quer dizer, se Canaã conquistou esse território, o sentido será: "o cananeu já estava então nessa terra", e o narrador quis marcar que assim não era anteriormente, quando outra nação a habitava. Ao contrário, se Canaã foi o primeiro a cultivar essas regiões (como se segue do capítulo 10 do *Gênesis*), o autor quis marcar que não era mais assim ao tempo em que escrevia. O narrador, portanto, não é Moisés, pois, naquele tempo os cananeus ainda possuíam o território e é esse o mistério sobre o qual Aben Ezra recomenda silêncio; em quinto lugar, ele nota que no *Gênesis* (22, 14) o monte Moriá* é chamado montanha de Deus, nome que não

---

* Ver Apêndice, nota 9.

carregou senão após ter sido destinado à edificação do templo, e esta escolha é posterior ao tempo de Moisés. De fato, Moisés não indica qualquer lugar eleito por Deus; por outro lado, ele prediz que Deus elegerá um mais tarde, ao qual o nome de Deus será dado; por fim, ele observa que o *Deuteronômio* (3) interpola certas palavras no relato de Og, rei de Basan: "somente Og, rei de Basan, entre outros gigantes, subsistiu e eis que seu leito era um leito de ferro, certamente este leito de nove cúbitos[10] de comprimento que está em Rabá, em casa dos filhos de Ammon" etc. Esse parêntese indica muito claramente que aquele que escreveu esses livros viveu muito tempo depois de Moisés. Sua maneira de falar das coisas é a de um autor que conta velhas histórias e que, para dar confiança, faz menção a relíquias ainda subsistentes desse longínquo passado. Não é duvidoso, aliás, que esse leito de ferro só tenha sido encontrado ao tempo de Davi, que submeteu Rabá, como relata *Samuel* (livro II, 12, 30). Esta interpolação não é a única. Um pouco mais abaixo, o historiador junta às palavras de Moisés essa explicação: "Jair, filho de Manassés, tomou jurisdição sobre Argob até os limites das Gessurites e das Mahatites, e chamou com seu nome esses lugares, ao mesmo tempo que Basan, e até esses tempos elas são cidades de Jair". Tais palavras, digo, são acrescidas pelo historiador para explicar as de Moisés que ele acabou de relatar, a saber: "e o resto de Galaad e todo o reino de Basan, que era de Og, eu o dei à semitribo de Manassés, e toda a jurisdição de Argob se estenderá sobre toda Basan, que é chamada terra dos gigantes". Os hebreus contemporâneos desse escritor sabiam, e disso não se duvida, que era o país de Jair que pertencia à tribo de Judá, mas não o conheciam com o nome de jurisdição de Argob e terra dos gigantes. Ele foi, portanto, obrigado a explicar quais eram esses países que, antigamente, eram assim chamados, e dizer ao mesmo tempo por que seus habitantes carregavam em seu tempo o nome de Jair, embora sendo da tribo de Judá, e não de Manassés (ver *I Crônicas* 2, 21-22).

---

10. Um cúbito, ou ainda côvado, equivalia a 66 cm.

TRATADO TEOLÓGICO-POLÍTICO

4: Explicamos assim o pensamento de Aben Ezra, da mesma forma que as passagens do *Pentateuco* por ele citadas, a fim de estabelecê-lo. Muito falta, porém, para que tenha notado o mais importante; há muitas outras observações e mais graves a fazer sobre esses livros. Assim, aquele que escreve não fala somente de Moisés na terceira pessoa; ele dá a esse respeito numerosos atestados, tais como: "Deus falou a Moisés, Deus falava com Moisés face a face, Moisés era humilíssimo entre todos os homens" (*Números* 12, 3), "Moisés tomou-se de cólera contra os chefes da armada" (*Números* 31, 14), "Moisés, homem divino" (*Deuteronômio* 33, 1), "Moisés, servidor de Deus, morreu; jamais um profeta como Moisés ergueu-se em Israel". Ao contrário, no *Deuteronômio*, onde está transcrita a lei que Moisés havia dado ao povo e que ele escrevera, Moisés fala e conta suas ações na primeira pessoa. Ele diz: "Deus falou-me" (2, 1-17), "eu orei a Deus" etc., salvo no final do livro, em que o historiador, após ter relatado as palavras de Moisés, continua sua narração e diz como Moisés deu ao povo, por escrito, essa lei (que havia explicado), depois uma advertência suprema e, enfim, termina sua vida. Tudo isso, a maneira de falar, as atestações e mesmo o conjunto textual de toda a história, convida-nos a acreditar que esses livros não foram escritos por Moisés, mas por um outro. É preciso notar, em segundo lugar, que nessa história não se conta apenas a morte e o envelhecimento de Moisés, mas, além disso, é-nos dito que ele suplantou a todos os profetas que lhe sobreviveram: "nenhum profeta jamais se ergueu em Israel como Moisés, que a Deus conheceu face a face". Não foi Moisés quem pôde oferecer esse testemunho, nem outro vindo imediatamente após, mas alguém que viveu séculos depois, tanto mais que o historiador fala no tempo passado: nenhum profeta jamais se ergueu em Israel. E quanto à sepultura, diz que "ninguém a soube até os dias de hoje". Em terceiro lugar, é preciso notar que certos lugares não são designados pelos nomes que trazem ao tempo de Moisés, mas por outros que lhes foram dados mais tarde. Assim, dizem-nos que Abraão perseguiu os inimigos "até Dan" (*Gênesis* 14, 14); esse nome, a cidade só o recebeu muito tempo depois da morte de Josué (ver *Juízes* 18, 29). Por vezes, os relatos se prolongam para além do tempo em que viveu Moisés. No *Êxodo* (16, 35), conta-se que os filhos de Israel comeram o maná durante quarenta anos, até que tivessem chegado a uma terra habitada na fronteira de Canaã, quer dizer, até o momento do qual fala o livro de *Josué* (5, 10). O mesmo no *Gênesis* (36, 31), que nos diz: "tais são os reis que reinaram sobre Edom, antes que um rei reinasse sobre os filhos de Israel". O historiador fala, sem dúvida, dos reis que tiveram os idumeneus, antes que Davi os submetesse* e postasse guarnições na Idumeia (ver *Samuel II*, 8, 14).

5: Por todas essas observações, aparece mais claramente do que a luz do dia que o *Pentateuco* não foi escrito por Moisés, mas por um outro que viveu muitos séculos após. Mas, se vós o quereis, consideremos mais atentamente os livros que o próprio Moisés escreveu e que estão citados no *Pentateuco*. O *Êxodo* estabelece primeiramente (17, 14) que Moisés escreveu, por ordem de Deus, a guerra contra Amalec. Esse mesmo capítulo não nos diz que livro, mas em *Números* (21, 14) se encontra citado um *Livro das Guerras de Deus*, que certamente continha o relato da guerra contra Amalec e, além disso, todos os trabalhos de acantonamento que Moisés expôs por escrito (e que o autor do *Pentateuco* atesta em *Números* 33, 2). Um outro livro, segundo o *Êxodo* (24, 4-7) chamava-se o *Livro do Pacto*[11], e era lido em presença dos israelitas quando haviam concluído um pacto com Deus. Esse livro, ou epístola, continha, aliás, poucas coisas, somente as leis ou mandamentos de Deus que estão enunciados no *Êxodo*, do capítulo 20, versículo 22, até o capítulo 24. Ninguém negará ler o capítulo acima citado com um pouco de bom discernimento e sem parcialidade. Com efeito, ali nos contam que tão logo Moisés teve conhecimento da

---

* Ver Apêndice, nota 10.

11. A palavra *sefer*, em hebraico, designa com mais frequência uma epístola ou um papel. (B. de S.)

opinião do povo a respeito do pacto a ser concluído com Deus, à luz da manhã, e após o encerramento de certas cerimônias, leu diante da assembleia geral as condições do pacto. Após a leitura e, sem dúvida, após a multidão ter apreendido suas condições, o povo empenhou-se com pleno consentimento. Tendo em vista a brevidade do tempo empregado para escrevê-lo e do pacto a ser concluído, é preciso que esse livro nada contivesse a mais do que eu disse há pouco. Por fim, está estabelecido que, durante os quarenta anos após a saída do Egito, Moisés explicou todas as leis que havia feito (ver *Deuteronômio* 1, 5), fez o povo retomar o compromisso de manter-se submisso a elas (*Deuteronômio* 29, 14) e, por fim, escreveu um livro que continha essas leis, explicando o novo pacto (*Deuteronômio* 31, 9). Esse livro foi chamado de *Livro da Lei de Deus* e, mais tarde, Josué o aumentou com a narração do pacto pelo qual novamente o povo se comprometeu, tendo sido o terceiro concluído com Deus (*Josué* 24, 25-26). Não havendo qualquer livro que contenha ao mesmo tempo o pacto de Moisés e o de Josué, é preciso concordar necessariamente que tal livro desapareceu, ou seria necessário desarrazoar, juntamente com o comentarista caldeu Jonas, e arruinar, a seu bel-prazer, as palavras da Escritura. De fato, esse tradutor, atormentado com a dificuldade, preferiu corromper a Escritura a confessar sua ignorância. Suas palavras do livro de *Josué* (24, 26), "e Josué escreveu essas palavras no livro da lei de Deus", ele as traduziu assim em caldeu: "e Josué escreveu essas palavras e as conservou com o livro da lei de Deus". O que fazer com aqueles que nada veem a não ser o que lhes agrada? Pergunto: é outra coisa negar a Escritura e forjar uma outra, de sua invenção? Assim, concluímos que esse livro da lei de Deus, que Moisés escreveu, não era o *Pentauteco*, mas um livro inteiramente diferente, que o autor do *Pentateuco* inseriu em sua obra no lugar desejado. E isso transparece com evidência tanto do que precede quanto do que vem a seguir. Quando, na passagem já citada do *Deuteronômio*, nos contam que Moisés escreveu o livro da lei, o historiador acrescenta que

Moisés o enviou aos sacerdotes e que, em seguida, ordenou-lhes que o lessem perante o povo em momentos fixados; isso mostra que esse livro era muito menos extenso do que o *Pentateuco*, pois que podia ser lido por inteiro em uma assembleia, e de tal maneira que todos o compreendessem. Não se deve omitir que, de todos os livros escritos por Moisés, ele ordenou conservar religiosamente e guardar com cuidado apenas o livro do segundo pacto e o cântico (que escreveu mais tarde para o aprendizado de todo o povo). Com efeito, pelo primeiro pacto somente os que viviam à época estavam compromissados, empenhando o segundo também à posteridade (*Deuteronômio* 29); eis por que ele ordenou que o livro do segundo pacto fosse religiosamente conservado para os séculos futuros e, além disso, como dissemos, o cântico, que diz respeito essencialmente aos séculos vindouros. Depois, como não está estabelecido que Moisés tenha escrito outros livros além desses e só tenha mandado preservar religiosamente para a posteridade o livro da lei e o cântico, e que muitas passagens encontradas no *Pentateuco* não podem ter sido escritas por Moisés, ninguém tem bases para afirmar que Moisés é o autor do *Pentateuco*, mas, ao contrário, essa atribuição vê-se desmentida pela razão.

6: Talvez me perguntem se Moisés, além dessas duas peças, escreveu também leis quando da primeira revelação que lhe foi feita. Quer dizer, se no espaço de quarenta anos não pôs por escrito algumas leis, além do pequeno número que eu disse estar contido no livro do primeiro pacto. Respondo: mesmo se, conforme à razão, eu concordasse que parece ter Moisés escrito as leis no mesmo momento e no lugar em que a comunicação lhe foi feita, nego, todavia, que nos seja permitido afirmá-lo por esse motivo. Com efeito, demonstramos acima que não nos bastaria admitir nada em casos semelhantes, senão aquilo que está estabelecido pela própria Escritura ou que se extraia de seus fundamentos com legítima consequência, não sendo a conformidade com a razão uma prova. Adiciono que a razão não nos obriga a tal concessão. Talvez o senado de Moisés

TRATADO TEOLÓGICO-POLÍTICO

comunicasse ao povo, por escrito, as leis que ele editava, e que mais tarde o historiador as recolhesse e as inserisse, em seu lugar, na história da vida de Moisés. Eis o que concerne aos cinco livros de Moisés. Agora, é preciso examinar os demais.

7: Por razões similares, provar-se-á que o livro de *Josué* não é dele. É um outro que restitui a Josué esse testemunho de que seu renome estendeu-se por toda a terra (6, 27), que ele nada omitiu do que Moisés havia prescrito (último versículo do capítulo 7 e no 9, 15) que, tornado velho, chamou todos à assembleia e, enfim, terminou sua vida. Além do mais, o relato se estende a certos fatos ocorridos após sua morte; em particular, ele diz que, após sua morte, os israelitas honraram a Deus enquanto viveram os velhos que o haviam conhecido. E no capítulo 16, versículo 10, que "eles (Efraim e Manassés) não expulsaram o cananeu habitante de Gazer, mas (acrescenta) o cananeu viveu entre Efraim até esse dia e foi-lhe tributário". Esse relato é o mesmo que se encontra no livro dos *Juízes* (capítulo 1) e essa maneira de falar até então bem mostra que aquele que escreveu fala de uma coisa bem antiga. Muito semelhante a esse texto é o de *Josué* capítulo 15, último versículo, relativo ao filho de Judá e à história de Caleb nos versículos 14 e seguintes. E também o caso relatado em *Josué* no capítulo 22, versículos 10 e 19, das duas tribos e meia que ergueram um altar além do Jordão, parece se ter produzido após a morte de Josué, considerando que em toda a história não se lhe faz menção. Somente o povo delibera a respeito da guerra, envia deputados, aguarda a resposta e, por fim, dá sua aprovação. Por fim, ainda no livro de *Josué* capítulo 10, versículo 14, segue-se evidentemente que esse livro foi escrito muitos séculos após Josué. Ele contém este depoimento: "nenhum outro dia jamais foi tal como esse, nem antes nem depois, quando Deus obedeceu a quem este tenha sido". Se, portanto, Josué jamais escreveu um livro, foi certamente aquele que é citado nessa mesma história no capítulo 10, versículo 13.

8: Quanto ao livro dos *Juízes*, penso que ninguém de mente sã possa se persuadir de que tenha sido escrito pelos próprios juízes. Pois o epílogo de toda a história que está no capítulo 2 mostra claramente que foi redigido por um só historiador. De outro lado, seu autor, ao repetir com frequência que em seu tempo não havia rei em Israel, não deixa dúvida de que foi escrito somente após os reis terem ocupado o poder.

9: Quanto aos livros de Samuel, não há razão para neles se demorar, já que a história se prolonga bem depois de sua vida. Porém, quero fazer observar que foram escritos séculos depois de Samuel. Com efeito, no livro I, capítulo 9, versículo 9, o historiador faz essa advertência em parêntese – "antigamente se dizia, quando se ia consultar a Deus: vamos ao vidente, pois então se chamava vidente aquele que hoje se chama profeta".

10: Enfim, os livros dos *Reis*, como está estabelecido por eles mesmos, são retirados dos livros do governo de Salomão (*I Reis* 11, 41), das crônicas dos reis de Judá (*I Reis* 14, 19-24) e das *Crônicas dos Reis de Israel*.

11: Concluamos que todos os livros passados em revista até o momento foram escritos por outros e não por aqueles de que trazem o nome, e que os relatos que contêm se referem a coisas antigas. Agora, se tivermos em vista o encadeamento e o conteúdo de todos eles, nos será fácil inferir que foram todos escritos por um só e mesmo historiador, quem desejou narrar a história antiga dos judeus desde sua primeira origem até a primeira devastação da cidade. Tais livros, com efeito, se encadeiam de tal maneira que só por isso se pode saber que eles contêm o relato de um só homem. Tão logo acaba de contar a vida de Moisés, assim passa à história de *Josué*: "e aconteceu depois da morte de Moisés, servidor de Deus, que Deus disse a Josué" etc. Quando termina de contar a morte de Josué, ele passa da mesma maneira à história dos *Juízes* e a reúne à precedente: "e aconteceu que após a morte de Josué os filhos de Israel pediram a Deus" etc. A esses livros dos *Juízes* ele reata em apêndice o de *Rute*, desta forma: "e nesses dias em que os juízes julgavam, aconteceu de haver uma grande fome nesta terra". Ao livro de *Rute* ele liga o primeiro de *Samuel* e, quando este está terminado, passa ao segundo do mesmo modo.

TRATADO TEOLÓGICO-POLÍTICO

Também o conjunto do texto e a ordem na qual se sucedem os relatos fazem pensar haver um só historiador, visando um fim bem determinado. Ele começa por contar a primeira origem da nação hebraica e diz em seguida, ordenadamente, em que ocasião e em que momentos Moisés estabeleceu as leis e fez numerosas predicações aos hebreus; depois, como eles conquistaram a terra prometida, conforme a predição de Moisés (*Deuteronômio* 7) e, depois de conquistada, como abandonaram as leis (*Deuteronômio* 31, 16), do que resultaram muitos males (mesmo capítulo, versículo 17). Em seguida, como quiseram eleger os reis (17, 14), tendo sido prósperos ou infelizes conforme observaram as leis ou não lhes tiveram cuidado (28, versículos 36 e último), até a ruína do Estado, que ocorreu como Moisés predisse. Quanto ao resto, que não pode servir para a confirmação da lei, ou passa inteiramente em silêncio, ou reenvia o leitor a outros historiadores. Todos esses livros inspiram-se de um mesmo pensamento e tendem a um só fim, que é o de ensinar a lei editada por Moisés e demonstrá-la por meio dos eventos.

12: Considerando em conjunto essas três características, a simplicidade do intento de todos os livros, sua correlação e sua composição posterior a muitos séculos das coisas relatadas, concluímos, como o dissemos, que foram escritos por um só historiador. Quem foi, não posso demonstrá-lo com evidência; desconfio, no entanto, que foi Esdras, e minha conjectura se apoia em algumas razões sérias. Com efeito, dado que o historiador (que já sabemos ser único) prolonga seu relato até a liberação de Joaquim e adiciona, ele é quem relata, que esteve sentado toda a sua vida à mesa do rei (isto é, à de Joaquim ou à de Nabucodonosor, pois o sentido é ambíguo), não pode ter sido anterior a Esdras. Mas a Escritura não faz menção a ninguém que então floresceu, pondo-se à parte o testemunho dado unicamente a Esdras (ver *Esdras* 7, 10), que se aplicava com ardor à investigação e à exposição da Lei de Deus e era um escriba bastante hábil (mesmo capítulo, versículo 6) na Lei de Moisés. À exceção de Esdras, não se vê ninguém de quem se possa suspeitar ser o autor dos livros. Em segundo lugar, encontramos em Esdras um testemunho segundo o qual ele teria se dedicado zelosamente não apenas à procura da lei de Deus, mas também a expô-la; e em *Neemias* (8, 9) é dito que "eles (esses homens) leram o livro da lei de Deus explicada e nele aplicaram seu entendimento e compreenderam a Escritura". Ora, o livro do *Deuteronômio* contém não só a Lei de Moisés, ao menos em grande parte, mas também muitas explicações que ali se acresceram; por conseguinte, conjecturo que esse livro do *Deuteronômio* é o livro da Lei de Deus escrito por Esdras, contendo a exposição e a explicação da Lei, lida por aqueles de quem fala Neemias. Que, aliás, nesse livro do *Deuteronômio* foram inseridas muitas explicações, nós o mostramos pelos dois exemplos que explicam o pensamento de Aben Ezra. Muitos outros devem ser notados no *Deuteronômio*, assim como o capítulo 2, versículo 12: "e em Seir habitavam antigamente os horreenos; mas os filhos de Esaú os expulsaram e os fizeram desaparecer de sua vista e habitaram em seu lugar, como fez Israel na terra da herança dada por Deus". Trata-se de explicar os versículos 3 e 4, nos quais se diz que os filhos de Esaú não foram os primeiros habitantes da montanha de Seir, mas a conquistaram dos primeiros ocupantes, os horreenos, aos quais puseram em fuga e destruíram, como os israelitas fizeram com os cananeus após a morte de Moisés. Os versículos 6, 7, 8 e 9 do capítulo 10 são também adições introduzidas no texto da lei de Moisés. Com efeito, não há ninguém que não veja que o versículo 8, que começa assim: "naquele tempo Deus separou a tribo de Levi", se relaciona necessariamente com o versículo 5, não com a morte de Aarão, e que a única razão que teve Esdras de falar aqui dessa morte é que Moisés havia dito na história do bezerro de ouro adorado pelo povo (9, 20) que ele havia orado a Deus para Aarão. Esdras explica, em seguida, que Deus, ao tempo em que fala Moisés nessa passagem, elegeu por si mesmo a tribo de Levi, de modo a mostrar a causa dessa eleição, e por que os levitas não tiveram parte na herança. Após o que, ele retoma o fio da Escritura com as palavras de Moisés. Juntai a isso o prefácio do livro e todas as passagens falando de Moisés na terceira pessoa, sem contar muitas outras adições e modificações do texto que podemos discernir e que foram feitas, sem dúvida, para facilitar a percepção das coisas às pessoas de seu tempo. Se tivéssemos mesmo o livro de Moisés, encontraríamos sem dúvida grandes divergências, tanto na expressão quanto na ordem dos preceitos e das provas dadas em seu apoio. De fato, quando comparo apenas o decálogo do *Deuteronômio* com o decálogo do *Êxodo* (onde sua história está expressamente relatada), vejo que há divergências sob todos os pontos de vista; não só o quarto mandamento não está formulado da mesma maneira, como é enunciado de maneira muito mais longa; a razão dada é inteiramente diferente daquela oferecida pelo *Êxodo*. Enfim, a ordem na qual o décimo mandamento é formulado é outra da que está no *Êxodo*. Como o disse, portanto, Esdras fez todas essas mudanças, tanto ali como em outros lugares, porque explicou a Lei de Deus a seus contemporâneos e, por consequência, ali está o livro da Lei de Deus, exposto e por ele explicado. E penso que esse livro foi o primeiro de todos aqueles que eu disse que ele havia escrito. Assim conjecturo porque esse livro contém as Leis da Nação, das quais o povo tem necessidade, e também porque ele não se vincula ao precedente, como todos os outros, mas começa de modo absoluto: "eis quão são as palavras de Moisés". Após ter completado o livro e ensinado as leis ao povo, creio que ele se dedicou a contar a história inteira da nação aos hebreus depois da criação do mundo e até a suprema devastação da cidade; e nessa história inseriu o livro do *Deuteronômio* em seu lugar. E talvez tenha chamado os cinco primeiros livros com o nome de *Moisés* porque é sobretudo sua vida que forma seu conteúdo e toma o nome do personagem principal. Por essa mesma razão ele chamou o sexto com o nome de *Josué*, o sétimo de *Juízes*, o oitavo com o de *Rute*, o nono e talvez o décimo com o nome de *Samuel*, o undécimo e o duodécimo com o nome de *Reis*.

No que diz respeito a se saber se Esdras deu a última demão nessa obra e a completou, como desejava, reenvio esse ponto ao próximo capítulo.

CAPÍTULO IX

Mais indagações sobre tais livros, a saber, se Esdras
lhes deu a revisão final, e se as notas marginais
que se encontram nos códices hebreus são leituras variantes

1: Para a perfeita compreensão desses livros, a investigação empreendida no capítulo precedente sobre seu verdadeiro autor deve ser feita com a máxima segurança; é o que ressalta facilmente das próprias passagens que citamos para confirmar nossa maneira de ver e que, sem ela, deveriam parecer a todos muito obscuras. No entanto, há nesses livros outros assuntos de nota aos quais a superstição comum não permite ao vulgo prestar atenção. O principal é que Esdras (a quem tenho pelo verdadeiro autor há tanto tempo que outro não me faria conhecer com mais certeza) não deu a última demão nos relatos contidos nos livros e outra coisa não fez senão reunir as narrações tomadas a diversos escritores, limitando-se, às vezes, a copiá-las e, assim, as transmitir para a posteridade sem as haver examinado nem posto em ordem. Que causas o impediram de completar esse trabalho, depositando nele todos os seus cuidados, é o que não posso conjecturar (a menos que seja uma morte prematura). Mas o fato em si, apesar da perda do que os antigos historiadores haviam escrito, está estabelecido com a maior evidência pelo pequeno número de fragmentos de que dispomos.

2: Assim, a história de Ezequias, a partir do versículo 17 do capítulo 18 de *II Reis* é uma cópia da relação de Isaías, tal como se encontra transcrita nas *Crônicas dos Reis de Judá*. Com efeito, lemos no livro de *Isaías*, que estava contido nas *Crônicas* (ver 2 *Crônicas*, 32, penúltimo versículo), toda essa história nos mesmos termos que no livro dos *Reis*, com raras exceções*; e dessas exceções nada podemos concluir, salvo que puderam ser encontradas lições diferentes do relato de Isaías; a não ser que se prefira sonhar com mistérios a esse respeito. Em segundo lugar, o último capítulo desse mesmo livro dos *Reis* está contido no último capítulo de *Jeremias*, versículos 39 e 40. Além do mais, encontramos o capítulo 7 do livro II de *Samuel* reproduzido no livro I das *Crônicas* (17); todavia, as palavras variam, em diversas passagens**, de modo bastante surpreendente para que se reconheça que ambos os capítulos foram tomados de dois exemplares diferentes da história de Nathan. Enfim, a genealogia dos reis da Idumeia, que se encontra no *Gênesis* (36, a partir do versículo 31) está exposta nos mesmos termos no livro I das *Crônicas* (1), ao passo que o autor deste último livro tomou seu relato, com certeza, em outros historiadores que não nos doze livros por nós atribuídos a Esdras. Não é, pois, duvidoso que, se tivéssemos os historiadores, a coisa seria fácil de constatar; mas como eles nos faltam, só nos resta examinar os próprios relatos, sua ordem e encadeamento, a maneira como se repetem com variantes e, enfim, sua divergência no cômputo dos anos. Isso nos permitirá julgar o resto. Tomemos, pois, esses relatos, ou ao menos os principais, e os sopesemos.

3: E, em primeiro lugar, essa história de Judá e de Tamar, que o narrador começa assim a relatar no *Gênesis* (38): "aconteceu nesses tempos que Judá afastou-se de seus irmãos". Essa indicação de tempo deve, evidentemente, referir-se a um outro***

---

* Ver Apêndice, nota 11.
** Ver Apêndice, nota 12.
*** Ver Apêndice, nota 13.

TRATADO TEOLÓGICO-POLÍTICO

a respeito do qual acaba de falar; mais precisamente, ela não pode aplicar-se ao tempo do qual se trata imediatamente antes no *Gênesis*. Com efeito, depois da primeira chegada de José no Egito, e até a partida do patriarca Jacó com toda a sua família para esse mesmo país, não podemos contar mais de 22 anos. José tinha dezessete anos quando foi vendido por seus irmãos e trinta quando o faraó o fez sair da prisão. Se juntarmos a esses treze anos sete anos de fertilidade e dois de fome, chegamos a 22 anos no total. Ninguém poderá conceber, entretanto, que tantas coisas tenham acontecido nesse lapso de tempo: que Judá tenha tido sucessivamente três filhos de uma única mulher que esposou; que o primogênito, quando na idade, se tenha casado com Tamar e que após sua morte Tamar tenha se casado com o segundo filho, que também morreu; que após esses dois casamentos e duas mortes Judá tenha relações com sua nora Tamar, sem saber quem era; que duas crianças, gêmeas na verdade, lhe tenham nascido, dos quais um, nesse mesmo lapso de tempo, se tenha tornado pai. Depois, considerando-se que todos esses eventos não podem relacionar-se com o tempo indicado no *Gênesis*, é preciso ligá-lo a um outro tempo, tratado em outro livro; em seguida, Esdras simplesmente transcreveu essa história e a inseriu em seu relato, sem exame.

4: Não é apenas esse capítulo, aliás, mas toda a história de José e de Jacó que se deve reconhecer ser extraída e transcrita por diversos historiadores, tanto se vê o acordo mínimo entre suas diferentes partes. No capítulo 47, o *Gênesis* conta que Jacó, quando vem saudar o faraó pela primeira vez sob a condução de José, tinha a idade de 130 anos; retiremos 22 que passou na tristeza pela perda de José, depois dezessete que tinha José quando foi vendido e, enfim, sete, durante os quais Jacó serviu Raquel, e acharemos que tinha uma idade avançada, a saber, 84, quando tomou Lia por mulher. Ao contrário, Diná tinha apenas sete anos* quando sofreu violência de Sichem; Simão e

---

* Ver Apêndice, nota 14.

Levi apenas doze e onze anos quando puseram a saque toda a cidade da qual fala o *Gênesis*, fazendo perecer todos os seus habitantes pelo gládio.

5: Não é necessário passar em revista todo o conteúdo do *Pentateuco*. Por pouco que se considere, nos cinco livros, a maneira pela qual os preceitos e os relatos se misturam, desordenadamente, a confusão dos tempos, a repetição frequente das mesmas histórias com mudanças às vezes graves, facilmente se perceberá que nos encontramos em presença de um conjunto de textos coletados para serem mais comodamente examinados e postos em ordem.

6: Isso não é verdadeiro apenas para os cinco livros, mas também para outros relatos contidos nos outros sete, até a devastação da cidade, e que foram reunidos da mesma maneira. Quem não vê que no capítulo 2 de *Juízes*, a partir do versículo 6, nos encontramos em presença de um novo historiador (que também havia escrito os altos feitos de Josué), cujas palavras são simplesmente transcritas? Com efeito, após o primeiro historiador ter contado, no primeiro capítulo de Josué, sua morte e enterro, e, no primeiro de *Juízes*, prometido narrar os acontecimentos depois de sua morte, por que razão, se tivesse querido seguir o fio de sua história, não teria reatado, ao que acabara de dizer, o relato que ele começa sobre o próprio Josué?* Da mesma maneira, os capítulos 17, 18 etc. do primeiro livro de *Samuel* são emprestados de um outro historiador que aquele cuja narração está reproduzida nos capítulos anteriores, e que dá às primeiras visitas de Davi à corte de Saul uma explicação diferente daquela do capítulo 16; com efeito, ele não crê que Saul tenha chamado Davi sob o conselho de seus servidores (como se relata no capítulo 16), mas que o pai de Davi, o tendo por acaso enviado ao campo para junto de seus irmãos, fez-se conhecido de Saul por sua vitória sobre o filisteu Golias, e foi retido na corte do rei. Suspeito que o mesmo se dá no capítulo

---

* Ver Apêndice, nota 15.

26. Quer dizer, que o historiador parece contar a mesma história do capítulo 26 conforme outra versão.

7: Deixemos, porém, o assunto. Passo ao exame do cômputo dos anos. No capítulo 6 do livro dos *Reis* é dito que Salomão construiu o templo 480 anos após a saída do Egito, ao passo que, segundo os próprios relatos, encontramos um número bem maior. Com efeito, Moisés governou o povo, no deserto, por quarenta anos; segundo a opinião de Josefo e de outros historiadores, atribuímos a Josué, que viveu 110 anos, um governo de 26; Cusã Rasataim submeteu o povo por oito; Otoniel, filho de Cenez, foi juiz por quarenta*; Eglon, rei de Moab, reinou sobre o povo por dezoito; Aod e Sangar foram juízes por trinta; Jabin, rei de Canaã, manteve o povo submetido por vinte; o povo, em seguida, teve paz por quarenta; depois, foi submetido ao Madianita durante sete; viveu em liberdade sob Gedeão por quarenta; esteve sob a soberania de Abimeleque por três; Thola, filho de Phua, foi juiz por 23; com Jair, 22; o povo foi submetido de novo aos filisteus e aos amonitas durante dezoito; Jefté foi juiz por seis; Abesan, o belemita, sete; Ahialão, o zabulonita, dez; Abdão, o faratonita, oito; nova submissão aos filisteus com duração de quarenta; Sansão foi juiz por vinte**; Eli, quarenta; nova submissão aos filisteus, antes da liberação por Samuel, vinte; Davi reinou quarenta; Salomão, antes da construção do templo, quatro. Total dos anos decorridos, 580.

8: É preciso ainda juntar os anos durante os quais a república dos hebreus prosperou após a morte de Josué, até ser vencida por Cusã Rasataim, e creio que o número foi grande. Não posso deixar de me persuadir que, logo após a morte de Josué, todos os que haviam visto tais prodígios pereceram num só momento, ou seus sucessores renunciaram às leis, repentinamente e de uma só vez, e da mais alta virtude caíram na mais extrema impotência e na pior negligência; enfim, que Cusã só teve que aparecer para submetê-los. Cada uma das etapas dessa

---

* Ver Apêndice, nota 16.
** Ver Apêndice, nota 17.

decadência requer quase a vida de um homem, de sorte que, sem dúvida alguma, a Escritura resume, no capítulo 2, versículos 7, 8 e 10 do livro dos *Juízes*, a história de muitos anos e sobre a qual nada diz. É preciso acrescentar ainda os anos durante os quais Samuel foi juiz e cujo número não é dado pela Escritura, depois os anos de reinado de Saul, que omiti no cômputo acima, pois sua história não estabelece de modo suficiente por quantos anos reinou.

9: É-nos dito no capítulo 13, versículo 1, do primeiro livro de *Samuel*, que ele reinou por dois anos. Mas esse texto está mutilado e de sua própria história se concluiria um tempo superior. Que esse texto esteja mutilado não é duvidoso a quem quer que tenha conhecimento elementar do hebraico. Ele começa assim: "Saul tinha um ano quando tornou-se rei e ele reinou dois anos em Israel". Quem não vê, pergunto eu, que esse texto omite o número de anos que tinha Saul quando tomou o poder real? A própria história de Saul nos conduz à admissão de um número maior e ninguém duvidará disso. Com efeito, no capítulo 27, versículo 7, desse mesmo livro, encontra-se que Davi permaneceu um ano e quatro meses entre os filisteus, onde foi buscar refúgio por causa de Saul. Conforme essa conta, todo o resto teria de se passar no espaço de oito meses, o que ninguém admitirá, penso eu. Josefo, no fim do terceiro livro das *Antiguidades*, assim corrige o texto: "Saul reinou, portanto, estando vivo Samuel, dezoito anos; depois de sua morte, outros dois anos". De resto, toda essa história do capítulo 13 não concorda de modo algum com o que precede. No final do capítulo 7, conta-se que os filisteus foram tão completamente vencidos pelos hebreus que, estando vivo Samuel, não mais ousaram ultrapassar as fronteiras de Israel; e nesse capítulo 13, que os hebreus (estando vivo Samuel) foram invadidos pelos filisteus e reduzidos a tal miséria e tão grande pobreza que se encontraram sem armas e sem meios de fabricá-las. Seria verdadeiramente uma tarefa bastante penosa fazer concordar entre si todas essas histórias contidas no primeiro livro de *Samuel*, de maneira que parecessem escritas e postas em ordem por um só historiador.

10: Mas volto ao meu propósito. É preciso acrescentar ao cômputo acima estabelecido os anos do reino de Saul. E enfim, não pude contar os anos que durou a anarquia dos hebreus, pois não são indicados pela Escritura. Quero dizer, não sei quanto tempo tomaram os eventos relatados depois do capítulo 17 até o fim do livro dos *Juízes*. De tudo isso segue-se, pois, muito claramente que não se pode estabelecer uma conta exata dos anos pelas próprias narrações e que seu estudo conduz não a admitir uma delas como bem estabelecida, mas a fazer diversas suposições. É preciso confessar que esses relatos são uma coleção de histórias escritas por diversos autores e reunidas antes de terem sido ordenadas e examinadas.

11: A divergência não parece ser menor no que toca à conta dos anos entre os livros das *Crônicas dos Reis de Judá* e os das *Crônicas dos Reis de Israel*. Neste último havia que Joram, filho de Acab, começou a reinar no segundo ano do reino de Joram, filho de Josafá (ver *II Reis* 1, 17), ao passo que nas *Crônicas dos Reis de Judá* havia que Joram, filho de Josafá, começou a reinar no quinto ano do reino de Joram, filho de Acab (ver 8, 16, do mesmo livro). E caso se quisesse comparar os relatos dos livros das *Crônicas* com os dos livros dos *Reis*, encontrar-se-iam divergências semelhantes, que não há necessidade de revelar aqui. Menos ainda os comentários dos autores que procuraram fazer coincidir os relatos entre si. Com efeito, os rabinos pura e simplesmente deliram. Quanto aos comentadores que li, eles sonham, forjam explicações e acabam por corromper a própria língua. Por exemplo, quando o livro *II* das *Crônicas* diz: "Ocozias tinha 42 anos quando reinou", alguns imaginam que esses anos partem do reino de Amri, não do nascimento de Ocozias; se se pudesse demonstrar que foi essa a intenção do autor do livro das *Crônicas*, não hesitaria em dizer que ele não sabia falar. Da mesma maneira, eles forjam várias outras explicações que me obrigariam a dizer, se fossem verdade, que os antigos hebreus ignoraram completamente sua própria língua e qualquer espécie de ordem no relato, reconhecendo-se que não há raciocínio possível nem regra a seguir na interpretação da Escritura, e que é permitido tudo forjar a seu bel-prazer.

12: No entanto, caso se pense que falo aqui de uma forma muito geral e sem fundamento suficiente, peço que se dê ao trabalho de nos mostrar uma certa ordem nos relatos, uma ordem que os historiadores, em seus trabalhos de cronologia, possam imitar sem cair em falta grave. E enquanto se procurar interpretar e conciliar os relatos, que se conservem as frases e as maneiras de dizer, de dispor e de ligar os discursos, e que se os explique de tal sorte que possamos imitá-los em nossos escritos, de acordo com essa explicação*. Inclino-me primeiramente perante aquele que realizar essa tarefa e estou pronto a ver nele um grande oráculo. Confesso que, a despeito de uma longa investigação, jamais tal pude encontrar. Acrescento mesmo que nada escrevi aqui sobre o qual não tenha longamente meditado, e embora imbuído, desde a minha infância, por opiniões comuns sobre a Escritura, foi-me impossível não concluir como o fiz. Não há razão, porém, para segurar mais tempo o leitor nesse lugar e propor-lhe, como um desafio, uma tarefa impossível. Fui levado apenas a dizer que seria uma tarefa para explicar mais claramente meu pensamento. Passo agora às demais observações que tenho a fazer sobre a fortuna desses livros.

13: De fato, é preciso notar que, após nos terem sido explicadas suas proveniências, esses livros não foram conservados com diligência pela posteridade para que nenhum erro neles se introduzisse; os escribas antigos observaram ali várias lições duvidosas e, mais do que isso, algumas passagens mutiladas, sem, no entanto, percebê-las todas. Se esses erros e omissões têm uma importância grande o suficiente para entravar o leitor, não discutirei esse ponto. Acredito, com efeito, que eles têm

---

* Ver Apêndice, nota 18.

pouca gravidade, ao menos para um leitor de juízo livre. O que posso afirmar com segurança é que não observei nenhum erro, nenhuma diferença de lição nos textos relativos aos ensinamentos morais que os possam tornar obscuros ou duvidosos. Porém, a maior parte dos intérpretes não concorda que se tenha produzido qualquer deformação do texto, mesmo em outras partes. Eles admitem que, por uma providência singular, Deus preservou a *Bíblia* inteira de toda corrupção. Para eles, as lições diferentes são sinais de profundos mistérios; eles discutem a respeito de asteriscos, em número de 28, que se encontram no meio de um parágrafo; até mesmo o desenho das letras lhes parece conter grandes segredos. É isso efeito de uma desrazão e de uma piedade de velha devota? Não é antes por arrogância e malícia que disseram isso, para que se acredite serem eles os únicos depositários dos segredos de Deus? Não sei. O que sei é que nunca encontrei nada que não cheirasse a mistério em seus livros; não vi senão puerilidades laboriosas. Li também alguns cabalistas e tomei conhecimento de suas bobagens e fiquei confuso com sua demência.

14: Que, além do mais, como dissemos, introduziram-se erros nos livros, ninguém que julgue de modo são duvidará disso ao ler o texto sobre Saul (que já citamos, segundo o livro I de *Samuel* 13, 1) e também o versículo 2, capítulo 6 de Samuel II: "e Davi levantou-se e foi com todo o povo de Judá que estava consigo para levar a arca de Deus". Não há ninguém que não possa ver que o lugar para onde ele se dirigiu para retirar a arca, quer dizer, Quiriate Jeharim (Cariat-Iarim)[12]*, não está designado. Também não podemos negar que o versículo 37, capítulo 13, de *Samuel* II tenha sido alterado e mutilado, sendo o texto:

---

12. Cariatiarim é também chamada *Bahgal Juda*, o que permitiu a Kimhi e a outros supor que as palavras *Bahgale Juda*, que traduzi por *do povo de Judá*, eram o nome da cidade; eles se enganam, considerando que a palavra *Bahgale* está no plural. Mais ainda, se comparamos esse texto de *Samuel* com o das *Crônicas* I, ver-se-á que Davi não se levantou para partir de Bahgal, mas para ir ali. Se o autor do livro de *Samuel* quisesse indicar o lugar de onde Davi levou a arca, teria dito em hebraico: "e Davi se levantou e partiu" etc., "de Bahgal Juda e de lá levou a arca de Deus". (B. de S.)

* Ver Apêndice, nota 19.

"e Absalão fugiu e foi para junto de Tolmai, filho de Ammiud e rei de Gessur, e ele chorou seu filho durante todas as noites desses dias e Absalão fugiu e foi a Gessur e ali permaneceu três anos"*. E sei ter notado em outra ocasião outras passagens do mesmo gênero, que no momento não me vêm.

15: Para as notas marginais que se encontram aqui e ali nos livros hebraicos, não se pode hesitar em crer que sejam de lições duvidosas, considerando-se que a grande maioria tem por origem a grande semelhança das letras em hebraico, em particular do *Kaf* e do *Bet*, do *Yod* e do *Vav*, do *Dalet* e do *Resch* etc. Por exemplo, está escrito "no (tempo) em que ouvirás" e, à margem, pela mudança de uma letra, "quando ouvires". No capítulo dois do livro dos *Juízes*, versículo 22, o texto é: "e quando seus pais e seus irmãos vierem junto a nós em multidão" (isto é, com frequência) e, à margem, com a mudança de uma letra, há "para discutir", em lugar de "em multidão". Da mesma maneira, um grande número de lições duvidosas veio do uso das letras que se chamam letras de pausa, que muitas vezes quase não se pronunciam e que se confundem uma com outra. Por exemplo, no *Levítico* (25, 30), o texto é: "e será possuída duravelmente a casa que está em uma cidade na qual não há muro", e, à margem, "na qual há um muro" etc.

16: Embora essas observações sejam bastante claras por si mesmas, parece-me bom responder aos argumentos de um certo número de fariseus que tentam provar que essas notas marginais foram juntadas pelos próprios autores dos livros sagrados, ou por suas indicações, para que significassem coisas misteriosas. O primeiro desses argumentos, que pouco me toca, é retirado da leitura seguida da *Bíblia*: se, dizem eles, essas notas foram postas à margem pela diversidade das lições, entre as quais a posteridade não pôde escolher, por que o uso estabelecido é o de se manter sempre o sentido marginal? Por que foi anotado à margem o sentido que se queria reter? Ao contrário,

---

* Ver Apêndice, nota 20.

não se deveria escrever o texto como se quisesse que fosse lido, em vez de anotar à margem o verdadeiro sentido e a lição julgada boa? O segundo argumento, que parece ter alguma aparência de sério, é tirado da própria natureza das coisas: erros de transcrição se insinuam nos manuscritos, dizem eles, por acaso, e não porque expressamente se fez; e como se trata de erros involuntários, devem ser variados. Ora, nos cinco livros, salvo em uma só passagem, a palavra hebraica que significa filha está escrita sem a letra *He*, contrariamente à regra da gramática, enquanto, à margem, está corretamente escrita, conforme a regra geral. Isso pode ter ocorrido pelo fato da mão se ter enganado ao copiar? Por que fatalidade pôde acontecer da pluma do escriba ser invariavelmente muito rápida todas as vezes em que encontrou essa palavra? Poder-se-ia depois, facilmente e sem escrúpulo, suplementar a letra faltante e corrigir o erro para satisfazer a gramática. Portanto, como essas lições não são devidas ao acaso e não se quis corrigir erros tão manifestos, é preciso admitir que as palavras foram escritas propositadamente pelos primeiros autores, como estão nos manuscritos, para significar alguma coisa.

17: Podemos, no entanto, responder facilmente: o primeiro argumento provém, com efeito, do uso que está em vigor entre os fariseus e nele não me detenho. Não sei até aonde a superstição pôde ter ido, e talvez esse uso tenha vindo de se crer que uma e outra lição fossem igualmente boas e aceitáveis e, por conseguinte, para não perder nem uma nem outra, se quis que uma se mantivesse como texto escrito, enquanto a outra seria de uso da leitura. Eles temiam se pronunciar sobre um assunto tão grave e tomar a lição falsa pela verdadeira, e assim não quiseram dar preferência a nenhuma das duas, o que teriam de fazer necessariamente se houvessem decidido escrever e ler de uma só maneira. Tanto mais que, nos exemplos destinados ao culto, não há notas marginais. Ou talvez o uso tenha vindo do fato de se querer que certas palavras, embora transcritas corretamente, fossem lidas de outro modo, quer dizer, conforme a lição anotada à margem. Assim se estabeleceu o uso universal de se ler a *Bíblia* seguindo-se as notas marginais.

18: Quanto aos motivos que tiveram os escribas para escrever à margem certas palavras expressamente destinadas a serem lidas, farei conhecê-los: todas as notas marginais não são lições duvidosas; há também as que corrigem os modos de dizer fora de uso; assim entendo as palavras caídas em desuso e aquelas que os bons costumes não permitem mais empregar. Com efeito, os autores antigos, que não possuíam malícia, nomeavam as coisas em seus próprios termos, sem os circunlóquios usados nas cortes; mais tarde, quando reinaram o luxo e o mau espírito, se começou a considerar obscenas as coisas que os antigos diziam sem obscenidade. Não era necessário por esse motivo modificar a própria Escritura. Todavia, considerando a debilidade de espírito da multidão, introduziu-se o hábito de substituir, para a leitura pública, as palavras designativas do coito e dos excrementos por termos mais convenientes, aqueles que se encontram justamente à margem. Enfim, qual tinha sido a razão pela qual o uso se estabeleceu de ler e interpretar as Escrituras conforme as notas marginais; ao menos essa razão não é que a interpretação verdadeira seja necessariamente aquela que se segue das notas. Além do que, os próprios rabinos, frequentemente, se afastam do texto massorético, havendo outras lições por eles julgadas melhores, como logo o mostrarei. Encontra-se nas margens um certo número de variantes que parecem concordar pior do que o texto com o uso da língua. Por exemplo, no livro II de *Samuel* (14, 22), o texto é: "porque o rei agiu conforme o aviso de seu servidor", construção perfeitamente regular e de acordo com o versículo 15 do mesmo capítulo; à margem, há: "de teu servidor", o que não combina com o verbo na terceira pessoa. O mesmo ainda no último versículo do capítulo 16 desse mesmo livro, cujo texto é: "como quando se consulta (quer dizer, ele é consultado) a palavra de Deus"; à margem se acrescenta a palavra *alguém*, como sujeito do verbo. Essa adição não parece justificar-se,

TRATADO TEOLÓGICO-POLÍTICO

sendo uso comum da língua empregar verbos impessoais na terceira pessoa do singular ativo, como o sabem muito bem os gramáticos. E assim se encontram muitas notas que, de modo algum, podem ser preferidas à lição do texto.

19: No que se refere ao segundo argumento dos fariseus, a resposta, depois do que vimos, é igualmente fácil. Acabamos de dizer que os escribas, além das lições duvidosas, anotaram também as palavras caídas em desuso. Não é duvidoso que na língua hebraica, tanto quanto em outras, muitas palavras se tornaram desusadas e envelheceram; dentre essas, encontravam-se na *Bíblia* as que foram anotadas pelos últimos escribas para que a leitura pública se fizesse conforme o uso de seu tempo. Se a palavra *na'ar* está anotada em vários lugares, é porque era antigamente comum de dois gêneros e tinha o mesmo significado que o latim *juvenis*. Da mesma forma, a capital dos hebreus chamava-se antigamente *Jerusalém*, e não *Jerusalaim*. Diria o mesmo do pronome que significa *ele mesmo* e *ela mesma*, que um costume fez introduzir e substituir o *Vav* por um *Yod* (mudança frequente em hebraico) para designar o gênero feminino, ao passo que, mais antigamente, tinha-se o hábito de distinguir o feminino do masculino só por sinais vocálicos[13]. Enfim, e da mesma maneira, as formas irregulares dos verbos variaram de uma época para outra, e os antigos, em busca de uma elegância própria a seu tempo, empregaram letras paragógicas *He, Alef, Mem, Nun, Tet, Yod* e *Vav*. Poderia dar vários exemplos, mas não quero retardar nem aborrecer o leitor. Perguntam-me de onde o sei? Respondo que o observei com frequência nos autores mais antigos, quer dizer, na *Bíblia*, enquanto os mais recentes não quiseram seguir o costume. E é a única razão pela qual, nas demais línguas, mesmo já mortas, encontram-se palavras caídas em desuso.

---

13. Lembramos o leitor que o *J* em latim deve ser lido como *I*; quanto ao pronome pessoal de terceira pessoa singular do caso reto (הוא / היא), ele tanto pode significar *ele/ela*, como ter a leitura que lhe dá Spinoza.

20: Mas talvez se insista; como eu admito que a maior parte das notas marginais são de lições duvidosas, por que não há nunca, para cada passagem, mais do que duas lições? Por que não três, às vezes, ou mesmo mais? Ser-me-á objetado que o texto é, por vezes, manifestamente contrário às regras da gramática, enquanto a lição dada à margem é correta, se bem que só mediocremente se possa crer que os escribas tenham podido se deter, hesitando entre duas lições. É fácil de se responder. E de início, quanto ao primeiro argumento, oponho-me a que certas lições tenham sido rejeitadas e outras escolhidas, sem que os nossos manuscritos nô-las façam conhecer todas. No *Talmud*, com efeito, encontram-se variantes negligenciadas pelos massoréticos, e o desvio em muitas passagens é tão manifesto entre os dois textos que o corretor supersticioso da *Bíblia* de Bomberg foi ele mesmo obrigado a reconhecer que não sabia como conciliá-los: "a única resposta que podemos dar aqui", diz ele, "é aquela que já demos, a saber, que o uso do *Talmud* contradiz os massoréticos". Não estamos, portanto, bem fundamentados para admitir que jamais tenha havido mais de duas lições para uma passagem. Mas concordo de bom grado, sendo esse meu próprio sentimento, que jamais se encontraram mais de duas lições para uma passagem, e isso por duas razões. Primeira: a origem das alterações do texto, tal como a fizemos conhecer, não permite haver mais do que duas lições, pois que têm por causa, com mais frequência, a semelhança de certas letras. A dúvida estaria, pois, quase sempre em saber qual das duas letras mais comumente empregadas seria preciso escrever – um *Bet* ou um *Kaf*, um *Yod* ou um *Vav*, um *Dalet* ou um *Resch* etc. E poderia ocorrer não poucas vezes que uma e outra dessem um sentido aceitável. Além disso, poder-se-ia perguntar se uma sílaba era longa ou breve, a quantidade dependendo daquelas letras que nós chamamos de pausa e, enfim, nem todas as anotações se referem a lições duvidosas; muitas, dissemos, foram inspiradas por um motivo de conveniência ou explicam um termo caído em desuso ou envelhecido. Minha segunda razão é que os escribas não tiveram em mãos senão um pequeno número de originais, talvez não mais de dois ou três. No Tratados dos Escribas (capítulo VI), não se faz menção a não ser a dois que, por ficção, fizeram remontar ao tempo de Esdras, pois se pretendia que as notas fossem das mãos de Esdras. Como quer que seja, se houvesse três exemplares originais, poderíamos conceber sem dificuldade que dois estariam sempre de acordo sobre uma mesma passagem. Seria verdadeiramente extraordinário se, para uma só passagem, em três originais se encontrassem três lições diferentes. Depois de Esdras, que fatalidade aconteceu para que se tivesse uma tal penúria de exemplares originais? Não se estará menos surpreso se se quiser ler apenas o capítulo 1 do livro I dos *Macabeus*, ou o capítulo 5 do livro XII das *Antiguidades* de Josefo. E parece mesmo prodigioso que após uma perseguição tão longa se tenha podido guardar esse pequeno número de exemplares. Creio que ninguém que tenha lido essa história com uma atenção apenas medíocre duvidará disso. Vemos, portanto, as causas que fizeram com que não encontremos em lugar algum mais de duas lições. Por conseguinte, falta muito para que desse número de duas lições se possa concluir que a *Bíblia*, nas passagens às quais se referem as notas, tenha sido propositadamente escrita de uma maneira falha para significar algum mistério. Agora, quanto ao segundo argumento, a saber, que o texto seja às vezes tão falho que é impossível hesitar em crer que seja contrário ao uso de todos os tempos, e que, portanto, ter-se-ia de corrigi-lo pura e simplesmente, e não colocar uma nota à margem, ele não me sensibiliza muito. Não sou obrigado a saber que respeito religioso determinou os copistas a não corrigir o texto. Talvez o tenham feito por probidade, para transmitir a *Bíblia* tal como a possuíam nesse pequeno número de originais, e quiseram anotar os desacordos dos originais não como lições duvidosas, mas como variantes. Na verdade, eu mesmo as chamei lições duvidosas porque, na maior parte das vezes, não sei qual deva ser retida de preferência.

21: Enfim, além dessas lições duvidosas, os escribas notaram (deixando um espaço em branco no meio do parágrafo) várias passagens mutiladas para as quais os massoretas dão nome: 28 passagens contendo uma lacuna. Não sei se também esse número não enfeixa um mistério a seus olhos. Os fariseus, ao menos, observam religiosamente o espaço deixado em branco. Há um exemplo (darei um) no *Gênesis* (4, 8) cujo texto é: "e Caim diz a seu irmão Abel [...] e aconteceu quando estavam nos campos que Caim" etc., e não podemos saber o que Caim havia dito a seu irmão. Há uma lacuna. Desse gênero se encontram 28 (além daquelas que já observamos) que os escribas assinalaram. No entanto, várias dentre as passagens anotadas como contendo uma lacuna não parecem mutiladas, não fosse o espaço deixado em branco. Mas basta com esse assunto.

CAPÍTULO X

*Um exame dos demais livros do Antigo Testamento
pelo mesmo método usado com os anteriores*

1: Passo às outras partes do Antigo Testamento. Quanto aos dois
livros das *Crônicas*, nada tenho a dizer de certo que valha a pena,
senão que eles devem ter sido escritos muito tempo depois de
Esdras, e talvez após a restauração do Templo por Judas Maca-
beu*. De fato, no capítulo 9 do livro I, a história conta *quais famílias habitaram Jerusalém na origem* (quer dizer, no tempo de
Esdras); mais adiante, no versículo 17, ele dá nome aos *Guardiões
de Porta*, entre os quais dois também estão indicados por *Neemias*
(11, 19). Isso mostra que esses livros foram escritos após a reedificação da cidade. De resto, não sei nada de seguro no que concerne
ao verdadeiro autor de cada um deles, sobre a autoridade que lhes
é preciso reconhecer, sua utilidade e a doutrina que expõem.
Acho até mesmo surpreendente que tenham sido admitidos
entre os livros sagrados, enquanto se rejeitaram do cânon o *Livro
da Sabedoria*, o de *Tobias* e outros que se dizem apócrifos. Minha
intenção não é, aliás, diminuir sua autoridade; como são universalmente admitidos, eu os deixo aqui de lado, tais como são.

* Ver Apêndice, nota 21.

2: Os salmos também foram recolhidos e repartidos em cinco livros após o Templo ter sido reconstruído. Segundo o testemunho de Fílon, o judeu, o salmo 88 foi publicado quando o rei Joaquim ainda estava na prisão, na Babilônia, e o salmo 89 quando já havia recobrado a liberdade. Não creio que Fílon teria dito isso se não fosse uma opinião corrente em seu tempo ou se não a houvesse conseguido de outras pessoas dignas de fé.

3: Creio que os *Provérbios* de Salomão foram reunidos na mesma época, ou ao menos no tempo do rei Josias, e isso porque, no capítulo 25, primeiro versículo, é dito: "tais são os provérbios de Salomão que os homens de Ezequias, rei de Judá, transmitiram". Não posso deixar aqui em silêncio a audácia dos rabinos que queriam excluir esse livro, ao mesmo tempo que o *Eclesiastes*, do cânon dos livros sagrados, e guardar secretos outros livros que nos faltam. Eles o teriam feito se não houvessem encontrado certas passagens em que a lei de Moisés é recomendada. Certamente se deve deplorar que as coisas sagradas, e as melhores, tenham dependido da escolha dos homens. Na verdade, sou-lhes reconhecido por nos terem querido comunicar esses livros, mas é-me impossível não perguntar se eles os transmitiram com escrupulosa fé, sem que aqui queira submeter essa questão a um severo exame.

4: Passo, portanto, aos livros dos profetas. Quando os considero, vejo que os profetas ali reunidos foram tomados de outros livros e arranjados em uma ordem que não é sempre aquela que os profetas seguiram em seus discursos ou escritos. E esses livros não contêm também todas as profecias, mas apenas aquelas que se puderam achar, aqui e ali. Portanto, esses livros são apenas fragmentos dos profetas. Com efeito, Isaías começou a profetizar sob o reinado de Osias, como o atesta seu copista no primeiro versículo, mas ele não se contentou em profetizar; escreveu todas as ações de seu rei (ver *II Crônicas* 26, 22) e não temos seu livro. Aquilo que temos, nós o mostramos, foi transcrito das *Crônicas dos Reis de Judá* e de Israel. Ajuntai que, segundo os rabinos, esse profeta também vaticinou sob o reino de Manassés, por quem, enfim, foi condenado a morrer. Embora essa história pareça ser uma fábula, ela mostra que eles não acreditaram ter completas as profecias de Isaías.

5: As profecias de Jeremias, igualmente, que estão na forma de relatos, são uma coleção de pedaços tomados de diferentes crônicas. Além do que, formam um amontoado sem ordem, no qual não se levam em conta as datas e se encontram várias versões da mesma história. No capítulo 21 de *Jeremias* indica-se a causa da primeira prisão de Jeremias: ter predito a Sedécias a devastação da cidade, quando aquele o veio consultar. Depois, o relato se interrompe e, no capítulo 22, encontra-se o discurso de Jeremias a Joaquim que reinava antes de Sedécias, e a predição do cativeiro do rei; em seguida, no capítulo 25, vem a revelação feita ao profeta anteriormente, quer dizer, no quarto ano do reinado de Joaquim. Os capítulos seguintes contêm a revelação feita no primeiro ano do reinado e continuam a amontoar os profetas sem ter em conta a ordem das datas, até que no capítulo 38 se retoma a narração iniciada no capítulo 21 (como se os quinze capítulos intermediários fechassem um parêntese). A conjunção pela qual começa o capítulo 38 se refere, com efeito, aos versículos 8, 9 e 10 do capítulo 21, e nesse lugar se acha um relato da última prisão de Jeremias, totalmente diferente daquele do capítulo 37, assim como a causa de sua longa detenção no vestíbulo prisional é repetida de outra maneira. Vê-se claramente por aí que toda essa parte do livro de *Jeremias* é uma coleção de pedaços tomados a vários historiadores e nenhuma outra razão poderia desculpar tal desordem. Quanto às demais profecias contidas em outros capítulos, nos quais Jeremias fala em primeira pessoa, elas parecem transcritas do livro que Baruc havia escrito sob o ditado do próprio Jeremias. De fato, esse livro (como estabelecido pelo capítulo 36, versículo 2) continha apenas as revelações feitas a esse profeta depois da época de Josias e até o quarto ano do reinado de Joaquim, e é nesse momento que o livro também começa. Do mesmo volume de *Baruc* parece ainda retirado o que se encontra após o capítulo 45, versículo 2, até o capítulo 51, versículo 59.

216 SPINOZA: OBRA COMPLETA III

6: No que se refere ao livro de *Ezequiel*, os primeiros versículos indicam muito claramente ser um fragmento. Quem não vê que a conjunção pela qual ele começa se liga a coisas já ditas e reata o que vai seguir-se? E não é apenas a conjunção, é todo o conjunto do texto que convida a supor uma parte faltante. A indicação da idade do profeta, que tem trinta anos quando ele começa o livro, nos mostra que não se trata de um começo na profecia, mas de uma continuação. Aquele que escreve faz ele mesmo uma observação pelo parêntese no versículo 3: "Deus havia com frequência falado a Ezequiel, filho de Buzi, sacerdote no país dos caldeus" etc., como se quisesse dizer que as palavras de Ezequiel até ali transcritas se vinculavam a outras revelações anteriores ao seu trigésimo ano. Além disso, Josefo relata, no livro x das *Antiguidades*, capítulo 7, que, segundo a predição de Ezequiel, Sedécias não devia ver a Babilônia. Ora, no livro que temos, nada se lê de semelhante; ao contrário, no capítulo 17, "diz-se" [p. ex.] que Sedécias será conduzido como cativo à Babilônia*.

7: Com relação a Oseias, não podemos dizer com segurança ter escrito mais do que há no livro posto sob seu nome. No entanto, fico surpreso de não termos nada a mais de um homem que, conforme o testemunho da Escritura, profetizou por mais de 24 anos. Ao menos sabemos, em geral, que as pessoas que escreveram os livros dos profetas não reuniram todas as profecias de todos os profetas, como também todas de cada um dos que possuímos. Assim, nada temos dos profetas que vaticinaram sob o reinado de Manassés e aos quais se faz menção em termos gerais no livro II das *Crônicas* (33, 10, 18, 19). E também não temos todas as profecias dos doze profetas da Escritura. Assim, de Jonas, apenas as profecias sobre os ninivitas estão reproduzidas, e ele havia profetizado, no entanto, para os israelitas, como se pode ver em II *Reis* 14, 25.

8: Com respeito ao livro de *Jó* e a ele próprio, houve longas discussões entre os comentadores. Há os que pensam que

---

* Ver Apêndice, nota 22.

Moisés é seu autor e que toda a história é apenas uma parábola. É o que ensinam alguns rabinos no *Talmud* e também Maimônides, em seu livro *More Nebukhim*, se pronuncia nesse sentido. Outros acreditaram ser uma história verdadeira; alguns, entre esses últimos, pensaram que Jó teria vivido ao tempo de Jacó, tendo por mulher sua filha Dina. Diferentemente, Aben Ezra, de quem falei antes, em um comentário sobre esse livro, afirma que ele foi traduzido para o hebraico de uma outra língua. Gostaria que ele o tivesse mostrado com mais evidência, pois poderíamos concluir que os gentios também tiveram livros sagrados. Deixo, portanto, esse ponto em suspenso. Imagino, porém, que Jó foi um gentio dotado de grande constância, que inicialmente prosperou, depois conheceu a pior adversidade e, mais tarde ainda, voltou a ser muito feliz. Com efeito, *Ezequiel*, no capítulo 14, versículo 14, o nomeia entre outros, e creio que essas vicissitudes e a constância de que Jó deu provas forneceram a muitos a ocasião de discutir a providência divina e, ao menos para o autor do livro, a de compor um diálogo cujo conteúdo e estilo não parecem ser o de um miserável atormentado pela doença, sob as cinzas de que está coberto, mas antes a de um homem de ócio, que se abandona à meditação em um lugar consagrado às musas. E estaria disposto a concordar com Aben Ezra que esse livro foi traduzido de outra língua porque ele lembra a poesia dos gentios: o pai dos deuses reúne duas vezes seu conselho e Momo, que aqui traz o nome de Satã, dirige as palavras de Deus com a maior liberdade etc.; mas são apenas simples conjecturas, sem solidez.

9: Passo ao livro de *Daniel*. Sem qualquer dúvida, este aqui contém o próprio texto escrito por Daniel a partir do capítulo 8. Quanto aos sete primeiros capítulos, ignoro qual pode ser a proveniência. Podemos desconfiar porque, salvo o primeiro, estão escritos em caldeu, já que tirados de suas crônicas. Se isso estivesse claramente estabelecido, seria um testemunho bastante evidente em favor da tese de que a Escritura é sagrada na medida em que por ela conhecemos as coisas que possuem significado, não na medida em que conhecemos as palavras, quer dizer, a língua e as frases pelas quais aquelas coisas se exprimem. E que, além disso, os livros de doutrina ou de história, ao oferecerem tão bons ensinamentos, em qualquer língua e nação em que sejam escritos, são igualmente sagrados. Ao menos podemos notar que esses capítulos foram escritos em caldeu e não possuem menos o mesmo caráter sagrado que os demais livros da *Bíblia*.

10: O primeiro livro de *Esdras* relaciona-se de tal maneira com o livro de *Daniel* que facilmente se reconhece serem do mesmo escritor, que continua a contar a história dos judeus depois do primeiro cativeiro. A esse livro de *Daniel* não hesito em ligar o livro de *Ester*, pois a conjunção pela qual ele começa não se vincula a nenhum outro. E não é preciso crer que esse livro de *Ester* seja o mesmo que escreveu Mardoqueu. No capítulo 9, versículos 20, 21 e 22, o autor relata, a respeito de Mardoqueu, que ele havia escrito epístolas e nos faz conhecer seu conteúdo. Em segundo lugar, no versículo 31 do mesmo capítulo, que a rainha Ester havia conduzido a celebração da festa dos Sorteios, o Purim, e seu édito está escrito no livro, isto é (dando à palavra o sentido que ela tinha em hebraico), em um livro conhecido de todos na época em que escrevia aquele que faz o relato. Ora, esse livro, reconhece Aben Ezra, e todo o mundo é obrigado a com ele reconhecer, desapareceu ao mesmo tempo que os outros. Enfim, para outras informações sobre Mardoqueu, a história reenvia às *Crônicas dos Reis da Pérsia*. Não é, pois, preciso duvidar que esse livro seja do mesmo historiador que escreveu a história de *Daniel* e a de *Esdras*; e também o livro de *Neemias**, pois é também chamado o segundo de *Esdras*. Esses quatro livros, portanto, *Daniel*, *Esdras*, *Ester* e *Neemias* foram escritos, nós o afirmamos, pelo mesmo historiador; quanto a saber quem era, nem mesmo desconfio. No entanto, para saber de onde era o autor, quem tenha

---

* Ver Apêndice, nota 23.

sido, que teve conhecimento dessas histórias e talvez haja transcrito a maior parte delas, é preciso notar que os primeiros magistrados e príncipes dos judeus após a reedificação do templo, como seus reis no antigo império, possuíram escribas ou historiógrafos que escreviam, conforme a ordem das datas, anais e crônicas. Essas crônicas dos reis são citadas em diferentes reexposições nos livros dos *Reis*; as dos príncipes e dos sacerdotes do Segundo Templo vêm em primeiro lugar no livro de *Neemias* (12, 23); em seguida, no livro I dos *Macabeus* (16, 24). E sem qualquer dúvida, está ali o livro do qual falávamos há pouco (ver *Ester* 9, 23), no qual se encontrava o édito de Ester e o que havia escrito Mardoqueu, livro que, com Aben Ezra, dizíamos ter-se perdido. Desse livro parece ser extraído ou transcrito todo o conteúdo dos quatro livros do Antigo Testamento acima enumerados. Com efeito, nenhum outro é citado por seu autor e não conhecemos nenhuma outra autoridade publicamente reconhecida.

11: Tais livros, aliás, não foram escritos nem por Esdras nem por Neemias, como se vê pelo quadro que dá *Neemias* (12, 10-11) da descendência do grande sacerdote Jesué até Jedua, sexto grão-sacerdote, o qual foi à presença de Alexandre, o Grande, após a queda do império dos persas (ver Josefo, *Antiguidades*, livro XI, capítulo 8), o mesmo que é chamado por Fílon, o judeu, em seu livro das *Épocas*, o sexto e último grande sacerdote sob a dominação persa. Isso está claramente indicado no capítulo mencionado acima de Neemias, versículo 22: "após o tempo de Eliasib, de Joiada, de Jonã e de Jedua", diz o historiador, "sobre[14] o reino de Dario, o persa, os nomes dos levitas foram inscritos", quer dizer, nessas *Crônicas*; e não penso que venha ao espírito de ninguém que Esdras* ou Neemias possam ter sobrevivido a quatorze reis da Pérsia. É Ciro o primeiro que dá aos judeus autorização para reconstruir o templo e, depois

---

14. A menos que a palavra não signifique *além de*, existe aí um erro do copista, que escreveu *sobre*, em lugar de *até*. (B. de S.)

* Ver Apêndice, nota 24.

desse momento, até Dario, décimo-quarto e último rei dos Persas, contam-se mais de 230 anos. Não hesito em crer, pois, que esses livros foram escritos muito tempo depois que Judas Macabeu restaurou o culto do Templo, pois nesse momento falsos livros de *Daniel*, de *Esdras* e de *Ester* foram publicados por pessoas mal intencionadas, sem dúvida pertencentes à seita dos saduceus. Pelo que eu saiba, os fariseus jamais aceitaram esses livros. E embora algumas das fábulas contidas no livro dito o quarto de *Esdras* se reencontrem no *Talmud*, não se lhes deve atribuir aos fariseus. De fato, à parte os mais estúpidos, viu-se entre eles que essas fábulas foram uma adição de algum mau farsista. Creio mesmo que essa brincadeira pôde ser inspirada pelo desejo de, aos olhos de todos, converter as tradições em derrisão. Talvez ainda os livros em questão tenham sido escritos e publicados naquela época para mostrar ao povo o cumprimento das profecias de Daniel e afirmar assim seu sentimento religioso, impedi-lo de desesperar-se face ao futuro e salvar a nação em presença das calamidades do tempo presente. Todavia, por mais recentes ou tardiamente escritos que tenham sido esses livros, numerosos erros ali se introduziram pela grande pressa dos copistas, salvo engano. Com efeito, encontram-se nesses livros, como em outros, e mais ainda do que nos outros, aquelas notas marginais sobre as quais já falamos no capítulo anterior e, além disso, certas passagens que não podem ser explicadas a não ser por erro de transcrição.

12: Logo o mostrarei, mas antes quero fazer observar que, caso se devesse concordar com os fariseus que as lições marginais desses textos remontam aos seus primeiros autores, dever-se-ia necessariamente dizer que esses autores, se foram muitos, as anotaram porque o texto das *Crônicas*, que lhes serviu de fonte e que transcreveram, não estava bem cuidado e, malgrado a evidência de certos erros, não ousaram corrigi-lo por ser antigo e proveniente de seus ancestrais. Não tenho necessidade de voltar mais longamente a esse ponto já discutido. Passo, portanto, à indicação dos erros que não estão anotados à margem.

TRATADO TEOLÓGICO-POLÍTICO

13: Em primeiro, não sei que valor devo dizer que se introduziu no capítulo 2 de *Esdras*; com efeito, no versículo 64 nos é dado o total geral de tudo o que havia sido recenseado por grupos no capítulo, e esse total é de 42.360, enquanto, se se faz a adição dos totais parciais, encontram-se apenas 29.818. Logo, há um erro ou no total geral, ou nos subtotais. O total geral, no entanto, parece ter sido indicado corretamente, pois todo o mundo o havia conservado como coisa digna de lembrança; o mesmo não ocorre com os totais parciais. Se, portanto, o erro tivesse sido introduzido no total geral, todo o mundo o perceberia *incontinenti* e seria facilmente corrigido. Isso, aliás, é inteiramente confirmado pelo capítulo 7 de *Neemias*, que reproduz esse capítulo de *Esdras* (chamado Epístola da Genealogia), como o indica expressamente o versículo 5 e que coincide plenamente com a indicação dada no livro de *Esdras* quanto ao número total, enquanto, a respeito dos totais parciais há muitas divergências: alguns são menores, outros mais elevados do que em *Esdras* e a soma desses números dá um total de 31.089. Logo, nenhuma dúvida: apenas nos totais parciais, os dos livros de *Esdras* e de *Neemias*, se encontram várias erros. Os comentadores que trabalham para conciliar tais contradições manifestas, fazem o melhor que podem para inventar uma explicação, e em sua adoração por letras e palavras da Escritura não veem que simplesmente expõem ao menosprezo os autores dos livros, que não sabem nem falar nem ordenar as matérias de seus discursos. Vão mais longe, tornam completamente obscuro o que há de claro na Escritura, pois se se permitisse explicá-la à sua maneira em todos os lugares, não haveria um texto com verdadeiro sentido do qual não se pudesse duvidar. No entanto, não há razão para delongar essa discussão, pois se algum historiador, e disso estou convicto, quisesse imitar a maneira de fazer que eles atribuem devotamente aos autores da *Bíblia*, eles mesmos o tornariam ridículo por efeito de muita zombaria. E se pensam que se blasfema quando se diz que a Escritura, em alguma passagem, é mentirosa, com que nome, pergunto, chamá-los, a eles que introduzem na Escritura todas as invenções que lhes agradam? Quem deprecia os historiadores sagrados a ponto de parecerem delirar e tudo confundir? Quem rejeita o que há de mais claro e evidente na Escritura? O que há de mais claro na Escritura do que a intenção que teve Esdras, com seus companheiros, na Epístola da Genealogia, reproduzida no capítulo 2 do livro que leva seu nome, de dividir em grupos o número total dos israelitas que partiram para Jerusalém, já que dá não apenas o número daqueles que puderam fazer conhecer sua genealogia, mas também o daqueles que não o puderam? O que há de mais claro, segundo o versículo 5, capítulo 7 de *Neemias*, que é a transcrição pura e simples daquela Epístola? Portanto, aqueles que explicam essas passagens de outra forma nada fazem senão negar o sentido verdadeiro da Escritura e, por consequência, a própria Escritura. E acreditam fazer obra pia quando querem, a todo preço, fazer concordar uma passagem da Escritura com outras! Piedade risível que consiste em acomodar a clareza de uma passagem com a obscuridade de outra, confundir o verídico e o mentiroso, corromper o que é são pelo que está deteriorado. Não quero, porém, chamá-los de blasfemadores, pois não têm má intenção e é próprio do homem enganar-se.

14: Volto, no entanto, ao meu propósito. Além dos erros que é preciso admitir nos totais da Epístola da Genealogia, tanto em *Esdras* quanto em *Neemias*, há também vários erros a serem observados nos nomes das famílias: nas genealogias, nos relatos e, temo ainda, nas profecias. Certamente, a profecia de *Jeremias*, no capítulo 22, não parece em nada coincidir com a história de Jeconias (ver fim do livro II dos *Reis* e *Jeremias* e I *Crônicas* 3, 17-19), particularmente as palavras do último versículo desse capítulo; e também não vejo como ele pôde dizer de Sedécias, de quem os olhos foram arrancados tão logo viu matar seus filhos: "tu morrerás em paz" (ver *Jeremias* 34, 5). Se na interpretação das profecias nos devêssemos pautar pelos acontecimentos, ocorreria de mudarmos esses nomes e substituir o de

TRATADO TEOLÓGICO-POLÍTICO

Sedécias e de Jeconias um pelo outro; mas essa liberdade seria excessiva e prefiro deixar esse ponto como impossível de entender, na medida em que, se há um erro aqui, é preciso atribuí-lo ao historiador, não a um defeito dos manuscritos.

15: Quanto aos demais erros de que falei, não creio dever mencioná-los aqui, pois não poderia fazê-lo sem infligir ao leitor muito aborrecimento e, de resto, outros já os constataram. R. Salomon, devido a contradições muito evidentes que observou nas genealogias relatadas, foi obrigado a concluir nos termos seguintes (ver seu comentário sobre o livro I, capítulo 8 das *Crônicas*):

Se Esdras [que ele crê ser o autor das *Crônicas*] chama os filhos de Benjamin com outros nomes e dá de sua descendência um quadro diferente do que faz o *Gênesis*, se dá indicações sobre a maioria das cidades dos levitas diversas das de Josué, isso provém de que teve sob os olhos originais diferentes e seguiu, ao reproduzi-los, a indicação dada pela maioria deles; mas quando o número dos quadros genealógicos em desacordo encontrava-se de ambos os lados, ele reproduziu as duas descendências.

Assim, por essas palavras, R. Salomon admite absolutamente que esses livros foram transcritos de originais que não eram tão corretos nem tão seguros. Na verdade, os comentadores, dedicando-se a fazer coincidir entre si passagens inconciliáveis, nada fazem senão mostrar as causas dos erros cometidos. Enfim, conforme minha apreciação, ninguém de julgamento são admitirá que os historiadores sagrados tenham querido escrever todo texto de tal modo e expressamente que ele se encontrasse, em alguns lugares, em contradição consigo mesmo.

16: Talvez me digam que, com esta maneira de tratar a Escritura, eu a ponha de ponta cabeça, pois não há ninguém que, raciocinando como eu, não suspeite ser ela inteiramente mentirosa. Bem ao contrário, mostrei que, pela maneira com que a trato, consegui impedir que as passagens claras e puras sejam danificadas, corrompidas pelas passagens mentirosas com as quais se quer fazê-las concordar. E não é uma razão permitida suspeitar de todas as passagens porque algumas estão corrompidas; e já houve algum livro que não contenha erros?; por esse motivo alguém já pensou ser ele inteiramente mentiroso? Certamente, nunca ninguém teve essa ideia, sobretudo quando o texto é claro e o pensamento do autor claramente perceptível.

17: Terminei, assim, as observações que tinha a intenção de fazer sobre os livros do Antigo Testamento. Delas ressaltam que antes do tempo dos macabeus não havia um cânon dos livros sagrados*, e que aqueles que atualmente dele fazem parte foram escolhidos entre muitos outros em virtude de um poder discricionário dos fariseus do Segundo Templo, os quais instituíram também as fórmulas das preces. Portanto, aqueles que querem demonstrar a autoridade da Escritura devem mostrar a autoridade de cada livro; e não é suficiente provar a divindade de um para que se tenha o direito de concluir pela divindade de todos; sem o quê, dever-se-ia admitir que o conselho dos fariseus não pôde cometer erros na escolha feita dos livros, o que ninguém jamais demonstrará. A razão que me obriga a consentir que apenas os fariseus escolheram e admitiram no cânon os livros do Antigo Testamento é, em primeiro lugar, que no livro de *Daniel* (último capítulo, versículo 2) está predita a ressurreição dos mortos, rejeitada pelos saduceus; em segundo lugar, a indicação precisa dada pelos próprios fariseus no *Talmud*. Lemos no Tratado do Schabat (capítulo 2, folha 30, p. 2): "R. Jehuda, chamado o Rabi, disse: os doutos quiseram esconder o livro do *Eclesiastes* porque suas palavras contradizem as palavras da Lei (isto é, no livro da lei de Moisés). Por que, no entanto, não o esconderam? Porque ele começa com a Lei e termina segundo a Lei". E um pouco mais abaixo: "e eles quiseram também esconder o livro dos *Provérbios*" etc. Por fim, lemos ainda nesse mesmo tratado (capítulo 1, folha 13, p. 2): "Renomado certamente por sua benevolência, este homem que tinha por nome

---

* Ver Apêndice, nota 25.

Neyhunja, filho de Hiskia, porque se não fosse por ele, o livro de *Ezequiel* teria sido escondido, pois suas palavras contradizem as palavras da Lei". Por onde se vê muito claramente que homens versados na lei formaram um conselho para decidir quais livros deveriam ser admitidos no número dos sagrados, e quais excluídos. Logo, para estar seguro da autoridade de todos, é preciso submeter-se ao conselho e recomeçar a deliberação, requerendo de todos os seus títulos.

18: Seria agora o momento de examinar da mesma forma os livros do Novo Testamento. Todavia, sei que esse trabalho foi feito por homens versados nas ciências e, sobretudo, nas línguas. De resto, não tenho eu mesmo um conhecimento bastante completo da língua grega para me arriscar nessa empresa. Enfim, não temos os textos originais escritos em hebraico; prefiro, portanto, renunciar. No entanto, creio dever notar aqui o que mais importa ao meu propósito.

CAPÍTULO XI

Indaga-se se os apóstolos escreveram suas epístolas como apóstolos e profetas ou mestres. Onde se explica a função dos apóstolos

1: Ninguém pode ler o Novo Testamento sem se convencer de que os apóstolos foram profetas. Mas os profetas nem sempre falavam segundo uma revelação; ao contrário, isso era bastante raro, assim como o demonstramos no final do capítulo I. Por conseguinte, podemos perguntar se os apóstolos escreveram suas epístolas na qualidade de profetas, em virtude de uma revelação e de um mandamento expresso, como Moisés, Jeremias e outros, ou na qualidade de homens privados e de doutores, na medida em que, na primeira *Epístola aos Coríntios* (14, 6), Paulo distingue dois gêneros de predicação: uma que se apoia sobre uma revelação e outra sobre um conhecimento. Portanto, pode-se perguntar se nas Epístolas aos Apóstolos falam os profetas ou ensinam os doutores. Agora, se tivermos em vista o estilo das epístolas, encontraremos um inteiramente diferente daquele da profecia. Os profetas tinham o costume de atestar no mais alto grau que falavam por mandato de Deus: "tal é a palavra de Deus, o Deus dos exércitos diz, Deus comanda etc.", e isso não só nos discursos que faziam em público, mas nas epístolas que continham revelações, como o mostra a epístola de Elias a Joram (ver o livro II das *Crônicas* 21, 12) que também começa por essas palavras: "tal é a palavra de Deus". Nada lemos de similar nas epístolas dos apóstolos; ao contrário, na primeira aos *Coríntios* (7, 40), Paulo fala segundo seu pensamento. E mesmo em várias passagens encontramos modos de falar que são de uma alma incerta e perplexa, assim como na *Epístola aos Romanos* 3, 28: "julgamos, portanto"*, e no capítulo 8, 18: "quanto a mim, com efeito, julgo que", e muitas passagens de mesmo teor. Encontram-se, além disso, maneiras de dizer muito distanciadas da autoridade profética, como: "digo isso na qualidade de homem, sem força, não por mandato" (na primeira *Epístola aos Coríntios*, 7, 6); "dou meu conselho de homem que, pela graça de Deus, é fiel" (7, 25), assim como em muitas outras passagens.

2: Deve-se notar que quando ele diz, no capítulo acima citado, ter ou, ao contrário, não ter um comando ou mandato de Deus, ele não entende um comando ou mandato a ele revelado por Deus, mas apenas os ensinamentos do Cristo dados aos seus discípulos na montanha. De outro lado, se prestarmos atenção à maneira pela qual os apóstolos comunicam a doutrina evangélica, veremos que ela difere grandemente daquela dos profetas. Os apóstolos usam o raciocínio em todos os lugares, embora pareçam não profetizar, mas discutir; com os profetas, ao contrário, não há senão dogmas e decretos, pois é o próprio Deus quem fala. Deus, que não raciocina, mas decreta, em virtude de um poder de comandar absoluto de sua natureza. E isso também se prende ao fato de que a autoridade de um profeta não se acomoda à reflexão; com efeito, quem quiser confirmar pelo raciocínio os dogmas aos quais ele adere, por isso mesmo os submete a julgamento. É o que bem parece fazer Paulo, precisamente porque raciocina; na primeira *Epístola aos Coríntios* (10, 15), ele diz: "falo a homens que suponho dotados de senso; julgai vós mesmos o que digo". Enfim, os profetas comunicavam coisas

---

* Ver Apêndice, nota 26.

reveladas, como dissemos no capítulo I, não coisas que teriam percebido pela Luz Natural, quer dizer, raciocinando.

3: E embora nos cinco livros[15] pareça haver também certas coisas estabelecidas por inferência, caso se preste atenção ver-se-á que é impossível tomar tais inferências por argumentos peremptórios. Por exemplo, quando Moisés diz aos israelitas (*Deuteronômio* 31, 27): "se, eu vivo, fostes rebeldes à vontade de Deus, bem mais sereis após minha morte", não é preciso entender esta palavra como se Moisés quisesse convencer os israelitas, pela reflexão, que após sua morte eles se afastariam necessariamente do verdadeiro culto a Deus. O argumento seria falso, como se pode ver pela própria Escritura, pois os israelitas continuaram a seguir a verdadeira via com Josué, e mais tarde sob Samuel, Davi e Salomão. A palavra de Moisés é, pois, uma sentença moral com que, falando como orador, prediz a defecção futura do povo com uma vivacidade igual àquela da imagem que podia ter. A razão que me impede de dizer que Moisés falou em seu próprio nome, para que sua predição parecesse mais verossímil ao povo, e não como profeta, em virtude de uma revelação, é que no versículo 21 desse mesmo capítulo nos é relatado que Deus havia revelado a Moisés, com outras palavras, essa futura defecção. Não era necessário, certamente, que ele se assegurasse, por reflexões verossímeis, da verdade dessa predição e do decreto de Deus, mas era necessário que dela tivesse uma representação ou imagem viva, e não podia fazê-la melhor do que representando no futuro a insubmissão do povo que ele havia provado no presente. É dessa maneira que é preciso entender todos os argumentos de Moisés que se encontram nos cinco livros: não são provas pelas quais ele fez apelo à razão, mas maneiras de dizer pelas quais ele exprimia com mais eficácia e imaginava com mais vivacidade os decretos de Deus.

4: Não quero, entretanto, negar em absoluto que os profetas tenham podido argumentar partindo de uma revelação. Afirmo

15. O *Pentateuco*.

apenas que, quanto mais rigorosamente argumentam, mais o conhecimento que possuem da coisa revelada se aproxima da natural; e que se reconhece sobretudo que os profetas têm um conhecimento sobrenatural do que enunciam como dogmas puros dos decretos ou maneiras de ver. Eis por que o maior dos profetas, Moisés, jamais fez uma reflexão verdadeira. Ao contrário, concedo que as longas deduções de Paulo e suas argumentações, como se encontram na *Epístola aos Romanos*, não foram, de modo algum, escritas em virtude de uma revelação natural. Assim, tanto os modos de dizer quanto a maneira de ensinar dos apóstolos, nas epístolas, indicam muito claramente que seus escritos não possuem como origem uma revelação e um mandato divino, mas apenas o julgamento próprio e natural de seus autores, e não contêm senão uma admoestação fraternal, com uma mistura de urbanidade (nada mais contrário do que a maneira como se exprime um profeta), como a desculpa que Paulo apresenta (*Epístola aos Romanos* 15, 15): "vos falei, meus irmãos, com audácia um pouco excessiva". Podemos tirar a mesma conclusão daquilo que não lemos em parte alguma: que os apóstolos tenham recebido ordem de escrever, mas apenas de pregar onde fossem e confirmar suas palavras por signos. Sua presença, com efeito, e os signos eram absolutamente requeridos para converter os homens à religião e nela os confirmar, como o indica expressamente o próprio Paulo na *Epístola aos Romanos* (1, 11): "pois muito desejo", diz ele, "vos ver para vos fazer participar do dom do Espírito, a fim de que sejais confirmados".

5: Todavia, nos poderiam objetar que teríamos concluído da mesma maneira que a predicação dos apóstolos também não tem o caráter de uma profecia; quando iam a pregar, aqui e ali, não o faziam em virtude de um mandato expresso, como os profetas anteriormente. Lemos no Antigo Testamento que Jonas ia a Nínive pregar e, ao mesmo tempo, que foi expressamente enviado, devendo pregar o que lhe foi revelado por Deus. Também quanto a Moisés, demoradamente nos contam que partiu

TRATADO TEOLÓGICO-POLÍTICO

para o Egito na qualidade de enviado de Deus e, ao mesmo tempo, o que estava obrigado a dizer aos israelitas e ao rei faraó, e por quais signos ele os devia fazer acreditar. Isaías, Jeremias e Ezequiel receberam ordens expressas de pregar aos israelitas. Enfim, os profetas nada pregaram que, segundo o testemunho da Escritura, não tenham recebido de Deus. Quanto aos apóstolos, quando iam aqui e ali para pregar, nada vemos de semelhante no Novo Testamento, ou ao menos o vemos muito raramente. Ao contrário, encontramos certos passos dados com sapiência indicando expressamente que escolheram por si e voluntariamente os locais onde pregar. Assim, essa discussão, que chegou até o conflito entre Paulo e Barnabé (ver *Atos* 15, 37-38). E também que tentaram, frequentemente em vão, ir a certos lugares, como o atesta o próprio Paulo (*Epístola aos Romanos* 1, 13): "por várias vezes quis vir a vós e fui impedido"; e no capítulo 15, versículo 22: "por esta razão estive várias vezes impedido de vos ver"; e no último capítulo da primeira *Epístola aos Coríntios*, versículo 12: "quanto a Apolo, meu irmão, pedi--lhe frequentemente que partisse com nossos irmãos para ir vos ver, mas ele não tinha qualquer vontade; quando houver ocasião" etc. Dessa linguagem e da discussão que se elevou entre os apóstolos, assim como da ausência de textos comprovando que, quando iam pregar em algum lugar, o faziam em virtude de um mandato de Deus, a conclusão a tirar parece ser, então, que os apóstolos pregaram na qualidade de doutores, e não de profetas. Todavia, a solução do tema é fácil, desde que se tenha em vista a vocação diferente dos apóstolos e dos profetas do Antigo Testamento. Estes últimos, com efeito, não foram chamados para pregar e profetizar para todas as nações, mas apenas para certas, em particular; eis por que um mandato expresso e singular era requerido para cada uma. Os apóstolos, ao contrário, foram chamados a pregar para todos, absolutamente, e a converter todos os homens à religião. Em todos os lugares aonde iam, executavam o mandato do Cristo; e nada era necessário, antes que se pusessem em marcha, a não ser que lhes fosse revelada a matéria da predicação, a eles, discípulos do Cristo, a quem o mestre havia dito: "quando tereis sido liberados, não vos inquieteis com o que direis ou como o direis: nesse momento vos será dado o que direis" etc. (ver *Mateus*, 10, 19-20)

6: Concluímos, pois, que os apóstolos souberam por singular revelação apenas aquilo que pregaram de viva voz e, ao mesmo tempo, confirmado por signos (ver o que mostramos no capítulo II). O que eles só ensinaram, sem o atestar por signos, por escrito ou de viva voz, eles o disseram ou escreveram porque tinham conhecimento (digo, o conhecimento natural); sobre esse ponto, ver a primeira *Epístola aos Coríntios* (14, 6). Não é de se surpreender que todas as epístolas comecem por uma menção que faz o apóstolo de sua qualidade de apóstolo, pois não apenas a capacidade de profetizar, mas também, como mostrarei, a autoridade requerida para ensinar haviam sido dadas aos apóstolos. Nesse sentido, vemos que escreveram suas epístolas na qualidade de apóstolos e cada um deles, pelo mesmo motivo, fez menção, no início, de sua qualidade. E talvez, com o intuito de ganhar mais facilmente a alma do leitor e chamar sua atenção, quiseram, antes de tudo, atestar que eram esses homens conhecidos de todos os fiéis por suas prédicas e que já haviam mostrado, por meio de testemunhos claros, que ensinavam a verdadeira religião e o caminho da salvação. Com efeito, tudo o que vejo que eles disseram em epístola sobre a vocação dos apóstolos, ou sobre o Espírito Santo que neles estava, se relaciona, de meu conhecimento, à sua predicação, exceção feita às passagens em que o Espírito de Deus e o Espírito Santo se mencionam por bom pensamento, diretamente inspirado por Deus etc. (explicamos isso no capítulo I). Por exemplo, Paulo diz na primeira *Epístola aos Coríntios* (7, 40): "bem-aventurada é se assim permanece, em minha opinião; ora, creio em verdade que o Espírito de Deus está em mim". Nessa passagem, ele entende por Espírito de Deus seu próprio pensamento, como o indica o contexto a que ele se refere: a viúva que não quer se casar, eu a julgo bem-aventurada, em minha opinião; eu que decidi viver

TRATADO TEOLÓGICO-POLÍTICO

em celibato e me creio bem-aventurado. Encontram-se outras passagens do mesmo gênero que julgo supérfluo citar.

7: Como é preciso admitir que as epístolas dos apóstolos são inspiradas apenas pela luz natural, deve-se ver como os apóstolos puderam, apenas pela luz natural, ensinar o que não era de sua atribuição. Tendo em conta, porém, a doutrina exposta no capítulo VII deste tratado sobre a interpretação da Escritura, toda dificuldade desaparece. Embora o conteúdo da *Bíblia* ultrapasse com mais frequência o nosso entendimento, podemos esclarecê-lo com segurança, desde que não admitamos outros princípios senão aqueles que se tiram da própria Escritura. Da mesma maneira, os apóstolos podiam, daquilo que haviam visto, ouvido e conhecido por revelação, tirar numerosas conclusões e ensiná-las aos homens, se os agradasse. De mais, embora a religião, tal como pregada pelos apóstolos, quer dizer, simplesmente fazendo conhecer o Cristo por um relato, não seja da ordem da razão, está no poder de cada um alcançar, pela luz natural, o fundo essencial que consiste principalmente, como toda a doutrina do Cristo[16]*, em ensinamentos morais. Enfim, os apóstolos não tinham necessidade de uma luz sobrenatural para adaptá-la à compreensão comum dos homens, e assim tornar mais facilmente aceitável para toda alma a religião da qual haviam estabelecido previamente a verdade por signos; também não tinham necessidade de fazer aos homens admoestações religiosas; ora, é o fim visado nas epístolas. Quero dizer que elas se propõem a ensinar e advertir os homens pelo meio que cada um dos apóstolos julgou o mais apropriado para confirmá-los na religião. É preciso notar aqui o que dissemos um pouco antes; que os apóstolos haviam não apenas adquirido a capacidade de pregar a história do Cristo, na qualidade de profetas, quer dizer, confirmando-a por signos, mas também a autoridade requerida para ensinar e advertir pela via que cada

---

16. A doutrina ensinada no "Sermão da Montanha", e da qual *Mateus* faz menção no capítulo 5 e seguintes. (B. de S.)

* Ver Apêndice, nota 27.

um julgasse a melhor. Paulo indica claramente um e outro dons na segunda *Epístola a Timóteo* (1, 11): "pelos quais fui constituído mensageiro, apóstolo e doutor das nações". E na primeira *Epístola a Timóteo* (2, 7): "do que fui constituído mensageiro e apóstolo (digo a verdade pelo Cristo, e não minto), e doutor das nações na fé e (observai bem isso) na verdade". Por tais palavras, digo, ele reivindica claramente uma e outra qualidade, a de apóstolo e a de doutor. Pela autoridade que permite dar a todos todas as admoestações, ele fala nos seguintes termos na *Epístola a Filêmon* (versículo 8): "embora tenha grande liberdade em Jesus Cristo de te prescrever o que convém, todavia" etc. Notar nessa passagem que se Paulo houvesse recebido de Deus, na qualidade de profeta, o que era necessário prescrever a Filêmon, e que devia prescrever enquanto profeta, não lhe seria permitido mudar em preces as prescrições de Deus. É preciso, pois, entender necessariamente que ele fala da liberdade de dirigir admoestações que tinha na qualidade de doutor, não de profeta.

8: No entanto, não se segue com bastante clareza do que precede o fato de que os apóstolos tenham podido escolher a via por eles julgada a melhor para ensinar, mas apenas que seu apostolado lhes conferia a qualidade de doutores, ao mesmo tempo que a de profetas. Aqui poderíamos, é verdade, fazer apelo à razão; certamente, aquele que tem a autoridade de ensinar também tem a de escolher a via desejada. Será preferível, no entanto, demonstrá-lo apenas pela Escritura. Com efeito, está claramente estabelecido pelos textos que cada apóstolo escolheu sua via pessoal. Assim, na *Epístola aos Romanos* (15, 20), Paulo nos diz: "tinha a inquieta preocupação de não pregar onde o nome do Cristo já fora invocado, para não construir sobre um fundamento alheio". Certamente, se todos tivessem seguido a mesma via para ensinar e tivessem construído a religião do Cristo sobre o mesmo fundamento, Paulo não teria podido, sob qualquer ponto de vista, chamar de fundamento alheio o fundamento de outro apóstolo, pois todos teriam possuído o mesmo. Mas ele o chama fundamento alheio, do que é preciso necessariamente concluir que cada um edificava a religião sobre um fundamento diferente e que os apóstolos, quando faziam ofício de doutores, estavam na mesma situação dos demais doutores que têm, cada qual, um método pessoal. Também preferiam eles ensinar aqueles que estavam em completa ignorância e não iniciados no aprendizado de alguma outra língua ou ciência, mesmo nas matemáticas, cuja verdade não é duvidosa para ninguém.

9: Em segundo lugar, se lermos as epístolas com alguma atenção, veremos que os apóstolos, de acordo sobre a religião, divergiam grandemente sobre seus fundamentos. Paulo, para confirmar os homens na religião e lhes mostrar que a salvação depende apenas da graça de Deus, ensinava que ninguém pode vangloriar-se de suas obras, mas apenas de sua fé, e que ninguém está justificado por suas obras (ver *Epístola aos Romanos* 3, 27-28), e faz seguir daí toda a sua doutrina da predestinação. Ao contrário, em sua epístola, Tiago ensina que o homem se justifica por suas obras, não apenas por sua fé (2, 24), e faz conter nesses poucos princípios toda a doutrina da religião, deixando de lado as outras discussões de Paulo.

10: Por fim, não é duvidoso que tal diversidade de fundamentos sobre a qual os apóstolos edificaram a religião tenha sido a origem de muitas controvérsias e cismas. A Igreja não deixou de sofrer depois do tempo dos apóstolos. E, sem dúvida, sofrerá eternamente até o dia em que a religião seja, enfim, separada das especulações filosóficas e conduzida a um pequeno número de dogmas bastante simples que o Cristo ensinou como sendo os seus; os apóstolos não puderam manter-se aí porque o Evangelho era desconhecido dos homens. Para que a novidade da doutrina não ferisse grandemente os ouvidos dos homens, eles a adaptaram, na medida do possível, à compleição dos homens do seu tempo (ver primeira *Epístola aos Coríntios* 9, 19-20) e a edificaram sobre os fundamentos mais conhecidos e admitidos na época. Eis por que nenhum dos apóstolos filosofou tanto quanto Paulo, chamado a pregar às nações. Os demais, ao contrário, que pregaram aos judeus, denegridores da filosofia, adaptaram-se à compreensão dos judeus (ver *Epístola aos Gálatas* 2, 11) e ensinaram a religião de forma nua, sem especulações filosóficas. Feliz o nosso tempo, em verdade, se o pudéssemos ver também livre de toda superstição.

CAPÍTULO XII

Da verdade original da Lei divina; em razão do que a Escritura
é chamada "sagrada" e "palavra de Deus"; e se mostra
que a Escritura, na medida em que contém a palavra de Deus,
nos chegou incorrompida

1: Aqueles para quem a *Bíblia*, tal como é, é como uma Epístola de Deus enviada do céu aos homens, não deixarão de clamar que cometi pecado contra o Santo Espírito, julgando a palavra de Deus mentirosa, amputada, falsificada e incoerente, pretendendo que dela só temos fragmentos e que, enfim, a carta que atesta o pacto concluído por Deus com os judeus extinguiu-se. Todavia, não duvido de que se eles consentissem em examinar a questão, seus gritos logo cessariam. Com efeito, é menos a razão que os próprios textos dos profetas e dos apóstolos proclamam: a palavra eterna de Deus, seu pacto e a verdadeira religião estão divinamente escritas no coração do homem, quer dizer, no pensamento humano. É a verdadeira carta de Deus que ele selou com sua marca, quer dizer, com sua ideia, como imagem de sua divindade.

2: Na origem, a religião foi dada aos homens como lei escrita porque eram então como crianças. Mais tarde, porém, Moisés (*Deuteronômio* 30, 6) e Jeremias (31, 33) lhes predisseram que um tempo viria em que Deus escreveria sua lei em seus corações. Foi aos judeus apenas, e sobretudo aos saduceus, que antigamente cabia lutar por uma lei escrita sobre tábuas, de modo algum àqueles que a escreveram em suas almas; quem quiser considerar isso, nada encontrará nos capítulos seguintes que contradiga a palavra de Deus, quer dizer, a verdadeira religião e a fé, ou que possa debilitá-la, mas verá, ao contrário, que nós a confirmamos, assim como o mostramos no fim do capítulo x. Se assim não fosse, teria decidido guardar silêncio sobre todos esses pontos, teria mesmo voluntariamente concordado que mistérios bastante profundos estariam escondidos nas Escrituras, para evitar todas as dificuldades. É a superstição intolerável, nascida desses pretensos mistérios, e os outros males tão graves dos quais falei no preâmbulo do capítulo VII que me fizeram julgar que não devia diferir o exame dessas questões, tanto mais que a religião não tem necessidade dos ornamentos da superstição, mas, ao contrário, usurpam seu esplendor ao falar de semelhantes ficções.

3: Mas, dir-se-á, embora a lei divina esteja escrita nos corações, a Escritura não é menos a palavra de Deus; logo, não é mais permitido dizer da Escritura do que da palavra de Deus que ela está mutilada e falsificada. Quanto a mim, penso, ao contrário, que por um ardor excessivo de santidade se degrade a religião em superstição, que se apegue, diria, à adoração de imagens e de simulacros, a um papel denegrido em lugar da palavra de Deus. Nada disse, bem o sei, que possa atentar contra a Escritura e a palavra de Deus, pois nada avancei de que não tivesse demonstrado a verdade por razões muito evidentes. Também por esse motivo posso afirmar com segurança que nada disse que fosse ímpio ou cheirasse a impiedade. Confesso que alguns homens profanos, para os quais a religião é um fardo, podem tirar desse escrito licença para pecar e, sem outra razão senão sua vontade, abandonar-se ao prazer e concluir que a Escritura é inteiramente mentirosa e falsificada e que, por conseguinte, ela não possui nenhuma autoridade. Contra tais abusos, não cabe qualquer recurso, em virtude dessa verdade banal que é impossível dizer algo tão retamente que não se possa deturpá-lo de seu verdadeiro sentido e interpretá-lo mal. Aqueles que querem abandonar-se aos prazeres, não lhes será difícil encontrar alguma razão que os justifique. Antigamente, aqueles mesmos que possuíam os escritos originais, a arca da aliança, os profetas e os apóstolos, não foram melhores nem mais dispostos à obediência; todos, judeus e gentios, sempre foram os mesmos e em todo século a virtude é extremamente rara.

4: Todavia, para afastar qualquer escrúpulo, é preciso mostrar aqui em que sentido a Escritura, ou qualquer outra coisa sem voz, deve ser dita sagrada e divina. Em segundo lugar, o que é verdadeiramente a Palavra de Deus e que ela não está contida em tal número limitado de livros. Enfim, que a Escritura, na medida em que ensina o que é necessário à obediência e à salvação, não pôde ser corrompida. Por aí se poderá facilmente julgar que nada dissemos contra a Palavra de Deus e somos puros de toda impiedade.

5: Merece o nome de sagrado e divino o que está destinado ao exercício da piedade e da religião, e esse caráter sagrado permanecerá atado a uma coisa apenas enquanto os homens dela se servirem religiosamente. Usando-o para um fim contrário à piedade, o que antes era sagrado se torna impuro e profano. Por exemplo, um certo lugar recebeu do patriarca Jacó o nome de *morada de Deus*, pois ali honrava a Deus que a ele se havia revelado. Esse mesmo lugar foi chamado pelos profetas *morada da iniquidade* (ver *Amós* 5, 5; e *Oseias* 5, 5), porque os israelitas, em virtude de uma decisão de Jeroboão, se haviam acostumado a ali fazer sacrifícios aos ídolos. Outro exemplo que esclarece perfeitamente a questão: as palavras só possuem um significado em virtude do uso; se elas estão dispostas de tal maneira, tendo em vista esse uso, que conduzam os homens que as proferem à devoção, então essas palavras serão sagradas e sagrado será o livro em que essas palavras estão assim dispostas. Mas depois que o uso se perde, e ainda que as palavras não tenham mais qualquer significado, ou o livro caia em completo abandono, seja pela malícia dos homens, seja porque não têm o que fazer com ele, então as palavras e o livro não terão mais utilidade nem qualquer santidade. Enfim, se as mesmas palavras estão dispostas de outra maneira, ou o uso tenha prevalecido com um significado oposto, então as palavras e o livro, antes sagrados, serão impuros e profanos. Do que resulta que nada é, tomado em si e absolutamente, sagrado, profano ou impuro, mas apenas em relação ao pensamento.

6: Isso também pode ser estabelecido da maneira mais evidente por um grande número de passagens da Escritura. Jeremias (para dar um ou dois exemplos) diz que os judeus de seu tempo (*Jeremias* 7, 4) chamaram falsamente o templo de Salomão de templo de Deus, pois, acrescenta no mesmo capítulo, o nome de Deus não pode pertencer a esse templo a menos que, também durante todo o tempo, tenha sido frequentado por homens que honrem a Deus e mantenham a justiça. Se for frequentado por homicidas, ladrões, idólatras e outros criminosos, então será antes um refúgio de malfeitores. Sempre observei com espanto que a Escritura nada diz sobre o que pôde ocorrer com a arca da aliança; o que é certo é que ela pereceu ou queimou-se com o templo, embora nada tenha sido mais sagrado e reverenciado aos olhos dos hebreus. Pela mesma razão, a Escritura é também sagrada e seus textos serão divinos enquanto conduza os homens à devoção a Deus; se for por eles inteiramente negligenciada, como o foi antigamente pelos judeus, então não será mais do que um papel enegrecido, sendo inteiramente profanada e exposta à corrupção. De maneira que, se for então corrompida ou perecer, falsamente se dirá que a palavra de Deus foi corrompida ou morreu, da mesma maneira que no tempo de Jeremias se teria dito falsamente que o templo, então templo de Deus, tinha sido destruído nas chamas. É o que também diz Jeremias a respeito da própria Lei, quando invectiva contra os ímpios de seu tempo: "Com que direito dizeis vós: nós somos doutos e a lei de Deus está conosco? Certamente, ela foi escrita em vão, em vão a pluma dos escribas existiu".

TRATADO TEOLÓGICO-POLÍTICO

Quer dizer: vós dizeis possuir a lei de Deus; isso é falso, embora tenhais a posse da Escritura, depois de terem feito a lei inteiramente vã. O mesmo quando Moisés quebrou as primeiras tábuas da lei. Não se trata em absoluto da palavra de Deus que pela cólera ele jogou e quebrou com suas mãos (quem poderia suspeitar de tal coisa, quando se trata de Moisés e da palavra de Deus?); são apenas pedras, pedras que tinham precedentemente um caráter sagrado porque o pacto ao qual os judeus se haviam comprometido a obedecer ali estava escrito, mas que, adorando então um bezerro, haviam destruído o pacto e elas se encontravam desprovidas de toda santidade. Pela mesma causa, as segundas tábuas puderam desaparecer com a arca. Não há, pois, por que se admirar se os manuscritos originais de Moisés não existem mais e se esses livros que possuímos tiveram a fortuna que dissemos, se o monumento verdadeiramente original da aliança divina e o mais santo de todos pôde perecer inteiramente. Logo, que nos deixem de acusar de impiedade, nós que nada dissemos contra a palavra de Deus e não a maculamos; que se volte sua cólera, se uma justa cólera for possível, contra os anciãos, cuja malícia profanou e expôs à corrupção a arca de Deus, a lei e tudo o que tinham de sagrado. Ajunto que se tivéssemos, como diz o Apóstolo (livro II da *Epístola aos Coríntios* 3, 3), a epístola de Deus escrita não com tinta, mas com o seu espírito, não sobre tábuas de pedra, mas sobre a tábua da carne, que é o coração, deixaríamos de adorar a letra e nos atormentarmos a esse respeito.

7: Penso ter assim explicado suficientemente em que sentido a Escritura deve ser considerada sagrada e divina. Agora, é preciso ver o que deve ser propriamente entendido por *debar Jehovah* (palavra de Deus). *Debar* significa palavra, discurso, mandamento e coisa. Por outro lado, mostramos no capítulo I por que causas uma coisa em hebraico se diz pertencer ou estar relacionada a Deus. Por isso se reconhece com facilidade o que a Escritura quer significar quando usa palavra, discurso, mandamento ou coisa de Deus. Inútil, pois, repeti-lo aqui, não mais do que estabelecemos, em terceiro lugar, no capítulo IV, tratando dos milagres. Basta uma só indicação que permita melhor entender o que queremos dizer aqui. Quando se diz de uma coisa, que não é o próprio Deus, que ela é a palavra de Deus, entende-se com propriedade essa lei divina da qual tratamos no capítulo IV, isto é, a religião universal ou católica[17], comum a todo o gênero humano; ver sobre esse ponto *Isaías* (1, 10), com quem é ensinada a verdadeira maneira de viver, que não consiste em cerimônias mas em caridade e sinceridade, e que o profeta nomeia indistintamente Lei ou Palavra de Deus. A palavra é ainda tomada metaforicamente como a própria ordem da natureza e o destino (pois que dependem realmente do decreto eterno da natureza divina). E, sobretudo, para essa parte da ordem da natureza que os profetas tinham previsto, e isso porque não percebiam as coisas advenientes por suas causas naturais, mas como decisões e decretos de Deus. A palavra é ainda tomada para todo mandamento de um profeta qualquer, na medida em que o havia percebido por sua virtude singular ou dom profético, e não pela luz natural comum a todos, e isso sobretudo porque os profetas se haviam acostumado a perceber a Deus como um legislador, assim como o mostramos no capítulo IV. Por essas três causas, portanto, a Escritura é chamada a Palavra de Deus: em primeiro, porque ela ensina a verdadeira religião da qual Deus é o eterno autor; em segundo lugar, porque, sob forma de relato, ela prediz o futuro, na medida em que é decretado por Deus; enfim, porque aqueles que foram realmente os autores ensinaram com mais frequência o que apreendiam não da luz natural, mas de uma luz que lhes era particular, e fizeram falar o próprio Deus. Na verdade, o conteúdo da Escritura é, em parte, simplesmente histórico e perceptível pela Luz Natural; todavia, o nome é tirado do que é seu conteúdo principal.

---

17. Que se entenda a palavra apenas no sentido grego original, *khatolikos*, ou seja, universal.

TRATADO TEOLÓGICO-POLÍTICO

8: Percebemos facilmente por aí em que sentido Deus deve ser concebido como o autor da *Bíblia*; é por causa da verdadeira religião que ali se encontra ensinada, não porque tenha querido comunicar aos homens um número determinado de livros. Também por ali podemos saber por que a *Bíblia* está dividida em Antigo e Novo Testamento. É porque, antes da vinda do Cristo, os profetas tinham o hábito de pregar a religião somente como lei da nação israelita, e tiravam sua força do pacto concluído no tempo de Moisés. Enquanto, após a vinda do Cristo, os apóstolos pregaram a mesma religião para todos, como lei católica, e tiraram sua força da paixão do Cristo. Não é que os livros do Novo Testamento difiram pela doutrina daqueles do Antigo, que tenham sido escritos como cartas de uma aliança nem, enfim, que a religião católica, natural no mais elevado nível, fosse nova, salvo aos olhos dos homens que não a conheciam: "ela estava no mundo", diz João Evangelista (*João* 1, 10) "e o mundo não a conheceu". Mesmo que tivéssemos um pequeno número de livros, tanto do Antigo quanto do Novo Testamento, nem por isso seríamos privados da Palavra de Deus (pelo que entendo propriamente, como disse, a verdadeira religião), não mais do que podemos estar privados de muitos outros livros da mais alta importância e que nos faltam: assim o livro da Lei que estava guardado no Templo religiosamente, como carta da Aliança, além dos livros das *Guerras*, das *Crônicas* e de um grande número de outros de onde foram extraídos aqueles que temos no Antigo Testamento para serem em seguida reunidos.

9: Isso está certamente confirmado por muitas razões: 1. os livros de um e de outro testamentos não foram escritos por mandato expresso para uma só e mesma época, para todos os séculos, mas por acaso e por certos homens, acrescentemos, conforme o exigiam a época e a constituição particular dos homens; isso está claramente indicado pelos vocativos dos profetas (que foram chamados a dar aos ímpios de sua época uma advertência), e também pelas epístolas dos apóstolos; 2. uma coisa é conhecer a Escritura e o pensamento dos profetas, outra coisa é entender o pensamento de Deus, quer dizer, a verdade, assim como se segue da demonstração dada no capítulo II a respeito dos profetas, a qual também se aplica aos relatos e aos milagres, como fizemos ver no capítulo VI. Essa distinção não se aplica, ao contrário, às passagens que tratam da verdadeira religião e da verdadeira virtude; 3. os livros do Antigo Testamento foram escolhidos entre muitos outros, reunidos e consagrados por um concílio de fariseus; os livros do Novo Testamento, admitidos no cânon pelo decreto de certos concílios que rejeitaram como indignos, ao mesmo tempo, vários outros tidos como sagrados por muitas pessoas. Ora, os membros dos concílios (os dos fariseus e dos cristãos) não eram profetas, mas apenas homens hábeis e doutores. No entanto, é preciso confessar que tiveram por regra em suas escolhas a palavra de Deus; logo, antes de terem consagrado todos os livros em sua aprovação, tiveram necessariamente conhecimento da Palavra de Deus; 4. os apóstolos (como dissemos no capítulo precedente) escreveram não na qualidade de profetas, mas de doutores, e escolheram para ensinar a via que julgaram a mais fácil para os discípulos a quem queriam ensinar; do que se segue que, em suas epístolas, estão contidas muitas coisas que poderíamos fazer sem causar dano à religião; 5. enfim, há quatro evangelistas no Novo Testamento, e quem poderia crer que Deus tenha querido contar e comunicar quatro vezes aos homens a história do Cristo? E, sem dúvida, encontra-se num certas coisas que não estão noutro, e um ajuda a entender o outro. Mas não é preciso concluir que tudo o que está relatado nos quatro evangelistas seja necessariamente para ser conhecido, e que Deus os elegeu como escritores para que a história do Cristo fosse melhor conhecida. De fato, cada um pregou seu evangelho em um lugar particular e cada um escreveu o que havia de pregar simplesmente para narrar mais claramente a história do Cristo, e não para explicar os demais. Se, pela comparação dos evangelistas, melhor e mais facilmente se os entende, isso ocorre por acaso e por um pequeno número de passagens que poderíamos

TRATADO TEOLÓGICO-POLÍTICO

ignorar, sem que a história fosse menos clara e o homem menos capaz de beatitude.

10: Mostramos, assim, que a Escritura é chamada apropriadamente a Palavra de Deus tendo em vista apenas a religião, quer dizer, a Lei divina universal. Resta mostrar agora que ela não é nunca mentirosa, falsificada, nem mutilada, na medida em que merece esse nome. Observo aqui que chamo mentiroso, falsificado e mutilado um texto tão mal escrito e composto que o sentido não pode ser descoberto, considerando-se o uso da língua ou apenas extraído da Escritura; não quero em absoluto afirmar que a Escritura, por conter a lei divina, sempre possui os mesmos pontos, as mesmas letras e, enfim, as mesmas palavras (deixo aos massoretas e àqueles que têm uma adoração supersticiosa pela letra o cuidado de demonstrá-lo), mas apenas que o sentido, pelo qual um texto pode ser chamado divino, nos chegou sem corrupção, embora as palavras que tendo servido inicialmente para exprimi-lo tenham mudado várias vezes. Com efeito, a divindade da Escritura em nada diminui, pois, escrita com outras palavras e em outra língua, seria igualmente divina. Nesse sentido, portanto, a lei nos chegou sem corrupção e ninguém pode duvidar, já que pela própria Escritura percebemos, sem qualquer dificuldade ou ambiguidade, que a lei se resume neste preceito: amar a Deus acima de todas as coisas e a seu próximo como a si mesmo. Disso estamos bem seguros e não pode ser efeito de uma falsificação; não foi escrito por uma pena muito apressada e culpada de erros. Se a Escritura houvesse oferecido um ensino diferente, este também deveria ser diferente em todos os demais pontos, pois está ali o fundamento de toda a religião e se o suprimirmos todo o edifício ruirá de um só golpe. Por conseguinte, uma Escritura que não ensinasse isso não seria a mesma, mas um livro inteiramente diverso. Assim, permaneceremos seguros, de uma segurança inquebrantável, que tal sempre foi o ensinamento da Escritura e que a esse respeito nenhum erro acidental pôde corromper o sentido incontinente e perceptível para cada um, que ninguém pôde falsificar esse ensinamento, pois sua malícia logo explodiria aos olhos.

11: Em seguida, como é preciso admitir que esse fundamento não foi corrompido, dever-se-á julgar da mesma forma todas as consequências que ele arrasta, sem controvérsia possível, e que têm o mesmo caráter fundamental: que Deus existe, que sua providência é universal, que ele é todo-poderoso, que por seu decreto o homem piedoso é um bem-aventurado e o mau, um infeliz, e que nossa salvação depende apenas de sua graça. Tudo isso a Escritura ensina claramente e sempre o ensinou, pois de outra maneira todo o resto seria vão e sem fundamento. E não menos isentas de corrupção são as demais verdades morais, pois elas decorrem com muita evidência desse fundamento universal, assim: manter a justiça, vir em ajuda do indigente, não matar, não cobiçar o bem de outro etc. Essas verdades, digo, nem a malícia dos homens nem o tempo puderam apagar o mínimo que fosse. Se tivessem sofrido uma destruição parcial, seu fundamento universal não teria deixado de logo restabelecer sua integridade, em particular o ensino da caridade que ambos os Testamentos recomendam em todos os lugares como sendo o mais importante. Ajuntemos que, se é verdade que não podemos imaginar crime tão abominável que não tenha sido cometido, ninguém, no entanto, tenta destruir as leis ou apresentar uma máxima ímpia como ensinamento eterno e útil para a salvação, com o intuito de isentar-se de seus crimes. Com efeito, assim se mostra a natureza do homem; se alguém, rei ou súdito, cometeu uma vilania, procura atribuir-lhe circunstâncias tais com que se possa fazer inocente de toda falta contra a justiça e a honra.

12: Concluímos, pois, em absoluto, que toda a Lei Divina universal ensinada pela Escritura nos chegou isenta de qualquer corrupção. Além disso, há outros pontos dos quais não podemos duvidar, pois temos a seu respeito uma tradição digna de crédito, como, na essência, os relatos da Escritura, pois se trata de fatos de uma notoriedade bem estabelecida por todos. Antigamente, entre os judeus, o vulgo tinha o costume de lembrar os acontecimentos da história nacional, cantando os salmos. Também o essencial dos atos do Cristo e sua paixão foram logo conhecidos do povo em todo o império romano. A menos que se acredite num acordo entre a maior parte do gênero humano, o que é pouco crível, não se pode pensar que a posteridade tenha transmitido o essencial dessas histórias de outra maneira que houvera recebido. As alterações e as mentiras só puderam, portanto, reproduzir-se no resto, quero dizer, nesta ou naquela circunstância do relato ou da profecia, julgada própria para excitar a devoção, ou neste ou naquele milagre, para atormentar os filósofos; ou, enfim, em matéria de ordem especulativa, quando os cismáticos as introduziram na religião para que cada um pudesse, assim, abrigar suas invenções sob a autoridade divina. Mas pouco importa à salvação que coisas desse gênero sejam ou não falsificadas. Vou mostrá-las expressamente no próximo capítulo, embora creia já as ter estabelecido no que precede e, em particular, no capítulo II.

CAPÍTULO XIII

Mostra-se que a Escritura ensina apenas doutrinas muito simples, nada inculcando além de obediência;
e no que concerne à natureza divina, ensina apenas o que o homem pode imitar por um código definido de conduta

1: No capítulo II deste *Tratado*, mostramos que os profetas tiveram uma faculdade especial apenas de imaginar, mas não a de conhecer, e que Deus não lhes revelou os arcanos da filosofia, mas coisas da maior simplicidade e que se adaptaram às suas opiniões preconcebidas. Em segundo lugar, mostramos no capítulo V que a Escritura, em seus mandamentos, quis tornar suas comunicações e ensinamentos tão fáceis de serem percebidos que seriam possíveis a qualquer um; e que, em consequência, não seguiu o método dedutivo, partindo de axiomas e de definições, e encadeando as verdades, mas simplesmente as enunciou e, para torná-las críveis, as confirmou apenas pela experiência, quer dizer, por milagres e relatos históricos; que em seus relatos ela usa frases e estilo próprios para comover a alma da multidão; a esse respeito, ver o que se demonstrou em terceiro lugar no capítulo IV. Por fim, no capítulo VII, mostramos que a dificuldade de entender-se a Escritura consiste apenas na língua, não na estatura do assunto. Ao que se acrescenta que os profetas não pregaram para os entendidos, mas para todos os judeus, e que os apóstolos tinham o costume de ensinar a doutrina evangélica nas igrejas onde se reunia a assembleia comum. De tudo isso se segue que a doutrina da Escritura não é uma filosofia, não contém especulações elevadas, mas apenas verdades muito simples e que são facilmente perceptíveis ao espírito mais preguiçoso.

2: Não posso, por conseguinte, admirar em demasia a compleição de espírito desses homens, dos quais falei acima, que veem na Escritura mistérios profundos que não podem ser explicados em nenhuma língua e que, em seguida, introduziram na religião tanta filosofia e especulações que a Igreja parece ter-se convertido em academia, a religião em ciência ou, antes, em controvérsia. No entanto, o que há de surpreendente se homens que se vangloriam de ter uma luz superior à natural não querem ceder em conhecimento aos filósofos que se reduzem à natural? Certamente, eu acharia isso digno de admiração se esses homens ensinassem algo de novo na ordem da pura especulação, algo que não fosse perfeitamente banal na filosofia dos gentios (que eles afirmam, porém, terem sido cegos). Que se procurem, com efeito, quais são esses mistérios escondidos na Escritura, visíveis para eles, e nada se encontrará a não ser invenções de Aristóteles, de Platão ou de qualquer outro semelhante, que frequentemente o primeiro dos simples de espírito poderia reproduzir com menos dificuldade em sonho do que o maior dos eruditos não teria como descobri-lo na Escritura.

3: Não é que nos recusemos em absoluto a admitir que certas verdades de ordem puramente especulativa pertençam à doutrina da Escritura, pois no capítulo precedente enunciamos algumas e as demos como fundamentais na Escritura. O que sustento é que se encontram muito poucas desse gênero e bastante simples apenas. Resolvi mostrar aqui quais são essas verdades e por que método se pode determiná-las. Isso nos será fácil se soubermos que o objeto da Escritura não é o de ensinar as ciências, pois podemos facilmente concluir que ela exige dos homens somente obediência e condena apenas a insubmissão, não a ignorância. Em seguida, como a obediência a Deus consiste somente no amor ao próximo (quem ama o próximo, quero dizer, quem ama a fim de obedecer a Deus, cumpre a Lei; Paulo o afirma na *Epístola aos Romanos* 13, 8), daí decorre que a única ciência recomendada pela Escritura é aquela necessária aos homens para obedecer a Deus conforme seu preceito, e na ignorância da qual eles são, por consequência, necessariamente insubmissos ou, ao menos, não instruídos na obediência. Quanto às especulações que não tendem a esse fim, que digam respeito ao conhecimento de Deus ou das coisas naturais, não possuem relação com a Escritura e devem, pois, estar separadas da religião revelada.

4: Embora não haja, como dissemos, nada difícil de se ver para qualquer um, como acontece em toda religião, quero mostrá-lo de maneira mais exata e explicar mais claramente. Para isso se requer que vejamos primeiramente que o conhecimento intelectual ou, dito de outra forma, exato de Deus não é, como a obediência, um dom comum a todos os fiéis; em segundo lugar, que os únicos conhecimentos que, por intermédio dos profetas, Deus exige de todos, universalmente, e que cada um se obriga a ter, são o da Justiça e da Caridade divinas. Um e outro ponto se demonstram facilmente pela Escritura.

5: O primeiro ponto é uma consequência muito evidente do *Êxodo* (6, 2), no qual Deus diz a Moisés, para evidenciar a extensão da graça que lhe fez: "e eu me revelei a Abraão, a Isaías e a Jacó como o Deus Schadai, mas sob o nome de Jeová não lhes fui conhecido". Para explicar essa passagem, é preciso notar que *El Schadai* significa em hebraico *Deus suficiente*, pois que dá a cada um o que lhe é suficiente; e embora *Schadai* seja com frequência tomado por Deus, não se duvida dever-se subentender sempre a palavra *El*, ou Deus. Em seguida, é preciso notar que não se encontra na Escritura qualquer nome, à exceção de Jeová, que exprima a essência absoluta de Deus, sem relação com as coisas criadas. Eis por que os hebreus pretendem que apenas esse nome pertença propriamente a Deus, sendo os outros apelações. E, efetivamente, os demais nomes de Deus, substantivos ou adjetivos, são atributos que convêm a Deus quando se o considera em relação às coisas criadas ou como por elas manifestadas. Por exemplo, *El*, ou com a letra paragógica He, *Eloah*, que significa poderoso, como se sabe, e só convém a Deus no sentido de que é *o poderoso*, assim como Paulo é *o apóstolo*. Além dessa palavra juntam-se adjetivos exprimindo as virtudes de sua força: assim, o grande, o terrível, o justo, o misericordioso etc. *El* (poderoso), ou para bem compreender todas essas virtudes simultaneamente, é empregado no plural com um significado singular, o que é bastante frequente na Escritura. Pois, na passagem acima citada, Deus diz a Moisés que ele não foi conhecido por seus pais sob o nome de Jeová; isso quer dizer que eles não conheceram nenhum atributo de Deus que explicasse sua essência absoluta, mas apenas efeitos ou promessas de sua potência, quer dizer, que eles conheceram sua potência na medida em que ela se manifestava por coisas visíveis. Observemos que Deus não diz isso a Moisés para acusá-los de infidelidade; ao contrário, ele glorifica sua credulidade e fidelidade. Embora não tendo tido um conhecimento singular de Deus, como aquele que foi dado a Moisés, eles creram, no entanto, nas firmes e seguras promessas de Deus. Não como Moisés que, a despeito dos mais elevados pensamentos que teve de Deus, duvidou de suas promessas e objetou-lhe que, em lugar da salvação prometida, a condição dos judeus havia piorado. Como os ancestrais haviam ignorado o nome próprio de Deus, e Deus disse isso a Moisés para glorificar sua simplicidade de alma e louvar sua fidelidade, como também para lembrar a graça única concedida a Moisés, devemos muito evidentemente concluir, em primeiro lugar, que nenhum mandamento obriga os homens a conhecer os atributos de Deus, e que esse conhecimento é um dom particular feito somente a alguns fiéis. Não vale a pena mostrar isso por meio de vários testemunhos tirados da Escritura. Com efeito, quem não vê que os fiéis não possuem de Deus um conhecimento igual, que ninguém pode ser sábio por mandamento, como também viver ou existir? Todos, homens, mulheres e crianças podem igualmente obedecer por mandado, mas não possuir a sabedoria.

6: Dir-se-á que não é preciso conhecer os atributos de Deus, mas unicamente crer simplesmente nele e sem demonstração? Seria pura frivolidade. De fato, as coisas invisíveis e que são objetos apenas do pensamento, não podem ser vistas por outros olhos que os da demonstração. Quem não possui demonstrações nada vê dessas coisas e tudo o que atribui como entendimento de tais objetos não mantém relação com seu pensamento e não as explica mais do que as palavras de um papagaio ou de um autômato, às quais não se atém nem sentido nem pensamento.

7: Antes de prosseguir, todavia, devo indicar a razão pela qual o *Gênesis* diz frequentemente que os patriarcas pregaram em nome de Jeová, o que parece inteiramente contrário ao que lemos acima. Tendo em vista, no entanto, as proposições estabelecidas no capítulo VIII, poderemos com facilidade mostrar que o desacordo é só aparente. Naquele capítulo, com efeito, viu-se que a pessoa que escreveu o *Pentateuco* não designa as coisas e os lugares pelos nomes precisos que traziam no tempo do qual fala, mas por aqueles que estavam mais em uso em seu tempo. Assim, o Deus dos patriarcas, no *Gênesis*, é designado pelo nome de Jeová, não que os ancestrais o tenham conhecido por esse nome, mas porque era grandemente reverenciado entre os judeus. É preciso que assim seja, pois o nosso texto do *Êxodo* traz expressamente que Deus não foi conhecido dos patriarcas sob o nome de Jeová e também que Moisés deseja saber o nome de Deus (*Êxodo* 3, 13). Se ele tivesse sido precedentemente conhecido, ele, pelo menos, não o teria ignorado. É preciso pois concluir, como o quisemos, que os fiéis patriarcas ignoraram esse nome de Deus e que o conhecimento de Deus é um dom, não um mandamento seu.

8: Agora é tempo de passar ao segundo ponto, quer dizer, mostrar que Deus, pelos profetas, não exige dos homens outro conhecimento de si mesmo a não ser o de sua justiça e caridade, ou seja, atributos tais com que os homens o possam imitar, seguindo uma certa regra de vida. É o que ensina Jeremias nos termos mais expressos. Falando do rei Josias, diz (*Jeremias* 22, 15-16): "certamente teu pai bebeu e comeu, praticou o direito e a justiça, e então a prosperidade foi sua partilha; ele julgou o direito do pobre e do indigente, e então a prosperidade foi sua partilha, pois (observai bem) isso é me conhecer, disse Jeová". Não menos clara é esta passagem do capítulo 9, versículo 23: "mas cada um se glorifique apenas de me ouvir e de me conhecer naquilo que eu, Jeová, faça ter sobre a terra a caridade, o direito e a justiça, pois aí estão minhas delícias". Isso também sobressai do *Êxodo* (34, 6-7), em que a Moisés, que o deseja ver e conhecer, Deus apenas revela atributos com os quais se manifestam a justiça e a caridade divinas. E, enfim, esta passagem de João, do qual falaremos, que se deve notar em primeiro lugar: ninguém, com efeito, tendo visto Deus, João o explica somente pela caridade, e conclui que aquele que a pratica em verdade possui a Deus e o conhece. Vemos, pois, que para Jeremias, Moisés e João, o conhecimento de Deus, ao qual nos prendemos, compreende um pequeno número de atributos, consistindo, como o queríamos mostrar, em que Deus é soberanamente justo e soberanamente misericordioso; dito de outra forma, que é o modelo único da vida verdadeira. A isso se acrescenta que: a Escritura não dá expressamente nenhuma definição de Deus; que ela não prescreve apegar-se a outros atributos que não aqueles que acabamos de dizer e não recomenda explicitamente outros. De tudo, concluímos que o conhecimento intelectual de Deus, que considera sua natureza tal como é, natureza que os homens não podem imitar ao seguir uma certa regra de vida, que não se pode tomar como modelo para a instituição da verdadeira regra da vida, que esse conhecimento, dizemos nós, não pertence de modo algum à fé e à religião revelada; e que, em consequência, os homens podem, a esse respeito, enganar-se imensamente, sem crime.

9: Desde então, nada de surpreendente em que Deus se tenha adaptado às imaginações e opiniões preconcebidas dos

TRATADO TEOLÓGICO-POLÍTICO

profetas, que os fiéis tenham abraçado com ardor maneiras diferentes de ver Deus, como mostramos com muitos exemplos no capítulo II. Nada de surpreendente também em que os livros sagrados falem de Deus tão impropriamente, atribuindo-lhe mãos, olhos, orelhas e pés, e o façam se deslocar no espaço, emprestando-lhe ainda movimentos de alma, tais como o ciúme, a misericórdia etc., e, enfim, o pintem como um juiz, assentado nos céus sobre um trono real com o Cristo à sua direita. De fato, eles falam em conformidade com a compreensão da plebe, que a Escritura procura tornar não douta, mas obediente. Os teólogos em geral, quando puderam ver pela luz natural que tais características atribuídas a Deus não convinham com a natureza divina, perceberam que era preciso admitir uma interpretação metafórica, e que, ao contrário, se deve aceitar literalmente tudo o que ultrapassa sua compreensão. Mas se todas as passagens desse gênero que se encontram na Escritura devessem ser interpretadas e entendidas como metáforas, a Escritura não teria sido escrita para a multidão e para o vulgo ignorante; teria sido destinada aos mais hábeis apenas e, sobretudo, aos filósofos. Melhor ainda, se houvesse impiedade para com Deus nessas crenças que nós relatamos há pouco, certamente os profetas deveriam guardar-se com mais cuidado de frases semelhantes, ao menos em razão da fraqueza de espírito do vulgo e, ao contrário, dar ensinamentos claros e expressos sobre os atributos de Deus que cada um estava obrigado a conceber, o que não fizeram em lugar algum. Não é preciso, pois, acreditar minimamente que as opiniões, consideradas em si mesmas, sem levar em conta as obras, tenham algo de piedoso ou de ímpio. Não diremos que uma crença humana é piedosa ou ímpia, a não ser na medida em que aquele que a professa for movido por suas opiniões à obediência, ou que, ao contrário, tire delas a licença de pecar e rebelar-se. Quem, portanto, crendo na verdade, é rebelde, sua fé é, na realidade, ímpia; quem, ao contrário, acreditando no falso, obedece, sua fé é piedosa. Pois mostramos que o verdadeiro conhecimento de

Deus não é um ordenamento, mas um dom divino, e que Deus não pediu aos homens outro conhecimento do que a justiça e a caridade. Conhecimento requerido não para as ciências, mas para a obediência.

CAPÍTULO XIV

Uma análise do que é a fé, do que é ser fiel e dos princípios fundamentais da fé. Finalmente, separa-se a fé da filosofia

1: Ninguém pode ignorar, mesmo considerando as coisas ligeiramente, que para se ter da fé um conhecimento verdadeiro é necessário, em primeiro lugar, saber que a Escritura está adaptada não apenas à compreensão dos profetas, mas também à do baixo povo judeu, diverso e inconstante. Pois caso se aceite indistintamente todo o conteúdo da Escritura como uma doutrina universal e absoluta sobre Deus, caso não se tenha tomado cuidado em distinguir com exatidão o que está adaptado à compreensão do vulgo, será impossível não confundir com a doutrina divina as opiniões da plebe, não dar como ensinamento divino o que são invenções do homem e decisões que lhe convêm, assim como não abusar da autoridade da Escritura. Como não ver, digo eu, que ali está sobretudo o que faz com que tantas opiniões, e tão contrárias, sejam ensinadas como artigos de fé pelos fundadores de seitas e apoiadas em numerosos exemplos tomados à Escritura. Donde esse provérbio há muito tempo em uso na Holanda: não há heréticos sem letras (*geen hetter zonder letter*). Com efeito, os livros sagrados não foram escritos por um só autor nem para a plebe de um século apenas; eles são obra de um grande número de homens de compleição diferente e que vivera em tempos muito diferentes. Se se quisesse contar os séculos que os separam, encontrar-se-iam dois mil anos e talvez muito mais. Quanto a esses fundadores de seitas, não queremos acusá-los de impiedade pela simples razão de que adaptaram as palavras da Escritura às suas opiniões. Da mesma maneira que foi adaptada antes à compreensão da plebe, é permitido a cada qual adaptá-la às suas próprias opiniões, se ali vê um meio de obedecer a Deus no que toca à justiça e à caridade, com alma plenamente consentidora. Nós os acusamos porque não querem reconhecer aos outros a mesma liberdade, e perseguem como inimigos de Deus todos os que não pensam como eles, vivam eles no mais honesto dos mundos e na prática da verdadeira virtude, preferindo, ao contrário, como eleitos de Deus, aqueles que os seguem docilmente, mesmo que sejam desprovidos de força moral. E não se pode conceber uma atitude mais criminosa e funesta do que essa senão ao Estado.

2: Logo, a fim de estabelecer até onde se estende, para cada um, a liberdade de pensar por sua vontade, tendo em vista a fé, e quais homens somos obrigados a olhar como fiéis, a despeito da diversidade de suas maneiras de ver, temos de determinar as características fundamentais da fé. Isso será o objeto deste capítulo, ao mesmo tempo que a separação da fé e da filosofia, que é o fim principal ao qual tende toda a obra.

3: Para estabelecer uma ordem conveniente em nossa exposição, lembremos o objeto essencial de toda a Escritura, e assim teremos uma regra verdadeira para definir a fé. No capítulo anterior dizíamos que o objeto da Escritura é apenas ensinar a obediência. Ninguém lhe poderá ir de encontro. Quem não vê, com efeito, que um e outro Testamentos não são outra coisa que uma lição de obediência, que a finalidade à qual tendem é de fazer os homens submeterem-se de boa vontade? Para não retornar às provas dadas no capítulo precedente, Moisés, com efeito, não procurou convencer os israelitas pela razão, mas ligá-los por um pacto, com sermões e benefícios; depois, indicou ao povo que havia de obedecer às leis sob pena de castigo, e o exortou com recompensas, eficazes para a obediência, todos esses meios ineptos caso se tratasse das ciências. O Evangelho nada ensina a não ser a fé simples: crer em Deus e reverenciá-lo, ou, o que dá no mesmo, obedecer a Deus. Nenhuma necessidade para que esse ponto seja o mais manifesto do mundo do que acumular os textos da Escritura que recomendam a obediência e que se encontram em grande número num e noutro Testamentos. Em segundo lugar, a própria Escritura ensina também com a maior clareza o que cada um deve realizar para obedecer a Deus. Ela diz que toda a lei consiste em um só mandamento: amar seu próximo. Ninguém pode negar que isso é verdadeiramente digno de ser obedecido e bem-aventurado segundo a lei (quem ama seu próximo como a si mesmo), porque Deus o ordenou, e que, ao contrário, é rebelde ou insubmisso aquele que tem ódio ao próximo ou o deixa no abandono. Todo o mundo, enfim, reconhece que a Escritura não foi escrita e difundida para os doutos apenas, mas para todo o gênero humano, sem distinção de sexo e de idade; e disso se segue com muita evidência que a Escritura não nos obriga a crer em outra coisa do que naquilo que é absolutamente necessário para realizar esse mandamento. Esse comando é, pois, a única regra de toda a fé universal, e só por esse mandamento devem ser determinados todos os dogmas da fé, todos aqueles, quero dizer, aos quais cada um deve aderir.

4: Que agora se julgue: dado que isso é bastante manifesto e que tudo o que concerne à fé pode deduzir-se desse único fundamento, usando-se apenas a razão, como pôde acontecer de tantas dissensões nascerem na Igreja? Tiveram outras causas além daquelas que mostramos no capítulo VII? São essas dissensões, pois, as mesmas que me obrigam a mostrar aqui a maneira de proceder e o método a seguir na determinação dos dogmas da fé, pelo princípio que encontramos. Se descuido de mostrá-lo e de estabelecer a esse propósito regras seguras, poder-se-ia crer justificadamente que o que faço aqui é pouca coisa, já que cada um permanecerá livre para introduzir na fé o que quiser, sob o pretexto de tratar-se de um meio indispensável à obediência, sobretudo quando se puser a questão dos atributos de Deus.

5: Assim, para tratar do assunto com ordem, começarei pela definição de fé; em virtude do fundamento posto, ela deve ser definida como consistindo somente em atribuir a Deus, pelo pensamento, características tais que sua ignorância deva arrastar consigo a destruição da obediência e que, estando posta a obediência, tais características estejam necessariamente postas. Definição tão clara e que decorre tão manifestamente das demonstrações precedentes que não se possui qualquer necessidade de explicação.

6: Vou mostrar agora, brevemente, o que se segue: 1. a fé é produtora de salvação não por si mesma, mas tendo em vista somente a obediência, ou, como o diz Tiago (*Epístola de São Tiago* 2, 17), a fé sem as obras é morte; ver a respeito todo o capítulo do apóstolo;

7: 2. por conseguinte, quem em verdade é obediente possui necessariamente a verdadeira fé, aquela cuja salvação é o fruto; pois dada a obediência, dissemos que a fé estava posta. É o que diz o mesmo apóstolo (*Epístola de São Tiago* 2, 18): "mostra-me tua fé sem as obras e eu te mostrarei minha fé por minhas obras". E João (*Epístola de São João* I, 4, 7-8): "quem quer que ame (seu próximo) é nascido de Deus e o conhece; quem não o ama, não conhece a Deus, pois ele é caridade". Daí concluiremos, ainda uma vez, que ninguém deve ser julgado fiel ou infiel senão por suas obras. Se suas obras são boas, ainda que se afaste por seus dogmas de outros fiéis, é, no entanto, fiel; se, ao contrário, elas são más, embora por palavras ele concorde com os demais fiéis, é um infiel. Pois dada a obediência, a fé é necessariamente posta, e a fé sem obras é morte. É o que João ensina expressamente no versículo 13 daquele mesmo capítulo: "por isso", diz, "conhecemos que nele habitamos e que ele nos habita, que ele nos deu seu Espírito", quer dizer, a caridade. Pois antes havia dito que Deus é caridade, de onde conclui que aquele possui verdadeiramente o Espírito de Deus, que é a caridade. E mesmo que ninguém tenha visto Deus, ele conclui que ninguém o vê ou percebe senão pela caridade para com o próximo, e assim ninguém pode conhecer outro atributo de Deus que não seja essa caridade, na medida em que dela tomamos parte. Tais razões, se não são peremptórias, explicam bastante claramente, no entanto, o pensamento de João; mais clara ainda esta passagem do capítulo 2, versículos 3 e 4, da mesma Epístola, na qual ele ensina nestes termos explícitos o que queremos provar: "e por isso", diz ele, "sabemos que o conhecemos: porque observamos seus preceitos. Quem diz que o conhece e não observa seus preceitos, é mentiroso e a verdade não está com ele". Daí concluímos, novamente, que é anticristão aquele que persegue homens de vida honesta e amigos da justiça porque sua opinião se afasta da sua e não se prende aos mesmos dogmas ou artigos de fé. Pois sabemos que amar a justiça e a caridade basta para que se seja um fiel, e perseguir os fiéis é anticristão.

8: Segue-se, enfim, que a fé requer menos dogmas verdadeiros do que pios, quer dizer, capazes de mover a alma à obediência, embora haja muitos entre eles que não possuem sombra de verdade; desde que, no entanto, ao se adotá-los, se ignore a falsidade, sem o que haveria, necessariamente, rebelião. Com efeito, como poderia um homem que se aplica a amar a justiça e a obedecer a Deus adorar como divina uma coisa estranha à natureza divina? Mas os homens podem errar por simplicidade de alma, e a Escritura, como o demonstramos, não condena a ignorância, e sim a insubmissão. Isso decorre necessariamente da própria definição de fé, pois ela deve ser buscada por inteiro no fundamento universal acima demonstrado e no único objeto a que se propõe a Escritura, a menos que queiramos ali misturar as decisões que nos agradam. Essa fé, portanto, não exige expressamente dogmas verdadeiros, mas tais que engendrem, necessariamente, a obediência, isto é, que confirmem a alma no amor ao próximo, pois é apenas em relação a esse amor que cada um está em Deus (para falar com João) e que Deus está em cada um.

9: Depois, como é preciso, para apreciar a piedade ou a impiedade de uma fé, considerar apenas a obediência ou a insubmissão daquele que a professa, e não a verdade ou a falsidade da própria fé, e, por outro lado, como está fora de dúvida que a compleição dos homens é extremamente diversa, que nem todos encontram repouso nas mesmas ideias, mas que, ao contrário, opiniões diferentes os governam, trazendo a uns a devoção e a outros o riso e o desprezo, devemos concluir que a fé católica ou universal não abrange dogmas a respeito dos quais possa haver controvérsia entre homens honestos. Os dogmas sujeitos à controvérsia podem ser piedosos quando se os considera numa mesma alma, ímpios em outra, pois é preciso julgar apenas pelas obras. Pertencem à fé universal apenas aqueles que postulam a obediência absoluta para com Deus, e na ignorância dos quais a obediência é totalmente impossível. Com respeito aos demais dogmas, cabe a cada um, porque melhor se conhece, pensar como lhe será preferível para se confirmar no amor da justiça. Por essa regra, penso não deixar qualquer lugar na Igreja para controvérsias.

10: Não recearei agora enumerar os dogmas da fé universal, quer dizer, as crenças fundamentais que a Escritura universal tem por objeto estabelecer. Tais dogmas (assim como resulta com muita evidência do capítulo precedente) devem todos tender apenas para este princípio: existe um ser supremo que ama a justiça e a caridade, a quem todos, para serem salvos, devem obedecer e adorar, praticando a justiça e a caridade para com o próximo. Partindo-se daí, os determinamos facilmente e não existem outros a não ser os seguintes: 1. existe um Deus, quer dizer um ser supremo, soberanamente bom e misericordioso; em outros termos, um modelo de vida verdadeira: com efeito, quem não o conhece, ou não crê em sua existência, não pode obedecer-lhe ou reconhecê-lo como juiz; 2. Deus é único: é preciso em absoluto, e disso ninguém pode duvidar, para que ele seja um objeto supremo de devoção, de admiração e de amor, pois a devoção, a admiração e o amor nascem unicamente da excelência do ser que está acima de todos; 3. ele está em tudo presente, ou ainda, ele tudo vê. Se se acreditasse haver para ele coisas escondidas, e caso se ignorasse que ele tudo visse, se duvidaria da equidade de sua justiça que tudo dirige; 4. ele tem sobre todas as coisas direito e poder supremos e nada faz por obrigação legal, mas por pelo bom prazer absoluto e graça singular. Com efeito, todos devem obedecê-lo e ele a ninguém obedece; 5. o culto a Deus e a obediência a Deus consistem apenas na justiça e na caridade, isto é, no amor ao próximo; 6. todos aqueles que, seguindo essa regra de vida, obedecem a Deus, serão salvos e os únicos a serem, estando os demais, os que vivem sob o império da volúpia, perdidos. Se os homens não acreditassem nisso firmemente, nenhuma causa existiria que os fizesse preferir obedecer a Deus do que às volúpias; 7. Deus, enfim, perdoa os pecados dos arrependidos. Não há ninguém que não peque; se não se admitisse isso, todos desesperariam de sua salvação e não teriam qualquer motivo para crer na misericórdia divina. Aquele que nisso crê firmemente, que em sua misericórdia e por sua graça, reguladora soberana, Deus perdoa os pecados dos homens, e que por essa razão mais se inflama pelo amor de Deus, este conhece verdadeiramente o Cristo segundo o Espírito, e o Cristo nele está.

11: E ninguém pode ignorar que essas são coisas necessárias de serem conhecidas, antes de tudo para que os homens, sem exceção, possam obedecer a Deus segundo a prescrição da Lei que antes explicamos. Caso se rejeite uma dessas crenças, rejeita-se a obediência a Deus. Quanto a saber o que é Deus, quer dizer, o modelo da vida verdadeira, se ele é fogo, espírito, luz, pensamento etc., isso não interfere na fé; e do mesmo modo, em que sentido ele é um modelo de vida verdadeira, se é porque ele possui uma alma justa e misericordiosa, ou porque todas as coisas são e agem por ele e que, consequentemente, também nós conhecemos por ele e só por ele vemos o que é verdadeiro, justo e bom.

Ainda que cada um de nós tenha acreditado dever formular uma pergunta a esse respeito, é tudo uma só coisa. Em segundo lugar, é indiferente à fé crer-se que Deus está em todos os lugares em virtude de sua essência ou em virtude de sua potência; que ele dirija as coisas livremente ou por uma necessidade de sua natureza; que ele prescreva leis à maneira de um príncipe ou as ensine como verdades eternas; que o homem obedeça a Deus por uma decisão livre ou pela necessidade do decreto divino e, enfim, que a recompensa dos bons e a punição dos maus seja natural ou sobrenatural. Tais questões e outras semelhantes, digo eu, de qualquer forma que cada um as esclareça, em nada importam, considerando-se a fé. Desde que não se tenha em vista, nas conclusões, dar-se uma liberdade maior para pecar ou de se tornar menos obediente a Deus. Há mais: cada um deve, e já o dissemos antes, adaptar esses dogmas da fé à sua própria compreensão e dar-se a interpretação que poderá torná-la mais fácil de ser aceita, não hesitante, mas plena e sem reserva, a fim de que sua obediência a Deus venha também da mente, em plenitude, consentidora. Pois, já o indicamos, da mesma maneira que, antes, a fé foi revelada e escrita conforme a compreensão e as opiniões dos profetas e do vulgo de suas épocas; do mesmo modo, cada um deve adaptá-la às suas opiniões, a fim de poder aderir-lhe sem qualquer resistência de seu pensamento e sem nenhuma hesitação. A fé, repetimos, não exige tanto a verdade quanto a piedade, e ela não é piedosa e produtora de salvação a não ser enquanto obediência. Ninguém é, portanto, fiel a não ser na proporção de sua obediência. Não é, pois, aquele que expõe as melhores razões em quem se vê a melhor fé; é aquele que expõe as melhores obras de justiça e de caridade. Quão salutar e necessária é essa doutrina no Estado, caso se queira que os homens vivam em paz e na concórdia; quantas causas e causas de distúrbios e de crimes ela elimina, deixo a todos o cuidado de julgar.

12: Agora, antes de prosseguir, e pelo que acaba de ser mostrado, convém observar que nos é fácil responder às objeções levantadas no capítulo I a respeito das palavras endereçadas

TRATADO TEOLÓGICO-POLÍTICO

por Deus aos israelitas do alto do Sinai. Sem dúvida, a voz que ouviram não podia dar a esses homens qualquer certeza filosófica, quer dizer, matemática, da existência de Deus. Todavia, era suficiente para os encantar com admiração perante Deus, tal como o conheciam antes, e determiná-los à obediência, que era a finalidade dessa manifestação. Deus não queria fazer conhecer aos israelitas os atributos absolutos de sua essência (não revelou nenhum deles naquele momento); queria romper suas almas insubmissas e constrangê-las à obediência. Eis por que a eles não se manifestou por meio de razões, mas por ruídos de trompetes, de trovões e de relâmpagos.

13: Resta mostrar, enfim, que entre a fé ou a teologia e a filosofia não há qualquer relação, qualquer parentesco. Ninguém que conheça o fim e o fundamento de ambas as disciplinas, as quais são inteiramente diversas, pode ignorá-lo. O fim da filosofia é unicamente a verdade; o da fé, como mostramos abundantemente, é apenas a obediência e a piedade. Em segundo lugar, os fundamentos da filosofia são as noções comuns e devem ser tirados somente da natureza; os da fé são a história e a filologia, e devem ser tirados da Escritura e da revelação, como mostramos no capítulo VII. A fé, portanto, reconhece em cada um a liberdade soberana de filosofar, de tal sorte que se pode, sem crime, pensar o que se quiser de todas as coisas. Ela apenas condena como heréticos e cismáticos aqueles que ensinam opiniões próprias a difundir entre os homens a insubmissão, o ódio, o espírito combativo e a cólera. Ao contrário, ela tem por fiéis somente aqueles que, na medida em que sua razão tenha força e como o permitam suas faculdades, irradiem a justiça e a caridade. Enfim, tratando-se aqui do objeto principal deste tratado, quero, antes de prosseguir, convidar insistentemente o leitor a ler com particular atenção esses dois capítulos e a julgá-los dignos de uma exame reiterado. Que ele queira ainda persuadir-se de que não os escrevemos com o desejo de apresentar novidades, mas para retificar julgamentos errôneos que temos, porém, a esperança de ver algum dia corrigidos.

CAPÍTULO XV

*Demonstra-se que nem a teologia é ancilar à razão
nem a razão à teologia; a razão pela qual nos persuadimos
da autoridade da Sagrada Escritura*

1: Entre os que não separam a filosofia da teologia, há discussão para se saber se a Escritura deve ser serva da razão, ou a razão da Escritura; isto é, se o significado da Escritura deve dobrar-se à razão, ou a razão dobrar-se à Escritura. Esta última tese é a dos céticos, os quais negam a certeza da razão; a primeira é sustentada pelos dogmáticos. É certo, pelo que já foi dito, que uns e outros erram imensamente. Com efeito, ao seguirmos uma ou outra maneira de ver, ou a razão ou a Escritura está corrompida. De fato, mostramos que a Escritura não ensina filosofia, mas somente a piedade, e que todo o seu conteúdo foi adaptado à compreensão e opiniões preconcebidas do vulgo. Portanto, quem quer dobrá-la à filosofia atribuirá ficticiamente muitos pensamentos aos profetas, que nem mesmo em sonhos os tiveram, e os interpretará falsamente. Ao contrário, quem faz da razão e da filosofia servas da teologia, deve admitir como coisas divinas os preconceitos da plebe dos tempos antigos, preconceitos que ocuparão e cegarão seu pensamento. Assim, um e outro, um sem razão, outro com ela, falarão sem nexo.

2: O primeiro que entre os fariseus pretendeu ser necessário dobrar a Escritura à razão foi Maimônides (nós resumimos sua maneira de ver no capítulo VII, e o refutamos com numerosos argumentos). E embora esse autor tenha gozado de grande autoridade entre eles, a maior parte dos fariseus afastou-se dele nessa questão, alinhando-se com a opinião de um certo R. Jehuda Alpakhar[18], quem, desejando evitar o erro de Maimônides, caiu no erro oposto. Ele sustenta que a razão devia inclinar-se perante a Escritura e ser-lhe inteiramente submissa; sustentou que não ocorria dar-se em nenhuma passagem da Escritura uma interpretação metafórica quando o sentido literal contradissesse a razão, mas apenas quando contraditasse a própria Escritura, quer dizer, os dogmas que ela ensina com clareza. Ele forma, assim, esta regra universal: tudo o que a Escritura ensina dogmaticamente, e afirma em termos explícitos, deve ser admitido como absolutamente verdadeiro, unicamente pela autoridade da Escritura; e jamais se encontrará na *Bíblia* qualquer outro dogma que possa contradizer o anterior diretamente, mas apenas pelas consequências que dele decorrem, quer dizer, no sentido de que as maneiras de dizer próprias à Escritura parecem com frequência implicar o contrário do que expressamente ensina. Por tal motivo, apenas as passagens desse gênero devem ser entendidas como metáforas. Por exemplo, a Escritura ensina expressamente que Deus é único (*Deuteronômio* 6, 4) e não há qualquer passagem que afirme diretamente haver muitos deuses; no entanto, encontram-se muitas em que Deus fala de si mesmo e em que os profetas falam de Deus no plural. Isso é apenas uma maneira de dizer que implica, sem que o próprio texto o indique explicitamente, existir muitos deuses. Por esse motivo, isto é, não porque essa pluralidade contradiga a razão, mas porque a Escritura afirma

18. Lembro-me de ter lido isso em uma carta contra Maimônides que se encontra na coleção de cartas a ele atribuída. (B. de S.) [Iehuda Alfakar, século XIII, médico, de uma importante família de judeus sefarditas de Granada e Toledo. Foi um severo crítico da tentativa maimonidiana de conciliar a filosofia grega e o judaísmo.]

diretamente a unicidade, acontece de essas passagens serem entendidas como metáforas. Da mesma maneira pela qual a Escritura afirma diretamente (como pensa Alpakhar) no *Deuteronômio* (4, 15) que Deus é incorpóreo, não é pela razão, mas apenas em virtude da autoridade desse texto que devemos crer que Deus não possui corpo e, consequentemente, somos também levados a explicar como metáforas todas as passagens que atribuem a Deus mãos, pés etc., e que, apenas pela maneira como são escritas, parecem implicar um Deus corporal.

3: Assim é a opinião daquele autor. Louvo seu desejo de explicar as Escrituras pelas Escrituras, mas acho surpreendente que um homem dotado de razão se esforce por destruí-la. Sem dúvida, é verdade que se deve explicar a Escritura pela Escritura enquanto se aplique em descobrir o sentido dos textos e o pensamento dos profetas, mas uma vez que tenhamos, por fim, encontrado o sentido verdadeiro, é preciso usar necessariamente o juízo e a razão para dar a esse pensamento nossa anuência. Se a razão, a despeito de seus reclamos contra a Escritura, deve, porém, estar-lhe inteiramente submissa, pergunto se devemos fazer essa submissão porque temos uma razão, ou cegamente e sem razão? Se for sem razão, agimos como insensatos e sem juízo; se for com a razão, é, pois, sob seu comando que aprovamos a Escritura; logo, se ela contradiz a razão, a ela não aderimos. E pergunto ainda, quem pode aprovar pelo pensamento uma crença que a razão recrimina? O que é, efetivamente, negar alguma coisa em pensamento senão satisfazer a um reclamo da razão? Assim, não posso deixar de me admirar que se queira submeter a razão, esse máximo dom, essa luz divina, à letra morta que a malícia humana pôde falsificar, que se possa acreditar não haver crime ao se falar indignamente contra a razão, essa regra fundamental que atesta verdadeiramente a palavra de Deus, e pretender tê-la corrompida, cega e perdida, ao mesmo tempo que, tendo-se feito um ídolo do que é apenas a letra e a imagem da palavra divina, se teria como pior dos crimes uma suposição de seu exame. Estima-se que seja piedoso ter-se apenas desconfiança da razão e do julgamento próprio, e ímpio não ter plena confiança no que nos transmitiram os livros sagrados. Isso não é piedade, é pura demência. Mas pergunto, que inquietude é essa que os domina? A religião e a fé não podem conservar-se a não ser que os homens se dediquem laboriosamente a tudo ignorar e a despejar em definitivo a razão? Se essa é sua crença, em verdade é medo o que a Escritura lhes inspira, de preferência à confiança. Mas rechacemos para bem longe essa ideia de que a religião e a piedade queiram fazer da razão sua serva, ou que a razão pretenda rebaixar a religião àquele estado. Guardemo-nos de acreditar que ambas não possam, na paz e na concórdia, ocupar seus próprios reinos. Aliás, iremos sem tardança tratar desse ponto. Antes, todavia, é-nos preciso examinar a regra desse rabino.

4: Como dissemos, ele nos quer obrigar a admitir como verdadeiro o que a Escritura afirma, e a rejeitar como falso tudo o que ela nega. Ninguém pode negar que são essas duas proposições bem temerárias. Pois eu não o censuraria de não haver percebido que a Escritura se compõe de livros diversos, que foi escrita em tempos diferentes, por homens diferentes e, enfim, por vários autores. Também guardarei silêncio por estabelecer seus princípios apenas por sua autoridade, pois nem a razão nem a Escritura dizem algo de similar; ao menos teve, em princípio, de mostrar que é possível atribuir um sentido metafórico a todas essas passagens entre as quais há somente contradição implícita, sem violentar a língua e levando em conta o contexto; em segundo lugar, que a Escritura nos chegou sem corrupção. Mas examinemos a questão ordenadamente. Pergunto em primeiro lugar: o que é preciso fazer em caso de a razão opor-se? Somos obrigados, apesar disso, a admitir a verdade do que afirma a Escritura e rejeitar como falso o que ela nega? Talvez ele diga que não há nada na Escritura que contradiga a razão. Insisto, entretanto: ela afirma e ensina expressamente que Deus é ciumento (no próprio Decálogo, no *Êxodo* 34, versículo 14 e no *Deuteronômio* 4, versículo 24, além de muitas outras passagens); ora, isso contradiz a razão. Será preciso, pois, apesar desse reclamo, estabelecer que isso é verdadeiro e, caso se encontrem passagens que impliquem que Deus não é ciumento, explicá-las como se fossem metáforas, de modo que elas não pareçam conduzir a isso. Da mesma maneira ainda, a Escritura diz expressamente que Deus desceu do monte Sinai (ver *Êxodo* 19, 20) e lhe atribui ainda outros movimentos no espaço, ao passo que em nenhum outro lugar ela ensina expressamente que ele não se move; será preciso, pois, admitir a veracidade desse movimento. Quanto ao que diz Salomão, que Deus não está compreendido em nenhum lugar (ver *Reis I* 8, 27), pois não afirmou expressamente que Deus não se move, e que isso decorre apenas do que ele disse, será preciso explicar sua palavra de tal modo que ela não pareça retirar de Deus o movimento no espaço. Também os céus deveriam ser tomados pela morada e o trono de Deus, pois a Escritura o afirma explicitamente. E assim ocorre com um grande número de afirmações, conforme as opiniões dos profetas e do vulgo, e das quais apenas a razão e a filosofia fazem conhecer a falsidade, não a Escritura. No entanto, deveriam todas ser supostamente verdadeiras, conforme a opinião desse autor, pois em tal matéria não há que se ouvir a razão.

5: Em segundo lugar, falsamente afirma só haver contradição implícita e não direta entre uma passagem e outra. Com efeito, Moisés afirma diretamente que Deus é um fogo (*Deuteronômio* 4, 24). E nega diretamente que Deus tenha alguma semelhança com as coisas visíveis (*Deuteronômio* 4, 12). Ele pretenderá que Moisés, ao dizer isso, negue apenas implicitamente que Deus seja um fogo, e não diretamente? Será pois necessário acomodar a passagem em que se nega que Deus seja visível de maneira que ela não pareça negar o que a outra afirma. Que seja, e concordemos que Deus é um fogo ou, de preferência, para não desarrazoar com esse autor, deixemos o exemplo e tomemos um outro. Samuel nega diretamente que Deus se arrependa de uma decisão (ver *Samuel I* 15, 29) e Jeremias, ao contrário, afirma que Deus se arrepende do bem e do mal que decretou (*Jeremias* 18, 8-10). O que faremos? Diremos ainda que ambas as proposições não são diretamente opostas? A qual das duas se quer que atribuamos um sentido metafórico? Uma e outra são universais e contrárias entre si. O que uma afirma diretamente, a outra nega diretamente. Ele será por sua regra obrigado a admitir a verdade da primeira e, ao mesmo tempo, a rejeitá--la como falsa. De mais, o que importa que uma passagem não contradiga diretamente outra, mas apenas a consequência que tiro, se a consequência é clara e se a natureza da passagem e o contexto não permitem atribuir-lhe um sentido metafórico? Ora, tais passagens são encontradas em grande número na *Bíblia*, como podemos ver no capítulo II (ali mostramos que os profetas tiveram opiniões diversas e opostas), e particularmente também nos capítulo IX e X (onde mostramos todas as contradições contidas nos relatos).

6: Não é necessário passar todas em revista, pois já dissemos o suficiente para provar o absurdo das consequências que a regra dada arrasta consigo e sua falsidade, assim como a precipitação de seu autor. Mostramos, assim, que essa maneira de ver, como antes a de Maimônides, não é sustentável, e temos por solidamente estabelecido que nem a teologia deve ser serva da razão nem esta da teologia, mas que uma e outra têm seu próprio reino: a razão, como dissemos, o da verdade e da sabedoria; a teologia, o da piedade e obediência. O poder da razão, com efeito, não se estende tão longe que possa estabelecer a possibilidade para os homens de alcançar a beatitude apenas pela obediência, sem o conhecimento das coisas. A teologia, por outro lado, nada pretende a não ser isso, não ordena senão a obediência, não quer nem pode nada contra a razão. Com efeito, ela determina os dogmas da fé (como mostramos no capítulo anterior) na medida em que bastam para a obediência; diferentemente, o cuidado de determinar como os dogmas devem ser entendidos de maneira precisa, tem em vista a verdade, ela deixa à razão, que é, de fato, a luz do pensamento, e sem a qual ela nada vê senão sonhos e ficções. Entendo aqui por teologia, de modo preciso, a revelação enquanto indica o fim para o qual tende a Escritura (a razão pela qual e o modo pelo qual é preciso obedecer, ou, em outros termos, os dogmas da verdadeira piedade e da fé), ou seja, o que podemos chamar propriamente de palavra de Deus, que não consiste em um número determinado de livros (ver sobre esse ponto o capítulo XII). Assim compreendida, a teologia, se considerarmos seus preceitos, os ensinamentos que ela dá para a vida, encontrar-se-á inteiramente de acordo com a razão; e caso se considerem seu objeto e sua finalidade, não se descobrirá nada que contradiga a razão. Por conseguinte, ela é universal ou comum a todos. Quanto à totalidade da Escritura, já demonstramos no capítulo VII que era preciso determinar o sentido somente pela crítica histórica, e não pela história universal da natureza, que é elemento fundamental apenas da filosofia. E se, após ter-se procurado assim o verdadeiro sentido da Escritura, encontrarmos ali algo que contradiga a razão, não devemos aí nos deter. Pois tudo o que pode haver de contradição na Escritura, assim como tudo o que os homens podem ignorar sem perigo para a caridade, sabemos com certeza que isso em nada concerne à teologia ou à palavra de Deus e, consequentemente, que cada um pode a esse respeito pensar o que quiser, sem medo. Concluímos, assim, que nem a Escritura deve se dobrar à razão nem esta à Escritura.

7: Todavia, já que não podemos demonstrar pela razão a verdade ou a falsidade do princípio fundamental da teologia, o de que os homens são salvos apenas pela obediência, podemos nos fazer essa objeção: por que acreditamos? Se aprovarmos esse dogma como cegos, sem a razão, também agiremos como insensatos e desprovidos de juízo. Ao contrário, se pretendemos que esse fundamento pode ser demonstrado pela razão, então a teologia torna-se uma parte da filosofia e não existe nada a separá-las. Admito, em absoluto, que esse dogma fundamental da teologia não pode ser descoberto pela luz natural ou que, ao menos, ninguém achou tê-lo demonstrado, e que, por consequência, a revelação foi, acima de tudo, necessária. Que, não obstante, podemos justificar nossa adesão a esse dogma revelado de modo a ter, a seu respeito, uma certeza moral. Digo: uma certeza moral. Com efeito, não se pretende uma certeza de ordem mais elevada do que aquela que os próprios profetas tiveram, aos quais foi feita a primeira revelação do dogma, e para quem, no entanto, a certeza foi somente moral, como demonstramos no capítulo ii deste tratado. Logo, é enganar--se totalmente querer demonstrar a autoridade da Escritura por demonstrações matemáticas. Com efeito, a autoridade da *Bíblia* depende da autoridade dos profetas; logo, ela não pode ser demonstrada por argumentos mais fortes do que aqueles que os profetas tinham o hábito de usar para estabelecer sua autoridade no espírito do povo. E mesmo nossa certeza não pode repousar sobre qualquer outro fundamento senão aquele sobre o qual os profetas baseavam sua própria certeza e autoridade. De fato, mostramos que a certeza dos profetas repousava sobre três razões: 1. uma imaginação viva e distinta; 2. um signo; 3. enfim, e principalmente, uma alma inclinada ao justo e ao bom. Eles não se fundamentavam em outras razões; e, por conseguinte, eram também as únicas com as quais podiam demonstrar sua autoridade ao povo, falando-lhe, e a nós, por seus escritos. Ora, a primeira, a imaginação viva de certas coisas, só tem força para os próprios profetas; logo, toda a nossa certeza a respeito da revelação pode e deve basear-se sobre as duas outras: o signo e a doutrina. Aliás, é o que ensina expressamente Moisés. No *Deuteronômio* (capítulo 18), ele ordena ao povo obedecer ao profeta que, em nome de Deus, ofereceu um signo verdadeiro; se, ao contrário, predisse um signo falso, mesmo que o tenha feito em nome de Deus, dever-se-ia con-dená-lo à morte, tanto quanto aquele que tenha querido afas-tar o povo da verdadeira religião, embora tenha confirmado sua autoridade por signos e prodígios (ver *Deuteronômio* 13). De onde essa consequência: a de que um verdadeiro profeta

TRATADO TEOLÓGICO-POLÍTICO

distingue-se do falso ao mesmo tempo pela doutrina e pelo milagre. Aquele que possui essas duas marcas é quem Moisés declara ser verdadeiro e ordena obedecer sem receio de fraude; os outros são falsos que terão predito qualquer coisa de falso, mesmo em nome de Deus, ou ensinado falsos deuses, mesmo fazendo milagres. Nós também devemos crer na Escritura, ou seja, nos próprios profetas, apenas por essa causa, ou seja, por sua doutrina confirmada por signos. Como vemos que os profetas recomendaram, acima de tudo, a caridade e a justiça, sem se estender a outros objetos, estamos no direito de pensar que não quiseram maldosamente nos enganar, mas falaram com sinceridade ao ensinar que os homens se tornavam bem-aventurados pela obediência e pela fé. Como, além disso, confirmaram esse ensinamento por signos, nos persuadimos de que não o expressaram de modo frívolo ou delirante enquanto profetizavam. Confirmamo-nos mais ainda nessa crença ao considerar que não deram qualquer ensinamento moral que não concordasse plenamente com a razão, pois não é coisa sem importância o acordo perfeito da palavra de Deus, tal como está nos profetas, com a palavra viva de Deus, tal como está em nós. E tiramos nossa conclusão da *Bíblia* com a mesma certeza que os judeus antigos a tiravam da palavra ouvida de um profeta. Com efeito, mostramos no final do capítulo XII que a Escritura, no que concerne à doutrina e aos principais relatos, nos chegou sem corrupção. Assim, embora o dogma fundamental de toda a teologia e da Escritura não possa ser estabelecido por uma demonstração matemática, o assentimento que lhe damos é totalmente justificado. Seria na verdade um desvario não querer aceitar um dogma confirmado pelos testemunhos de tantos profetas, e do qual aqueles que pela razão não se elevam muito alto tiram tanta consolação; um dogma que possui para o Estado consequências de utilidade não medíocre e ao qual podemos consentir, em absoluto, sem perigo nem dano. Seria desvario, digo, rejeitá-lo pela única razão de não poder ser demonstrado matematicamente. Como se, para regrar sabiamente nossa vida, não tivéssemos por verdadeiro senão aquilo que não podemos pôr em dúvida, ou como se a maior parte de nossas ações não fosse extremamente incerta e cheia de riscos.

8: Reconheço, de resto, que aqueles para quem a filosofia e a teologia se contradizem mutuamente, e que estimam, em consequência, que uma ou outra deve ser expulsa de seu reino, não estão errados em querer dar à teologia fundamentos sólidos e em se esforçar para demonstrá-la matematicamente. Com efeito, quem consentiria, não sendo um desesperado e um insensato, desembaraçar-se da razão ou menosprezar as artes e as ciências, negando a certeza da razão? E, no entanto, não podemos de modo algum desculpá-los por chamar a razão em seu socorro e deixá-la à porta, procurando uma razão certa para convertê-la em algo incerto. Enquanto se esforçam em estabelecer por demonstrações matemáticas a verdade e a autoridade da teologia, arrancando sua autoridade da razão e da luz natural, outra coisa não fazem senão constranger a teologia a reconhecer o domínio da razão. Não parecem fazer acreditar que a autoridade da teologia empresta toda sua clareza da luz natural da razão? Ao contrário, se têm a pretensão de se basear inteiramente sobre o testemunho interno do Espírito Santo e de só chamarem a razão em socorro contra os infiéis para convencê-los, não é preciso ter qualquer confiança em suas palavras, pois podemos facilmente perceber que elas se inspiram em suas paixões ou na glória vã. Com efeito, segue-se claramente do capítulo precedente que o Espírito Santo dá testemunho apenas de boas obras, chamadas por Paulo, justamente por isso, frutos do Espírito Santo (*Epístola aos Gálatas* 5, 22) e que ele mesmo outra coisa não é senão a tranquilidade interior que as boas ações produzem na alma. Quanto à verdade e à certeza das coisas que são de pura especulação, nenhum Espírito dá testemunho fora da razão, a única que reivindica, como mostramos, o reino da verdade. Se, portanto, eles pretendem ter, além disso, algum outro Espírito

TRATADO TEOLÓGICO-POLÍTICO

que os torne certos da verdade, se envaidecem falsamente e sua linguagem traduz o preconceito ao qual se prendem suas paixões, ou então, por medo de serem vencidos pelos filósofos e expostos ao riso público, procuram inutilmente um refúgio no sagrado: que altar poderá servir de asilo a quem lesa a majestade da razão?

9: Mas é o bastante para deles nos ocuparmos. Como basta à minha causa ter mostrado por que razão a filosofia deve ser separada da teologia, e em que uma e outra consistem essencialmente, que nenhuma das duas deve ser serva da outra, cada qual ocupando seu reino sem a oposição da outra, e que, enfim, mostrei, quando foi preciso, as consequências absurdas, molestas e danosas que produziram a surpreendente confusão feita pelos homens dessas disciplinas e sua inabilidade em distingui-las, em separá-las uma da outra.

10: Antes de prosseguir, devo observar (embora já o tenha feito), no que diz respeito à utilidade ou à necessidade da Escritura Sagrada ou da Revelação, que as tenho por muito grandes. Como pela luz natural não podemos perceber que a simples obediência é um caminho de salvação*, mas apenas a Revelação ensina que isso se dá pela graça singular de Deus, algo que a razão não pode explicar, vê-se por aí que a Escritura trouxe aos homens uma grande consolação. Pois todos podem obedecer, mas apenas uma parte comparativamente muito pequena do gênero humano alcança o estado de virtude sob a conduta única da razão. Logo, se não tivéssemos o testemunho da Escritura, duvidaríamos da salvação de quase todos.

---

* Ver Apêndice, nota 31.

CAPÍTULO XVI

Os fundamentos do Estado; o direito natural e civil dos indivíduos e os direitos do poder soberano

1: Até o presente, nossa preocupação foi a de separar a filosofia da teologia e mostrar a liberdade de filosofar que a teologia reconhece a todos. É tempo agora de nos perguntarmos até onde deve se estender, no melhor dos Estados, essa liberdade deixada ao indivíduo de pensar e dizer o que pensa. Para examinar essa questão com método, é-nos preciso esclarecer a questão dos fundamentos do Estado e, em primeiro lugar, tratar do Direito Natural do indivíduo, sem ter em vista, para começar, o Estado e a religião.

2: Por direito e instituição da natureza não entendo outra coisa senão as regras da natureza de cada indivíduo, regras segundo as quais concebemos cada ser como determinado a existir e a se comportar de uma certa maneira. Por exemplo, os peixes estão determinados pela natureza a nadar, e os grandes a comer os pequenos; por conseguinte, os peixes aproveitam a água e os grandes comem os pequenos, em decorrência de um direito natural soberano. De fato, é certo que a natureza, considerada absolutamente, tem direito soberano sobre tudo que se encontra em seu poder; isso quer dizer que o direito de natureza estende-se também até onde se estende sua potência, pois o poder da natureza é a própria potência de Deus, que tem sobre todas as coisas um direito soberano. Mas não estando o poder universal da natureza fora da potência de todos os indivíduos, tomados em conjunto, segue-se daí que cada indivíduo tem um direito soberano sobre o que está em seu poder; dito de outra forma, o direito de cada um estende-se até onde se estende a potência determinada que lhe pertence. E sendo a lei suprema da natureza a de que cada coisa se esforce em perseverar em seu estado, na medida em que ele nela está, e isso sem considerar qualquer outra coisa, mas apenas ela mesma, segue-se que cada indivíduo tem o direito soberano de perseverar em seu estado, quer dizer, existir e se comportar como lhe é naturalmente determinado a fazer. Não reconhecemos aqui qualquer diferença entre os homens e os demais indivíduos da natureza, não mais do que entre homens dotados de razão e outros que ignorem a verdadeira razão; entre os imbecis, os dementes e as pessoas de espírito são. Com efeito, tudo o que faz uma coisa agir, segundo as leis da natureza, ela o faz com direito soberano, pois que age como lhe é determinado pela natureza e não pode agir de outro modo. Eis por que entre os homens, enquanto se considere apenas o império da natureza, vivem, em decorrência de um direito soberano, tanto aquele que não possui ainda conhecimento da razão, ou o estado de virtude, submetido unicamente às leis do apetite, como aquele que dirige sua vida conforme as leis da razão. Quer dizer, da mesma maneira que um sábio tem o direito soberano de fazer tudo o que a razão ordena, de viver segundo as leis da razão, assim também o ignorante e aquele que não possui nenhuma força moral têm o direito de fazer tudo o que lhes persuade o apetite, ou, dito de outra forma, segundo as leis do apetite. É a própria doutrina de Paulo, que não reconhece pecado antes da lei, quer dizer, enquanto os homens estiverem considerados como vivendo sob o império da natureza.

3: O direito natural de cada homem define-se, portanto, não pela razão sã, mas pelo desejo e pela potência. Ninguém, com efeito, está determinado naturalmente a se comportar conforme as regras e as leis da razão; ao contrário, todos nascem ignorantes de todas as coisas e a maior parte de suas vidas transcorre antes que possam conhecer a verdadeira regra de vida e adquirir o estado de virtude, mesmo que tenham sido bem educados. E eles não são menos obrigados a viver e a se conservar, nessa espera, pelo simples impulso do apetite, pois a natureza não lhes deu outra coisa, e lhes recusou a potência atual de viver conforme a reta razão; logo, eles não são mais obrigados a viver conforme as leis de uma mente sã do que o gato, segundo as leis naturais do leão. Logo, considerado como submetido apenas ao império da natureza, tudo o que um indivíduo julgar como lhe sendo útil, seja pela conduta da razão, seja pela violência de suas paixões, é-lhe permitido desejar, em virtude de um soberano direito de natureza e tomar por qualquer via que seja, pela força, pela artimanha, por preces, enfim, pelo meio que mais fácil lhe pareça. Consequentemente, também ter por inimigo aquele que quiser impedi-lo de se satisfazer.

4: Segue-se daí que o direito e a instituição da natureza, sob os quais todos nascem e vivem a maior parte de suas existências, nada proíbe, senão o que a pessoa não deseja e não pode: nem os conflitos, os ódios, nem a cólera ou a aversão, qualquer que seja o objeto que o apetite inspire. Nada de surpreendente nisso, pois a natureza não se limita às leis da razão humana, cujo único objeto é a verdadeira utilidade e a conservação dos homens; ela abrange uma infinidade de outras que se relacionam à ordem eterna de toda a natureza, e da qual o homem é apenas uma parte; e só pela necessidade dessa ordem todos os seres individuais estão determinados a existir e a se comportar de uma certa maneira. Todas as vezes, portanto, que uma coisa nos pareça ridícula, má ou absurda na natureza, isso provém do fato de só conhecermos as coisas em pequena parte e ignorarmos em grande parte a ordem e a coesão de toda a natureza, querendo que tudo seja dirigido em proveito de nossa razão; enquanto o que a razão dita ser mau, não o é no que respeita à ordem e às leis de toda a natureza, mas unicamente em relação às leis de nossa própria natureza.

5: Não é menos verdade, e ninguém pode duvidar, ser muito mais útil aos homens viver em conformidade com as leis e injunções da razão, que tendem unicamente, como o dissemos, ao que é realmente útil aos homens. Além disso, não há ninguém que não deseje viver ao abrigo do medo, tanto quanto se possa, e isso é inteiramente impossível enquanto for permitido a cada um fazer o que lhe agrade, não sendo reconhecidos à razão mais direitos do que ao ódio e à cólera. Com efeito, ninguém vive sem angústias entre ódios, inimizades e artimanhas, e não há ninguém, por conseguinte, que não tente escapar-lhes, na medida em que lhe for possível. Que se considere ainda que, se as pessoas não se ajudam mutuamente, vivem os homens muito miseravelmente; que se não cultivam a razão, permanecem submetidos às necessidades da vida, como mostramos no capítulo v; e então se verá claramente que, para viver em segurança e o melhor possível, os homens tiveram necessariamente de se unir em um corpo e por aí fizeram com que o direito que cada um tinha naturalmente sobre todas as coisas pertencesse à coletividade e fosse determinado não pela força e o apetite individual, mas pela potência e a vontade de todos em conjunto. Porém, eles teriam experimentado em vão se não quisessem seguir outros conselhos além do apetite (pois em decorrência de suas leis cada um é arrastado para um sentido diferente); consequentemente, foi-lhes preciso, por firme estabelecimento, convir de tudo dirigir segundo apenas a injunção racional (a qual ninguém ousa contraditar para não parecer demente), de refrear o apetite, na medida em que leva a causar danos a outrem, não fazer a ninguém o que não quiser que lhe seja feito e, enfim, manter o direito do outro como o seu.

6: Segundo que condição deve o pacto ser concluído, para ser sólido, é que iremos ver. Observemos que é uma lei universal da natureza que ninguém renuncie ao que julga ser bom, a não ser pela esperança de um bem maior ou pelo receio de um dano

TRATADO TEOLÓGICO-POLÍTICO

também maior, nem aceite um mal senão para evitar outro pior ou pela esperança de um grande bem. Isso quer dizer que cada um escolherá, de dois bens, aquele que julga ser o maior, e de dois males, aquele que lhe parecer o menor. Digo explicitamente: aquele que sua escolha lhe pareça maior ou menor; não digo que a realidade seja necessariamente conforme seu julgamento. E essa lei está tão firmemente escrita na natureza humana que se deve dispô-la entre as verdades eternas e ninguém pode ignorá-la. Ela tem por consequência necessária que ninguém prometerá, senão por astúcia*, abandonar alguma coisa do direito que tem sobre tudo, e ninguém manterá em absoluto a promessa que pôde fazer senão por medo de um mal maior ou esperança de um bem maior. Para que melhor se entenda, suponhamos que um ladrão obrigue-me a lhe prometer entregar meus bens onde ele quiser. Como o meu direito natural é limitado unicamente pela minha potência, como mostrei, é certo que, se puder por alguma artimanha me livrar do assaltante, prometendo-lhe o que ele quiser, pelo direito natural me é permitido fazê-lo, ou, dito de outra forma, concluir astutamente o pacto que ele quiser. Ou então imaginemos que, sem intenção de fraude, prometi a alguém abster-me de qualquer alimento durante vinte dias e que, em seguida, veja que fiz uma promessa insensata e que não posso cumpri-la sem grandes danos. Como, em virtude do direito natural, devo escolher de dois males o menor, posso, por direito soberano, romper a fé desse pacto e tomar o dito pelo não dito. E isso me é permitido, digo, conforme o direito natural, seja porque, por razão certa e verdadeira, vejo que fiz mal em prometer, seja porque, por uma opinião, creia ver o mal. Nos dois casos, com efeito, veja eu falsa ou verdadeiramente, temeria o maior dos males e me esforçaria, por todos os meios, em evitá-lo, como está instituído pela natureza.

7: Disso concluímos que nenhum pacto pode ter força senão pela razão de ser útil, e que, retirada a utilidade, o próprio pacto

---

* Ver Apêndice, nota 32.

permaneça sem força e se extinga. Um homem é insensato por pedir a outro que empenhe sua confiança pela eternidade se não se esforça, ao mesmo tempo, em fazer com que a ruptura do pacto traga, para aquele que o rompeu, mais danos do que proveitos: eis um ponto de importância capital na instituição do Estado. Agora, se todos os homens se deixassem conduzir facilmente apenas pela razão e conhecessem a grande utilidade e a necessidade do Estado, não haveria um que não detestasse a perfídia; todos observariam rigorosamente os pactos com a máxima fidelidade, pelo desejo desse bem superior que é a conservação do Estado, e manteria, acima de tudo, a fé prometida, que é a mais forte muralha do Estado. Mas falta muito para que todos se deixem facilmente conduzir apenas pela razão; cada um se deixa levar por seu prazer e, mais amiúde, a avareza, a glória, a inveja, o ódio etc. ocupam a mente, de tal sorte que a razão não tem qualquer lugar. Eis por que, ao mesmo tempo que os homens dão indícios certos da pureza de suas intenções quando se comprometem, com promessas e pactos, a conservar a fé jurada, ninguém pode aquietar-se, porém, com segurança, a menos que à promessa se ajunte outra coisa, sobre a boa fé de outrem, pois cada um pode agir astuciosamente, conforme o direito natural, não sendo obrigado a observar o pacto senão pela esperança de um bem maior ou medo de um mal maior. Mas como o direito natural tem por limites a potência do indivíduo, como já o mostramos, quanto mais um indivíduo, por força ou bom grado, cede a outro parte da potência que lhe pertence, mais abandona necessariamente a esse outro seu direito. E terá direito soberano quem possuir um poder soberano, permitindo-lhe coagir todos os demais pela força e mantê-los, por receio do último suplício, universalmente temido. De resto, ele conservará esse direito enquanto tiver a potência de executar tudo o que quiser. Sem tal condição, seu comando será precário e ninguém que tenha uma força superior será obrigado a obedecer-lhe, se não o quiser.

8: Eis aqui agora a condição segundo a qual uma sociedade pode se formar sem que o direito natural lhe contradiga minimamente, e todo pacto ser observado com a maior fidelidade: é preciso que o indivíduo transfira à sociedade toda a potência que lhe pertence, de modo que apenas ela tenha sobre todas as coisas um direito soberano de natureza, ou seja, uma soberania de comando à qual todos deverão obedecer, seja livremente, seja por temor do último suplício. O direito de uma sociedade desse gênero é chamado democracia, e a democracia assim se define: a união dos homens em um todo e que tem um direito soberano coletivo sobre tudo o que está em seu poder. Daí essa consequência: que o soberano não está obrigado a nenhuma lei e que todos lhe devem obediência em tudo, pois todos tiveram, por um pacto tácito ou explícito, de lhe transferir toda a potência que possuíam de se conservar, quer dizer, todo o seu direito natural. Com efeito, se tivessem querido manter por si mesmos alguma coisa daquele direito, deveriam pôr-se em condições de, ao mesmo tempo, defender-se com segurança. Como não o fizeram, e não podiam fazê-lo sem que houvesse uma divisão e, por consequência, a destruição do comando, por isso se submeteram à vontade do poder soberano, qualquer que fosse. Estando assim a ela submetidos, tanto pela necessidade que nos constrange, quanto pela própria persuasão racional, a menos que queiramos ser inimigos do poder estabelecido e agir contra a razão que nos persuade a manter esse estabelecimento com todas as nossas forças, nós devemos executar tudo o que prescreve o soberano, mesmo que seus ordenamentos sejam os mais absurdos do mundo; a razão nos ordena fazê-lo, pois se trata de escolher, de dois males, o menor.

9: Acrescentemos que o indivíduo poderia afrontar facilmente o perigo de se submeter em absoluto ao comando e decisão de outro; com efeito, mostramos que esse direito de tudo comandar só pertence aos soberanos enquanto possuem, na realidade, um poder soberano. Perdido esse poder, perdem ao mesmo tempo o direito de tudo comandar e tal direito vai para aquele ou aqueles que podem adquiri-lo e conservá-lo.

Por essa razão, é extremamente raro que os soberanos ordenem coisas muito absurdas; de fato, importa-lhes ao máximo, por precaução e para guardar o poder, velar pelo bem comum e tudo dirigir conforme as injunções da razão: ninguém, como diz Sêneca, jamais conservou por longo tempo um poder de violência. Além do que, num estado democrático, teme-se menos o absurdo, pois é quase impossível que a maioria dos homens, unidos num todo, se esse todo é considerável, concorde com absurdidades. Em segundo lugar, é pouco de se temer em razão do fundamento e finalidade da democracia, que não é outro senão o de subtrair os homens ao domínio dos apetites e conservá-los, tanto quanto possível, nos limites da razão, a fim de que vivam na concórdia e na paz. Retirado esse fundamento, todo o edifício desaba. Ao soberano pertence, pois, provê-lo, e aos súditos, como dissemos, executar seus ordenamentos e só reconhecer como de direito o que o soberano declare ser o direito.

10: Talvez se pense que, por esse princípio, façamos dos súditos escravos. Com efeito, se pensa que o escravo é aquele que age pelo comando, e homem livre aquele que age por seu bom prazer. Isso não é absolutamente verdadeiro, pois em realidade estar cativo de seu prazer e ser incapaz de ver ou fazer o que nos seja verdadeiramente útil é a pior escravidão; e a liberdade pertence àquele que, por seu inteiro consentimento, vive sob a conduta da razão. Quanto à ação por comando, quer dizer, à obediência, ela retira de alguma maneira a liberdade, mas não faz imediatamente um escravo, e sim a causa determinante da ação. Se a finalidade da ação não for a utilidade do próprio agente, mas daquele que o comanda, então o agente é um escravo, inútil a si mesmo. Ao contrário, num Estado e sob um comando pelos quais a lei suprema consiste na salvaguarda de todo o povo, não daquele que comanda, aquele que obedece em tudo ao soberano não deve ser chamado de escravo inútil para si mesmo, mas de súdito. Assim, é mais livre o Estado cujas leis estiverem baseadas na reta razão, pois nele cada um,

TRATADO TEOLÓGICO-POLÍTICO

desde que queira, pode ser livre*, quer dizer, viver por seu inteiro consentimento sob a conduta da razão. Da mesma forma as crianças que, embora tenham de obedecer às ordens de seus pais, não são escravas, pois os ordenamentos dos pais têm grandemente em vista a utilidade das crianças. Reconhecemos, pois, uma grande diferença entre um escravo, um filho e um súdito, que assim se definem: é escravo quem tem de obedecer a ordens com vistas à utilidade do mestre; filho, quem faz aquilo que lhe é útil por ordem dos pais; súdito, enfim, quem faz por ordem do soberano o que é útil para o bem comum e, por consequência, para si mesmo.

11: Pelo que precede, penso ter demonstrado os fundamentos do Estado democrático, do qual falei em preferência aos demais, porque parece o mais natural e aquele menos afastado da liberdade que a natureza reconhece a cada um. Com efeito, nesse Estado ninguém transfere seu direito natural a outro, de tal maneira que não tenha mais que ser consultado em seguida; ele o transfere à maioria da sociedade da qual ele mesmo faz parte. E nessas condições, todos permanecem iguais, como o eram antes no estado de natureza. Em segundo lugar, quis falar expressamente unicamente desse governo porque é o que melhor se presta ao meu objetivo: mostrar a utilidade da liberdade no Estado. Logo, não direi nada aqui sobre os fundamentos dos outros governos, e não temos necessidade nesse momento de conhecer seu direito, de saber qual a origem que possuíram e frequentemente possuem; esse direito está suficientemente estabelecido pelo que precede. Que o poder supremo pertença a um só, seja partilhado por alguns ou comum a todos, é certo que para aquele que o detém também lhe pertence o direito soberano de comandar tudo o que quiser. Que, além do mais, quem quer que por coação ou por vontade haja transferido seu poder a um outro, renunciou inteiramente ao seu direito natural e decidiu, consequentemente, obedecer em absoluto a esse outro; ele deve

* Ver Apêndice, nota 33.

essa obediência enquanto o rei, os nobres ou o povo conservem o poder soberano que foi o fundamento dessa transferência de direito. Não há necessidade de se acrescentar nada mais a isso.

12: Após ter assim mostrado os fundamentos e o direito do Estado, será fácil determinar o que é o direito civil privado e o que é uma violação do direito, em que a justiça e a injustiça consistem no estado de sociedade constituído. Depois, o que é um confederado, um inimigo e, enfim, o crime de lesa-majestade.

13: Por direito civil privado não podemos entender outra coisa senão a liberdade que o indivíduo possui de se conservar em seu estado, tal como é determinada pelos éditos do poder soberano e mantida unicamente por sua autoridade. Com efeito, após o indivíduo ter transferido a outro seu direito de viver segundo seu próprio prazer, quer dizer, sua liberdade e sua potência de manter-se, direito que não tinha outros limites que seu poder, ele deve viver conforme a regra dessa outra [pessoa] e manter-se somente por sua proteção.

14: Há violação do direito quando um cidadão ou um súdito é coagido por outro a sofrer algum dano, contrariamente ao direito civil, quer dizer, ao édito do soberano. De fato, a violação do direito só pode ser concebida no estado de sociedade regrada; mas o soberano, a quem por direito tudo é permitido, não pode violar o direito dos súditos. Logo, apenas entre particulares, obrigados pelo direito a não lesarem uns aos outros, pode se produzir uma violação de direito.

15: A justiça é uma disposição constante da alma para atribuir a cada um o que a ele cabe pelo direito civil. Ao contrário, a injustiça consiste, sob aparência de direito, em retirar de alguém o que lhe pertence, conforme a interpretação verdadeira das leis. Também se chamam a justiça e a injustiça de equidade e iniquidade, pois os magistrados instituídos para pôr fim aos litígios não devem considerar as pessoas, mas tê-las por iguais e manter o direito de cada um; não invejar o rico nem menosprezar o pobre.

16: Confederados são homens de duas cidades que, para não serem expostos ao perigo de uma guerra, ou por qualquer outra razão útil, se empenham por contrato a não fazer mal uns aos outros, mas, ao contrário, a assistirem-se mutuamente em caso de necessidade, cada uma das cidades continuando a formar um Estado próprio. Esse contrato terá força enquanto tiver fundamento, quer dizer, enquanto a consideração do perigo ou a utilidade subsistir, pois ninguém contrata e é obrigado a observar um pacto a não ser por esperança de algum bem ou receio de algum mal. Se esse fundamento não mais existe, também o pacto cessa de ser, e a própria experiência mostra o bastante. Quando, de fato, Estados independentes se empenham por contrato a não causar mal um ao outro, eles todavia se esforçam, tanto quanto possam, por impedir que um deles adquira uma potência maior e assim não mantenha a fé nas palavras trocadas, caso não percebam muito claramente a razão de ser e a utilidade do contrato para um e outro. Dito de outro modo, eles temem a perfídia, não sem razão; pois quem se tranquilizará com palavras e promessas de um outro, quando esse outro conserva sua soberania e seu direito de fazer o que lhe agrada e sua lei suprema seja a salvação e a utilidade do Estado que comanda?; quem, senão um insensato que ignore o direito dos soberanos? E se, além do mais, considerarmos a piedade e a religião, veremos que ninguém pode, sem crime, manter suas promessas em detrimento do Estado que comanda; toda promessa que tenha feito e que seja por acaso danosa ao Estado, ele não a pode manter senão faltando ao compromisso devido aos seus súditos, os quais, no entanto, o obrigam, acima de tudo, tendo-se o costume de prometer solenemente guardá-la.

17: Prosseguindo, diria que o inimigo é aquele que vive fora da cidade e não reconhece, nem em qualidade de confederado nem em qualidade de súdito, o governo que ela instituiu. Com efeito, não é o ódio que confere o atributo de inimigo de Estado, é o direito que tem a cidade contra ele; e a respeito daquele que não reconhece o Estado por ela constituído por algum tipo de contrato, a cidade tem o mesmo direito contra aquele que lhe causou um dano: ela poderá, assim, por direito e por todos os meios ao seu alcance, obrigá-lo a submeter-se ou a ela aliar-se.

18: Enfim, o crime de lesa-majestade só é possível a súditos ou cidadãos que, por um pacto tácito ou expresso, transferiram a totalidade de seus direitos à cidade. E se diz que um súdito cometeu esse crime quando tentou usurpar ou transferir a outro, por uma razão qualquer, o direito do soberano. Digo que tentou, pois se a condenação devesse seguir-se ao cometimento do crime, a cidade, na maioria das vezes, se esforçaria muito tarde em condenar, estando já o direito usurpado ou transferido a outro. Disse, em seguida, *tentou usurpar ou transferir a outro, por uma razão qualquer, o direito do soberano*; com efeito, que um dano deva resultar para o Estado ou que ele consiga a mais clara melhoria, isso não faz, aos meus olhos, qualquer diferença. Qualquer que seja a razão de sua tentativa, houve lesa-majestade e ele é condenado por pleno direito. Todo o mundo bem reconhece em tempo de guerra que essa condenação é pronunciada com pleno direito: de fato, que um soldado não permaneça em seu posto, que à revelia do chefe ele marche contra o inimigo, tendo com seu plano de ataque posto o inimigo em fuga, nem por isso é menos justo condená-lo à morte por ter violado seu juramento e o direito do chefe. Em troca, nem todos veem claramente que todos os cidadãos estão sempre obrigados por esse direito; o princípio, no entanto, é inteiramente o mesmo. Como o Estado deve se conservar e ser dirigido unicamente pelo conselho do soberano, e como, por um pacto ligando absolutamente súditos ou cidadãos, tal direito pertence apenas ao soberano, se um indivíduo, por sua própria decisão, e à revelia do conselho soberano, empreendeu a execução de um negócio público, mesmo que uma certa melhoria resultasse para a cidade, ele, porém, violou o direito do soberano, lesou a majestade e merece uma condenação.

19: Resta-nos responder, para acabar com todo escrúpulo, a questão que se poderia fazer sobre o que afirmamos acima: que o indivíduo privado de razão vive no estado de natureza,

TRATADO TEOLÓGICO-POLÍTICO

segundo as leis do apetite, em virtude do direito soberano da natureza. Isso não contradiz abertamente o direito divino revelado? Pois, efetivamente, todos, façamos ou não o uso da razão, devemos igualmente amar nosso próximo, como a nós mesmos, pelo mandamento de Deus; não podemos, assim, sem violação do direito de causar dano a outrem, viver apenas segundo as leis do apetite. Mas é fácil responder a essa objeção, por pouco que se considere o estado de natureza, pois ele é, por si e no tempo, anterior à religião. Pela natureza, ninguém sabe* que deve obediência a Deus; ela não se apreende nem mesmo por qualquer raciocínio; apenas a revelação, confirmada por sinais, fá-la conhecida de todos. Por conseguinte, antes da revelação, ninguém pode ser obrigado pelo direito divino, que ele ignora necessariamente. Não se pode, portanto, confundir minimamente o estado de religião com o estado de natureza, que deve ser concebido como estranho à religião e à lei e, por consequência, ao pecado e à violação do direito. É o que fizemos e confirmamos pela autoridade de Paulo. Aliás, não é somente em razão da ignorância que concebemos o estado de natureza anterior ao direito divino revelado e estranho àquele direito; é também em razão da liberdade na qual nascem todos os seres. Se os homens fossem obrigados naturalmente pelo direito divino, ou se o direito divino fosse direito por natureza, teria sido supérfluo que Deus concluísse um tratado com os homens e os obrigasse por esse pacto e um juramento. É preciso concordar em absoluto que o direito divino parte do tempo em que os homens prometeram por um pacto expresso obedecer a Deus em todas as coisas. Por esse pacto, é como se renunciassem à sua liberdade natural e transferissem seu direito a Deus, como vimos que acontece no estado de sociedade. Mas tratarei mais longamente do tema na sequência.

20: Todavia, ainda podemos nos opor, como se fosse uma segunda instância, dizendo que os soberanos são obrigados por

---

* Ver Apêndice, nota 34.

esse direito divino tanto quanto os súditos; e, no entanto, dissemos que eles conservavam o direito natural e que tudo lhe era permitido por direito. Eis por que digo, a fim de afastar por inteiro essa dificuldade, que nasce menos da consideração do estado de natureza do que do direito natural, que cada um, no estado de natureza, está obrigado pelo direito revelado, da mesma maneira que deve viver conforme as injunções da reta razão. E isso porque lhe é mais útil e necessário à salvação. E se não quiser, é livre para correr riscos e perigos. Ele é livre também para viver conforme seu decreto próprio e não segundo a vontade de outro, e não está obrigado a reconhecer um mortal como juiz ou defensor de direito de religião. É esse direito que afirmo ter conservado o soberano. Ele bem pode acolher a opinião dos homens, mas não está obrigado a reconhecer ninguém como juiz, não mais do que um mortal qualquer, fora ele mesmo, como defensor de um direito qualquer, a menos que seja um profeta expressamente enviado por Deus e que lhe terá mostrado por sinais verdadeiros. E mesmo então, ele está coagido a reconhecer como juiz não um homem, mas o próprio Deus. Que se o soberano não quiser obedecer a Deus em seu direito revelado, ele está livre para correr riscos e danos; quero dizer com isso que nenhum direito civil ou natural a isso se oporia. O direito civil, com efeito, está inteiramente atado ao seu decreto; quanto ao direito natural, ele está atado às leis da natureza, que se relacionam não com a religião, cujo único objeto é a utilidade do homem, mas com a ordem universal da natureza, isto é, com um decreto eterno de Deus que nos é desconhecido. Aí está o que outros parecem ter concebido obscuramente, quero dizer, aqueles que admitem que o homem bem pode pecar contra a vontade revelada de Deus, mas não contra seu decreto eterno por meio do qual tudo determinou.

21: Poder-se-ia, no entanto, perguntar: mas, se o soberano ordena alguma coisa contra a religião, onde está a obediência prometida a Deus por um pacto explícito? É preciso obedecer ao mandamento divino ou ao humano? Devendo tratar esse ponto mais completamente na sequência, contento-me em dizer aqui, brevemente, que é preciso, antes de tudo, obedecer a Deus, tendo-se uma revelação certa, indubitável. Como, porém, no que diz respeito à religião, os homens erram ordinariamente e a diversidade das compleições engendra entre eles um concurso de vãs ficções, como o atesta uma experiência mais do que suficiente, é certo que se alguém, nas coisas que acredita pertencer à religião, não estivesse no direito de obedecer ao soberano, o direito da cidade dependeria de diversos julgamentos e do sentimento apaixonado de cada um. Pois ninguém estaria obrigado ao estatuto estabelecido, por pouco que o julgasse contrário à sua fé e superstição, e assim cada um, sob tal pretexto, tomaria a liberdade de tudo fazer. E como em tais condições o direito da cidade estaria inteiramente violado, somente ao soberano, que tem a seu encargo conservar e proteger os direitos do Estado, pertence o direito soberano de estatuir a religião, tanto pelo direito divino quanto pelo natural. E todos devem, nessa matéria, obedecer aos decretos e ordenamentos do soberano, em virtude da fé que prometeram a Deus e que ele ordena guardar inteiramente.

22: Se aqueles que possuem o comando supremo são idólatras, ou não se deve lhes aderir, mas sofrer deliberadamente as piores consequências, de preferência a lhes transferir seu direito, ou, caso se lhes adira por contrato e se lhes transfira seu direito, visto que por isso se renuncia à conservação de si mesmo e à manutenção de sua religião, é-se obrigado a obedecer-lhes e manter a fé prometida, deixando-se coagir. Só há exceção para aquele a quem Deus, por uma revelação segura, prometeu uma ajuda singular contra o tirano, ou quis nomeadamente excetuar. Vemos, assim, que muitos judeus que estavam na Babilônia, que não duvidavam do auxílio de Deus, não quiseram obedecer a Nabucodonosor; os demais, sem dúvida, com exceção de Daniel, que o próprio rei havia adorado, obedeceram por uma coação legítima, pensando talvez em suas almas que haviam sido submetidos ao rei por um decreto de Deus, e que o rei havia adquirido e conservado o poder supremo em virtude de uma orientação de Deus. Eleazar, ao contrário, enquanto a pátria ainda subsistia de alguma maneira, quis dar aos seus o exemplo da constância, para que, como resultado, eles sofressem, de preferência a aceitar a transferência de seu direito e de seu poder aos gregos, e que as piores provas não lhes obrigassem a jurar fidelidade aos gentios. A experiência cotidiana confirma esses princípios. Com efeito, os soberanos cristãos não hesitam em concluir tratados com os turcos e idólatras, tendo em vista a segurança de seu poder, e a ordenar aos súditos que vão habitar entre aqueles a não tomar liberdades tanto nas coisas humanas quanto nas divinas que não tenham sido expressamente estipuladas ou concedidas pelos soberanos daqueles países. É o que se vê pelo tratado dos holandeses com os japoneses, do qual falamos antes no capítulo v.

CAPÍTULO XVII

Mostra-se que ninguém pode ou necessita transferir todos os seus direitos ao poder soberano. O Estado hebreu tal como em vida de Moisés e após sua morte, antes da instituição da monarquia e de seu sucesso. Finalmente, as causas pelas quais o Estado teocrático pereceu, e só dificilmente poderia continuar sem lutas civis

1: As considerações do capítulo precedente sobre o direito universal do soberano e sobre a transferência a ele do direito natural do indivíduo concordam com a verdade e a prática, e é possível regulamentar a prática de modo que elas se unam cada vez mais. No entanto, é impossível que, sob muitos pontos de vista, elas não permaneçam sempre e puramente teóricas. De fato, ninguém jamais poderá deixar de ser homem, qualquer que tenha sido o abandono de sua potência feito a outro e, consequentemente, de seu direito. E jamais haverá soberano que possa executar tudo como quiser. Em vão ordenará a um súdito que odeie seu benfeitor, ame a quem lhe faz mal, não sinta ofensa pelas injúrias, não deseje ser liberado do medo e um grande número de coisas semelhantes que resultam, necessariamente, das leis da natureza humana. E considero que isso a própria experiência fá-lo conhecer com muita clareza; com efeito, os homens nunca renunciaram a seus direitos e transferiram sua potência a um outro até o ponto em que aqueles que tenham adquirido esse direito e essa potência não mais os temessem, e que o Estado não fosse mais ameaçado pelos cidadãos, embora privados de seus direitos, do que pelos inimigos de fora. Certamente, se os homens pudessem ser privados de seu direito natural ao ponto de que não mais tivessem, como resultado, qualquer potência*, senão pela vontade dos que detêm o poder soberano, então, na verdade, a pior violência contra os súditos seria permitida àquele que reina; e não creio que isso possa vir ao espírito de alguém. É preciso pois aceitar que o indivíduo se reserva uma grande parte de seu direito, a qual não está mais atada à vontade de outro, mas à sua própria.

2: No entanto, para bem conhecer o direito e o poder do soberano do Estado, é preciso observar que seu poder não está limitado ao uso da coação, apoiado sobre o medo, mas abrange todos os meios para fazer com que os homens obedeçam às suas ordens: não é a razão pela qual ele obedece, mas a obediência que faz o súdito. De fato, qualquer que seja a razão pela qual um homem se determine a executar as ordens do soberano, que seja o medo do castigo, a esperança de obter alguma coisa, o amor pela pátria ou qualquer outro sentimento que o empurre, ainda se determinará por seu próprio conselho, e este não atua menos do que o ordenamento do soberano. Logo, não se deve concluir imediatamente que pelo fato de um homem fazer algo por seu próprio parecer ele age em virtude de seu direito e não do direito de quem exerce o poder no Estado; com efeito, que ele aja pelo amor ou constrangido pelo medo de um mal, sempre age por seu próprio conselho e vontade. Ou não haveria nenhum poder de Estado, nenhum direito sobre os súditos, ou esse poder se estende a todos os meios pelos quais os homens se determinam a lhe ceder. Portanto, tudo o que faz um súdito e que esteja em conformidade com os ordenamentos do soberano, quer o faça sob o império do amor ou pela coação do medo, ou ainda empurrado (o que é mais frequente) ao mesmo tempo pela esperança e pelo medo, ou também por reverência, quer dizer, por uma paixão misturada de medo e admiração,

---

* Ver Apêndice, nota 35.

ou por qualquer outra razão, ele o faz em virtude do direito daquele que exerce o poder no Estado, e não por seu próprio direito. Isso ainda resulta claramente de que a obediência não concerne tanto a ação exterior quanto a ação interna da alma. O súdito, pois, está com mais frequência sob o poder de um outro, e se determina a obedecer aos ordenamentos de uma alma consentidora; de onde se segue que aquele que tem o maior poder é quem reina sobre as almas dos súditos. Se aqueles que são os mais temidos tivessem o máximo poder, em verdade seriam os súditos dos tiranos que possuiriam o poder, pois os tiranos têm deles o máximo temor. Em segundo lugar, se é verdade que não se comandam as almas como as línguas, ainda estão as almas em certa medida sob o poder do soberano que tem meios de fazer com que uma grande parte dos homens creia, ame e tenha ódio do que ele quer. Se, portanto, esses sentimentos não são o efeito direto de seu ordenamento, como o atesta abundantemente a experiência, eles não decorrem menos da autoridade de sua potência e de sua direção, isto é, de seu direito; eis por que, sem que o entendimento o contradiga minimamente, podemos conceber homens que não tenham crença, amor, ódio, desprezo ou qualquer sentimento que lhes possa arrastar a não ser em virtude do direito do soberano.

3: Por amplo que concebamos o direito e o poder daquele que exerce a soberania no Estado, esse poder jamais será grande o bastante para aqueles que, sendo dele detentores, tenham uma potência absoluta sobre tudo o que quiserem; creio já tê-lo demonstrado bastante claramente. No que diz respeito às condições nas quais um poder pode ser constituído de maneira a se conservar sempre em segurança, já disse que não tinha a intenção de expô-las aqui. Todavia, para chegar onde quero, me servirei dos ensinamentos dados antes a Moisés pela revelação divina. Depois examinaremos a história dos hebreus e suas vicissitudes, pelas quais veremos, enfim, que satisfações devem ser concedidas pelo soberano a seus súditos para a maior segurança e crescimento do Estado.

4: Que a conservação do Estado dependa, antes de tudo, da fidelidade dos súditos, de sua virtude e constância na execução dos ordenamentos, a razão e a experiência o demonstram muito claramente; mas não é igualmente fácil de ver-se segundo que método os súditos devem ser governados para que permaneçam constantemente fiéis e virtuosos. Tanto os governantes quanto os governados são todos homens, ou seja, seres inclinados a abandonar o trabalho para procurar o prazer. Quem já tenha provado a constituição tão diversa da multidão, fica muito próximo de com ela se desesperar: com efeito, não a razão, mas apenas as afecções da alma a governam. Incapaz de qualquer moderação, se deixa facilmente corromper pelo luxo e a avidez. Cada qual pensa ser o único a tudo saber e quer tudo regular segundo sua compleição. Uma coisa lhe parece equitativa ou iníqua, legítima ou ilegítima conforme julgue que ela se voltará para seu proveito ou em seu detrimento. Pela glória ele despreza seus semelhantes e não sofre por ser dirigido por eles; pelo ciúme da honra que não possui ou de uma fortuna melhor do que a sua, deseja e sente prazer no mal do outro. Não é preciso seguir essa enumeração; ninguém ignora a que crimes o desgosto de sua condição chega, o desejo de mudança e a cólera imoderada; o desprezo pela miséria empurra os homens e o quanto essas paixões ocupam e agitam suas almas. Prevenir todos esses males, constituir na cidade um poder tal que não haja lugar para a fraude; melhor ainda, estabelecer em todos os lugares instituições que façam com que todos, quaisquer que sejam suas condições, ponham o direito comum acima de suas vantagens privadas, eis a obra trabalhosa a ser cumprida. A necessidade bem obrigou os homens a prover-se disso, em larga medida; todavia, jamais se chegou ao ponto de a segurança do Estado ser menos ameaçada pelos cidadãos do que pelos inimigos externos, e que aqueles que exercem o poder tivessem menos a temer dos primeiros do que dos segundos.

5: Testemunha isso a república dos romanos, sempre vitoriosa sobre seus inimigos e tantas vezes vencida e reduzida à condição mais miserável por seus cidadãos, em particular na guerra civil de Vespasiano contra Vitélio. Ver a esse respeito Tácito, no começo do quarto livro das *Histórias*, no qual retrata o aspecto bem miserável da cidade. Alexandre (como diz Quinto Cúrcio ao fim do livro VIII) estimava com mais franqueza o renome de seus inimigos do que o de seus concidadãos, pois acreditava que sua grandeza pudesse ser destruída pelos seus. E temendo seu destino, dirige a seus amigos esta prece:

dai-me apenas toda a segurança contra a hipocrisia intestina e as ciladas domésticas, e eu enfrentarei sem medo o perigo da guerra e os combates. Felipe esteve mais seguro à frente de suas tropas do que no teatro; escapou com frequência aos golpes do inimigo, mas não pôde esquivar-se àqueles dos seus. Contai entre os demais reis que tiveram um fim sangrento os que foram mortos pelos seus e os encontrareis mais numerosos do que os que morreram pelo inimigo (ver Quinto Cúrcio, livro IX, par. 6).

6: Por esse motivo, quer dizer, pela segurança, os reis que antigamente tinham usurpado o poder tentaram persuadir a todos que tinham sua origem em deuses imortais. Pensavam que se seus súditos e todos os demais homens não os vissem como seus semelhantes, mas os acreditassem deuses, suportariam com maior boa vontade serem por eles governados, submetendo-se facilmente. Assim Augusto persuadiu os romanos de que tinha sua origem em Eneas, que se acreditava filho de Vênus, e se punha entre os deuses. "Ele quis templos, uma imagem sagrada, flâmines e sacerdotes para instituir seu próprio culto" (Tácito, *Anais*, livro I). Alexandre se fez saudar como filho de Júpiter, e parece não tê-lo feito por orgulho, mas por uma prudente intenção, como o indica sua resposta à invectiva de Hermolaus: "na verdade", diz ele, "é quase ridículo Hermolaus me pedir para renegar Júpiter, por cujo oráculo sou reconhecido. As respostas do deus também estariam em meu poder? Ele me ofereceu o nome de filho, e eu o aceitei (observai bem) no interesse de meus assuntos. Praz ao céu que também na Índia me creiam um deus. É o renome que decide as guerras e com frequência uma falsa crença ocupou o lugar da verdade" (Quinto Cúrcio, livro VIII, par. 8). Por essas poucas palavras ele continua habilmente a convencer os ignorantes de sua divindade simulada e, ao mesmo tempo, deixa perceber a causa da simulação. Foi também o que fez Cleon no discurso pelo qual tentava convencer os macedônios a obedecer complacentemente ao rei; após ter dado à simulação uma aparência de verdade, glorificando Alexandre em seu relato e celebrando seus méritos, faz sobressair-lhe a utilidade: "não é apenas por piedade, é também por prudência que os persas prestaram o mesmo culto aos reis e aos deuses; a majestade do soberano é a salvaguarda do reino"; e, por fim, conclui: "eu mesmo, quando o rei entrar na sala do banquete, me prosternarei ao chão. É dever dos outros, sobretudo daqueles que têm sabedoria, fazer o mesmo" (idem, livro VIII, par. 4). Mas os macedônios eram muito esclarecidos; e os homens, se não são de todo bárbaros, não se deixam ser enganados abertamente, passando da condição de súditos à de escravos inúteis a si mesmos. Outros puderam ser mais facilmente persuadidos de que a majestade é sagrada, que ela mantém o lugar de Deus sobre a terra, que foi constituída por Deus e não pelo sufrágio e o consentimento dos homens, e que é ainda conservada e mantida por uma providência singular e o auxílio divino. Os monarcas se muniram de outros meios desse gênero para a segurança de seu poder. Deles não falarei aqui e, para chegar ao meu objetivo, notarei e examinarei apenas, como já disse, os meios anteriormente ensinados a Moisés pela revelação divina.

7: Dissemos acima, no capítulo V, que após sua saída do Egito os hebreus não estavam mais obrigados pelo direito de outra nação e que lhes era permitido instituir novas regras e ocupar as terras que quisessem. Liberados, enfim, da opressão insuportável dos egípcios, não estavam mais ligados a qualquer mortal, por qualquer pacto, tendo recuperado seu direito natural sobre tudo o que estava em seu poder; cada um podia examinar novamente se queria conservar esse direito ou transferi-lo a um outro. Retornados, assim, ao direito natural, sob o conselho de Moisés, em quem depositavam a maior confiança, decidiram não transferir seu direito a qualquer mortal, mas apenas a Deus; sem temporizar, todos, num clamor único, prometeram a Deus obedecer em absoluto a todos os seus mandamentos e não reconhecer outro direito senão aquele que ele mesmo estabelecesse por uma revelação profética. Essa promessa, quer dizer, essa transferência de direito a Deus, fez-se da mesma maneira que se concebe numa sociedade comum quando os homens decidem desapegar-se de seu direito natural. De fato, por um pacto expresso (ver *Êxodo* 24, 7) e por uma promessa, feitos livremente, sem ceder nem à coação da força nem ao pavor das ameaças, renunciaram a seu direito natural e o transferiram a Deus. Em segundo lugar, para que o pacto fosse garantido, sólido e insuspeito de engano, Deus nada concluiu com eles a não ser após terem experimentado sua admirável potência, pela qual foram unicamente conservados e poderiam sê-lo na sequência (*Êxodo* 19, 4-5). Por isso, por acreditarem não poder ser conservados senão pela potência de Deus, lhe transferiram toda a potência natural em se conservar, que antes podiam acreditar provir deles mesmos e, consequentemente, todo o seu direito também.

8: Assim, o poder de comando entre os hebreus pertenceu somente a Deus; apenas um Estado assim constituído carregava, justamente pela virtude do pacto, o nome de Reino de Deus, e Deus era dito, com justeza, Rei dos Hebreus. Por conseguinte, os inimigos desse Estado eram os inimigos de Deus e os cidadãos que quisessem usurpar o poder, culpados de lesa-majestade-divina, enfim, das regras de direito em vigor, das leis e mandamentos de Deus. Nesse Estado, portanto, o direito civil e a religião, que consistem apenas na obediência a Deus, como mostramos, eram uma e mesma coisa. Dito de outra forma, os dogmas da religião não eram ensinamentos, mas regras de direito e de ordenamentos; a piedade passava por justiça e a impiedade por um crime e uma injustiça. Quem negligenciava a religião deixava de ser cidadão e, unicamente por isso, era tido por inimigo; quem morria pela religião era estimado como se morresse pela pátria; entre o direito civil e a religião não se fazia qualquer distinção. Por esse motivo, o Estado pôde ser chamado uma teocracia, pois os cidadãos não estavam obrigados por qualquer direito, senão por aquele revelado por Deus. É preciso dizer, porém, que tudo isso tinha antes o valor de uma opinião do que de uma realidade, pois, de fato, os hebreus conservaram absolutamente o direito de se governar, como vamos mostrar. Isso se depreende dos meios empregados e das regras seguidas na administração do Estado, regras que me proponho a explicar aqui.

9: Como os hebreus não transferiram seu direito a ninguém mais, e todos igualmente, como numa democracia, se despojaram e gritaram de uma só voz "tudo o que Deus disser (sem que um mediador fosse previsto) nós o faremos", todos, em virtude desse pacto, permaneceram inteiramente iguais. Os direitos de consultar a Deus e o de receber e interpretar suas leis pertenceram igualmente a todos, e de uma maneira geral todos foram igualmente encarregados da administração do Estado. Por esse motivo, todos se dirigiram a Deus para ouvir seus mandamentos; mas, na ocasião dessa primeira homenagem, tiveram um tal pavor e ouviram a palavra de Deus com um espanto tal que acreditaram ter chegado a sua hora suprema. Cheios de temor, portanto, dirigiram-se novamente a Moisés: "Eis que ouvimos Deus falando no fogo e não há razão para que queiramos morrer; este grande fogo, por certo, nos irá devorar; se mais uma vez devermos ouvir a voz de Deus, certamente morreremos. Logo, vai tu apenas e escuta as palavras de nosso Deus e tu no-las repetirá (tu, não Deus). Toda palavra que Deus te disser nós a obedeceremos e executaremos". Com essa linguagem eles claramente aboliram o primeiro pacto e transferiram a Moisés, sem reservas, seu direito de consultar a Deus e interpretar seus éditos. De fato, prometeram não como antes

TRATADO TEOLÓGICO-POLÍTICO

obedecer a todas as palavras que Deus lhes dissesse, mas a todas aquelas que dissesse a Moisés (*Deuteronômio* 5, após o Decálogo, e 18, 15-16). Portanto, Moisés permanecerá o único portador das leis divinas e seu intérprete; consequentemente, o juiz supremo que ninguém poderá julgar e que tomou sozinho, entre os hebreus, o lugar de Deus, quer dizer, teve a majestade suprema, pois apenas ele tinha o direito de consultar a Deus, dar ao povo as respostas de Deus e constrangê-los a executar seus mandamentos. Digo que sozinho o possuía, pois se outro qualquer, durante a vida de Moisés, quisesse pregar alguma coisa em nome de Deus, seria em vão um verdadeiro profeta, mas culpado e usurpador do direito supremo (ver *Números* 11, 28)*.

10: E é preciso notar, aqui, que o povo, embora tendo eleito Moisés, não teve o direito de eleger seu sucessor. Com efeito, desde que os hebreus transferiram a Moisés o direito de consultar a Deus e prometeram sem reservas tomá-lo como oráculo divino, perderam todo o direito, devendo admitir aquele que Moisés elegesse para sucedê-lo, como se eleito fosse por Deus. Se tivesse eleito um sucessor que tomasse para si toda a administração do Estado, quer dizer, o direito de ser o único a consultar a Deus em sua tenda e, por consequência, a autoridade de instituir leis e de derrogá-las, de decidir a guerra e a paz, de enviar embaixadores, constituir juízes, eleger um sucessor e, em geral, preencher todas as funções do soberano, o poder teria sido puramente monárquico, com a única diferença de que um Estado monárquico é comumente governado conforme um decreto de Deus velado ao próprio monarca, ao passo que aquele dos hebreus tinha sido, ou deveria ser, de uma certa maneira, conforme um decreto de Deus revelado apenas ao monarca. Essa diferença não diminui, mas aumenta o domínio do monarca e seu direito sobre todos. Quanto ao povo de um e outro estados, encontra-se sob a mesma submissão e ignorante do decreto divino, pois num e noutro depende da

---

* Ver Apêndice, nota 36.

palavra do monarca e só por ele conhece o que é legítimo ou ilegítimo. E não é porque o povo creia que o monarca nada lhe ordene senão por decreto de Deus que lhe está menos submetido; ao contrário, em realidade o está mais. Mas Moisés não elegeu um sucessor desse gênero. Deixou aos seus sucessores um Estado a ser administrado de tal modo que não se pode chamá-lo popular nem aristocrático nem monárquico, mas teocrático. De fato, o direito de interpretar as leis e de comunicar as respostas de Deus foi dado ao poder de um, e o direito e o poder de administrar o Estado em conformidade com as leis já explicadas e as respostas já comunicadas, ao poder de outro. A esse respeito, ver *Números* (27, 21)*. Para que seja melhor entendido, vou expor metodicamente a administração de todo o Estado.

11: Em primeiro lugar, foi ordenado ao povo construir uma morada que fosse como a corte de Deus, isto é, da majestade suprema desse Estado. E essa morada não devia ser construída às expensas de um só, mas de todo o povo, a fim de que a morada em que Deus devesse ser consultado fosse propriedade comum. Para servir nesse palácio e administrá-lo foram eleitos os levitas; para ocupar o estrato supremo entre eles, e ser como um segundo depois do Deus Rei, foi eleito Aarão, o irmão de Moisés, a quem seus filhos sucederam legitimamente. Aarão, portanto, sendo o mais próximo de Deus, era o intérprete soberano das leis divinas, aquele que dava ao povo as respostas do oráculo divino e que, enfim, dirigia a Deus as súplicas do povo. Se, com isso, ele tivesse tido o direito de ordenar o que Deus quisesse, nada lhe faltaria para ser um monarca absoluto. Mas ele não tinha esse direito e, de uma maneira geral, toda a tribo de Levi foi mantida totalmente afastada do comando comum, não podendo nem mesmo, como as demais tribos, ter a posse de uma parte dos bens, de onde poderia tirar ao menos sua subsistência. Moisés instituiu que ela seria nutrida pelo resto

---

* Ver Apêndice, nota 37.

do povo, porém em tais condições que sempre fosse tida em grande honra pela multidão, como a única devotada a Deus.

12: Em segundo lugar, quando uma milícia foi formada pelas outras doze tribos, uma ordem lhe foi dada de invadir o domínio dos cananeus para dividi-lo em doze lotes e reparti-los pela sorte. Para esse serviço foram eleitos doze chefes, um de cada tribo, aos quais, juntamente com Josué e o grande pontífice Eleazar, foi dado o direito de dividir as terras em doze lotes iguais e reparti-los pela sorte. Josué foi designado, e somente ele, para comandar como chefe a milícia nessa nova ordem das coisas, tendo o direito de consultar a Deus não como Moisés, sozinho em sua tenda ou no tabernáculo, mas por intermédio do grande pontífice, a quem eram unicamente dadas as respostas de Deus; após o que, cabia a Josué: promulgar os mandamentos comunicados pelo pontífice e a eles obrigar o povo; encontrar e empregar todos os meios de execução; escolher na milícia quantos homens e aqueles que quisesse; enviar embaixadores em seu nome; e todo direito de guerra dependia unicamente de seu decreto. Ninguém, de resto, o sucedeu legitimamente nem estava imediatamente escolhido por Deus, e isso quando o interesse de todo o povo o exigia. Quanto ao mais, os chefes das tribos tinham toda a administração dos assuntos da guerra e da paz, assim como logo mostrarei.

13: Por fim, Moisés ordenou que todos, do vigésimo ao sexagésimo ano, fossem obrigados ao serviço militar e que só do povo fosse formado um exército, que jurava fidelidade não a seu comandante em chefe nem ao pontífice, mas à religião, quer dizer, a Deus. Por esse motivo, o exército era chamado exército de Deus, seus batalhões, batalhões de Deus, e Deus, em contrapartida, era, entre os hebreus, o Deus dos exércitos. Essa a causa por que nas grandes batalhas, de cujo resultado dependia a vitória ou a derrota de todo o povo, a arca da aliança era conduzida no meio da armada, de modo que o povo, combatendo como se visse seu Rei presente, dava todas as suas forças.

14: Desses ordenamentos dados por Moisés a seus sucessores, depreende-se, sem dificuldade, que ele elegeu administradores, não dominadores do Estado. Com efeito, a ninguém deu o direito de consultar a Deus, sozinho e onde quisesse. Por conseguinte, não deu a ninguém a autoridade que ele próprio havia tido de estabelecer leis e derrogá-las, decidir a guerra e a paz, eleger administradores tanto do templo quanto da cidade; pois tais são as funções daquele que ocupa o poder soberano. O grande pontífice bem tinha o direito de interpretar as leis e dar as respostas de Deus, mas não, como Moisés, quando queria, e sim sob pedido do comandante das tropas, do conselho supremo ou de outra pessoa qualificada. Ao contrário, o chefe supremo da armada e os conselhos podiam consultar a Deus quando quisessem, mas não recebiam resposta a não ser pelo grande pontífice. Eis por que as palavras de Deus não eram decretos pela boca do pontífice, como as de Moisés, mas apenas respostas. Uma vez recebidas por Josué e pelos conselhos, só então tinham força de mandamento e decreto. Em segundo lugar, esse pontífice soberano, que recebia as respostas de Deus, não possuía milícia nem o direito de comando; e os que por direito possuíam terras não podiam estabelecer leis. Além do mais, o grande pontífice, assim como Aarão e seu filho Eleazar, foi designado por Moisés, mas tendo este morrido, ninguém mais teve o direito de eleger um pontífice, sucedendo o filho, legitimamente, ao pai. O chefe supremo do exército foi também designado por Moisés e investido na qualidade de comandante não em virtude do direito do pontífice soberano, mas pelo direito que Moisés lhe fez transferir. Eis por que, morto Josué, o pontífice não elegeu ninguém em seu lugar, os chefes das tribos não mais consultaram a Deus sobre a designação de um novo chefe, mas cada qual conservou o direito de Josué a respeito da milícia de sua tribo e, todos juntos, a respeito de toda a milícia. E parece não ter sido preciso um chefe supremo, salvo quando, unindo todas as suas forças, deviam combater um inimigo comum. Isso aconteceu, aliás, ao tempo de Josué, quando ninguém tinha ainda moradia fixa e tudo pertencia, de direito, a todos. Mais tarde, quando todas as tribos partilharam entre si as terras adquiridas por direito de conquista e aquelas que ainda haviam de adquirir, e que tudo já não pertencia a todos, justamente por essa razão desapareceu um chefe em comum, pois, a partir dessa partilha, os homens das diversas tribos foram considerados antes confederados do que concidadãos. Quanto a Deus e à religião, sem dúvida devia-se tê-los por concidadãos; mas sob o ponto de vista do direito que uma das tribos possuía sobre outra, eles eram confederados, quase da mesma maneira (o templo em comum à parte) que os estados confederados da Holanda. A divisão de algo em comum em partes consiste unicamente, com efeito, em que cada um seja senhor de sua parte, renunciando os demais ao direito que tinham sobre ela. Por esse motivo, Moisés designou os chefes das tribos, a fim de que, após a partilha, cada um tivesse o comando e o encargo de sua parte, quer dizer, o cuidado de consultar a Deus sobre os assuntos de sua tribo por intermédio do grande pontífice, o de comandar sua milícia, fundar e fortificar cidades, de ali instituir os juízes, fazer a guerra ao inimigo de seu Estado particular e, geralmente, o de administrar os assuntos de guerra e de paz. Não se devia reconhecer nenhum outro juiz senão Deus* ou um profeta expressamente por ele enviado; em caso de haver defecção a Deus, as demais tribos não deviam julgá-lo como um súdito, mas fazer-lhe a guerra como a um inimigo, por ter faltado à lei do tratado. Encontramos exemplos na Escritura. Após a morte de Josué, os filhos de Israel, e não um comandante em chefe, consultaram a Deus; quando se tornou conhecido que a tribo de Judá devia ser a primeira de todas a empreender a guerra contra seu inimigo, ela fez um tratado com a tribo de Simeão para juntarem suas forças. Nesse tratado não se incluíram as outras tribos (ver *Juízes* 1, 1-3); cada uma delas fez a guerra separadamente contra

---

* Ver Apêndice, nota 38.

seu inimigo (como se relata no mesmo capítulo) e aceitou-se a submissão e a fé de quem ela quis, embora estivesse no ordenamento não haver tratativas sob nenhuma condição e exterminar os inimigos sem piedade. Os culpados desse pecado são restabelecidos na verdade, mas ninguém lhes leva à justiça. E não havia razão para que uma guerra eclodisse entre as tribos e que elas interviessem nos assuntos das demais. Ao contrário, à tribo de Benjamin, tendo ofendido as outras e rompido o elo que a unia às demais, de modo que nenhuma das tribos confederadas pudesse mais encontrar nela uma aliada segura, fez--se-lhe a guerra e, após três combates realizados, as outras tribos, enfim vitoriosas, mataram todos os de Benjamin, culpados e inocentes, em virtude do direito de guerra, o que, mais tarde, lamentaram e deploraram.

15: Por esses exemplos se encontra inteiramente confirmado o que dissemos do direito de cada tribo. Talvez nos perguntem quem designava o sucessor à chefia de cada uma. Sobre esse ponto, nada posso extrair de certo da Escritura. Conjecturo, porém, já que cada tribo estava dividida em famílias, cujos chefes eram escolhidos entre os antigos familiares, que o mais velho dos anciões tinha como direito lugar à chefia da tribo. Com efeito, entre os antigos Moisés escolheu setenta coadjutores que com ele formavam o conselho supremo. Aqueles que tiveram a administração do poder após a morte de Josué são chamados anciãos na Escritura. Enfim, nada é mais frequente entre os hebreus do que o nome de ancião dado aos juízes, como penso que todos saibam. De resto, pouco importa ao nosso propósito saber com certeza como os chefes das tribos eram designados; basta ter mostrado que, após a morte de Moisés, ninguém exerceu todas as funções de comandante supremo, pois, de fato, nada dependia do decreto de um só homem nem de um só conselho, nem do povo, e que a administração da coisa pública pertencia por uma parte à tribo, e quanto ao resto às outras, com um direito igual de ambos os lados. É evidente que após a morte de Moisés o Estado não

TRATADO TEOLÓGICO-POLÍTICO

permaneceu monárquico, aristocrático nem popular, mas foi teocrático. Primeiro porque a morada real do Estado era o templo e que, unicamente em relação a ele, como mostramos, os homens de todas as tribos eram concidadãos; em segundo, porque todos os cidadãos deviam jurar fidelidade a Deus, seu juiz supremo. Enfim porque, em caso de necessidade, ninguém era eleito ao comando supremo senão por Deus. Moisés o predisse explicitamente ao povo em nome de Deus (*Deuteronômio* 18, 15) e, de fato, as eleições de Gedeão, de Sansão e de Samuel o atestam, o que não permite duvidar que os outros chefes fiéis não tenham sido designados da mesma maneira, embora isso não seja dito na história.

16: Postos esses princípios, é tempo de ver como o poder instituído em tais condições podia exercer sobre as almas uma ação moderadora e reter tanto os governantes quanto os governados de modo que estes últimos não se tornassem rebeldes, nem os primeiros, tiranos.

17: Aqueles que governam o Estado ou dele se converteram em senhores sempre se esforçam por justificar qualquer crime que cometam com uma aparência de direito e por persuadir o povo que agiram honestamente. E o conseguem facilmente quando toda a interpretação do direito deles depende. Pois é claro que desse mesmo direito eles extraem uma grande liberdade de fazer tudo o que querem e tudo o que o apetite lhes incita; e que uma grande parte dessa liberdade lhes encanta no caso em que o direito de interpretar as leis pertença a outros e que, ao mesmo tempo, sua verdadeira interpretação seja manifesta e incontestável para todos. Torna-se bastante evidente por isso que, entre os hebreus, uma das grandes causas dos crimes que comentem os príncipes é suprimida, inicialmente, pela atribuição apenas aos levitas do direito de interpretar as leis (*Deuteronômio* 21, 5), que não tinham participação nem no comando nem, como os outros, na propriedade, e cuja fortuna e consideração dependiam unicamente da interpretação verdadeira das leis. Em segundo lugar, pelo ordenamento feito a todo o povo para reunir-se a cada sete anos em lugar determinado para ali ser instruído nas leis pelo pontífice e aos indivíduos para ler e reler constantemente com a maior das atenções o livro da Lei (*Deuteronômio* 31, 9 e etc.; e capítulo 6, 7). Portanto, os chefes deviam tomar o maior cuidado, em seu próprio interesse, de tudo administrar segundo as leis prescritas e bastante claramente conhecidas de todos, se quisessem ser honrados o máximo possível pelo povo que, nessa condição, os venerava como ministros do reino de Deus e vicários de Deus. Na ausência dessa condição, eles não podiam escapar ao pior rancor dos súditos, aquele que se chama teológico.

18: No mesmo sentido, quero dizer, a fim de conter a concupiscência desenfreada dos chefes, agia ainda com grande força uma outra instituição: a participação de todos os cidadãos no serviço militar (dos vinte aos sessenta anos, sem exceção) e a impossibilidade para os chefes de alistar qualquer soldado mercenário. Essa instituição, digo, teve uma grande influência, pois é certo que os príncipes, para oprimir o povo, têm necessidade de uma força armada paga por eles e que, além disso, não temem nada a mais do que a liberdade de um exército armado de cidadãos, princípio da liberdade e da glória do Estado por sua coragem, labor e sangue vertido em abundância. Eis por que Alexandre, quando teve de combater Dario pela segunda vez, após ter ouvido o conselho de Parmenion, explodiu em censuras não contra Parmenion, mas contra Polispercon, que sustentava a mesma opinião. Com efeito, diz Quinto Cúrcio (livro IV, capítulo 13) que ele não ousava repreender novamente Parmenion, a quem, pouco tempo antes, havia dirigido os mais vivos reproches; e ele só pôde desembaraçar-se da liberdade dos macedônios, que temia, após ter aumentado o número de soldados, tomados entre os cativos, bem acima dos macedônios. Então pôde dar vazão às suas paixões, tendo reduzido a nada a liberdade dos melhores cidadãos. Se essa liberdade própria de uma armada composta por cidadãos impõe a contenção aos chefes de Estado de uma instituição humana, que se acostumaram a tomar para eles toda a honra das vitórias, o quanto não pôde ela conter os chefes dos hebreus, cujas tropas combatiam para a glória não do chefe, mas de Deus, e não se metiam em combate que Deus não houvesse respondido em consulta.

19: Acrescentemos em segundo lugar que os chefes dos hebreus só estavam ligados uns aos outros pela religião; se um houvesse desertado e empreendido violar o direito divino do indivíduo, podia ser tratado como inimigo pelos demais e ser objeto de justa repressão.

20: Em terceiro lugar, é preciso levar em conta o medo de um novo profeta; se um homem de vida irrepreensível mostrasse por sinais reconhecíveis que era um profeta, por isso mesmo tinha um direito soberano de comandar em nome de Deus só a ele revelado, como Moisés, e não como os chefes, em nome de um Deus consultado por intermédio do pontífice. E, sem dúvida, tais profetas podiam sem dificuldade arrastar o povo oprimido e convencê-lo do que queriam com a ajuda de alguns breves sinais. Ao contrário, se o chefe administrasse a coisa pública com retidão, podia recompor-se a tempo e fazer o profeta comparecer perante seu tribunal para examiná-lo, ver se sua vida era impoluta, se havia dado sinais indubitáveis de sua delegação e, enfim, se o que pretendia em nome de Deus concordava com a doutrina e as leis comuns da pátria. Se os sinais não possuíam o valor requerido, ou se a doutrina era nova, uma condenação à morte podia ser justamente pronunciada pelo chefe. Senão, apenas pela autoridade do chefe, e não por seu testemunho, era o profeta reconhecido.

21: Em quarto lugar, o príncipe não se elevava sobre os outros pelo prestígio da nobreza nem pelo direito de sangue; somente a consideração de sua idade e de sua virtude lhe conferia o governo do Estado.

22: Enfim, é preciso observar ainda que os chefes e toda a milícia não podiam preferir o estado de guerra à paz. De fato, a milícia, como dissemos, compunha-se apenas dos cidadãos e, assim, os mesmos homens administravam os assuntos da guerra e da paz. Aquele que no campo era militar, na praça pública era cidadão, juiz oficiante em seu distrito, comandante em chefe e primeiro magistrado da cidade. Ninguém, por conseguinte, podia desejar a guerra pela guerra, mas pela paz e a defesa da liberdade; e talvez o chefe, para não ser obrigado a se dirigir ao pontífice e rebaixar sua dignidade, se abstivesse, tanto quanto possível, de mudar a ordem estabelecida. Tais são as razões que impediam os chefes de ultrapassar os justos limites.

23: Temos de ver, agora, de que maneira o povo era contido. Os fundamentos da instituição social o mostram, aliás bastante claramente. Com efeito, que se considere mesmo sem grande atenção, ver-se-á com facilidade que fizeram nascer nas almas dos cidadãos um amor que tornou quase impossível a ideia de trair a pátria ou de deserção. Ao contrário, todos lhe deviam ser apegados, a ponto de morrer a sofrer a dominação estrangeira. Após terem transferido seu direito a Deus, acreditaram que seu reino era o de Deus, que somente eles tinham o atributo de filhos de Deus, sendo as outras nações inimigas de Deus, o que lhes inspirava, por essa razão, o ódio mais violento (pois esse ódio lhes parecia uma marca de piedade, ver salmo 139, 21-22). Nada de mais horrível para eles do que jurar fidelidade a um estrangeiro e prometer-lhe obediência. Nenhum opróbrio maior, nenhuma ação mais execrável a seus olhos do que trair a pátria, quer dizer, o próprio reino de Deus que adoravam. O simples fato de ir habitar algum lugar sobre terra estrangeira era tido por envilecimento, porque somente na pátria o culto obrigatório de Deus era possível; à parte a terra santa da pátria, o resto do mundo lhes parecia impuro e profano. É assim que Davi, obrigado a exilar-se, se lamenta diante de Saul: "se eles são homens, os que te excitam contra mim, malditos sejam, pois que me retiram e me excluem da herança de Deus e dizem – vai e presta culto aos deuses estrangeiros". Por essa mesma causa, nenhum cidadão, o que é particularmente notável, era condenado ao exílio: o pecador é digno do suplício, não do opróbrio. O amor dos hebreus pela pátria não era apenas um simples amor, era a piedade, e essa piedade, como o ódio de outras nações, fazia com que o culto cotidiano os aquecesse e alimentasse, de tal maneira que se tornaram a natureza dos próprios hebreus. Com efeito, seu culto cotidiano não era só inteiramente diferente dos demais, o que os separava dos outros homens, mas lhes era também absolutamente contrário. Aos olhos do estrangeiro, todos os dias coberto de opróbrio, deveu nascer em suas almas um ódio acima de todo outro sentimento, um ódio tido como pio, pois nascido da devoção, da piedade; o que há de mais forte, de mais irredutível. A causa ordinária que faz com que um ódio se avive cada vez mais não faltou; quero falar do sentimento muito semelhante que respondia ao seu; as outras nações não puderam deixar de os odiar com o ódio mais violento.

24: Com que eficácia, então, todas essas circunstâncias se juntaram: a liberdade que os homens gozavam no Estado em relação aos homens; a devoção à pátria; um direito sem limite contra o estrangeiro; o ódio atroz de todo gentio tornado não apenas lícito, mas dever piedoso; a singularidade dos costumes e dos ritos. Com que eficácia, digo, tudo isso contribuiu para dar aos hebreus almas firmes para tudo suportar a serviço da pátria com uma constância e coragem únicas; a razão o faz conhecer com a maior clareza e a própria experiência o atesta. Jamais, enquanto a cidade esteve de pé, puderam dobrar-se muito tempo a uma dominação estrangeira e Jerusalém era também comumente chamada de a cidade rebelde (ver *Esdras* 4, 12-15). O Estado que se seguiu à restauração do templo (e que foi apenas a sombra do primeiro, tendo os pontífices usurpado o direito dos chefes) dificilmente pôde ser destruído pelos romanos. O próprio Tácito o confirma no livro ii das *Histórias*: "Vespasiano havia terminado a guerra dos judeus, salvo que não tinha ainda forçado Jerusalém, empreendimento tornado mais duro e mais árduo pela compleição dessa raça e seu fanatismo irredutível do que pelas forças restantes dos sitiados para fazer face às necessidades da situação".

25: Mas além dessa força, cujo valor depende apenas da opinião, houve nesse Estado uma outra força, única e a maior de todas, que devia reter os cidadãos e premuni-los contra toda ideia de defecção e todo desejo de desertar sua pátria: foi a consideração da utilidade que dá às ações humanas seu vigor e sua animação. Digo que nesse Estado tal consideração possuía uma força única. Com efeito, em nenhum lugar os cidadãos tinham sobre seus bens um direito de propriedade mais assegurado do que os súditos desse Estado. A parte da terra e dos campos possuídos por cada um deles era igual à dos chefes, e eram seus senhores pela eternidade, pois se um deles, constrangido pela pobreza, tivesse vendido seus fundos e seu campo, a propriedade lhe seria restituída no momento do jubileu, e outras instituições desse gênero impediam que alguém pudesse ser despojado de sua parte fixa dos bens. Em nenhum outro lugar a pobreza podia ser mais facilmente suportada do que num país onde a caridade para com o próximo, isto é, para com o concidadão, era a mais elevada prática piedosa e o meio de se tornar propício ao Rei Deus. Logo, os cidadãos judeus não podiam encontrar-se melhor senão em sua pátria. Ao redor havia apenas desonra e grande dano. O que, além disso, e sem dúvida com mais eficácia, não apenas os prendia ao solo da pátria, mas os incitava a evitar as guerras civis e afastar as causas de discórdia, era que ninguém tinha por senhor um semelhante, mas unicamente a Deus, e que o amor do concidadão, a caridade para com ele, passava pela mais elevada forma de piedade; o ódio que lhes era comum para com as outras nações e aquele que lhes era devotado entretinham esse amor. Além disso, a obediência era fruto da fortíssima disciplina na qual lhes formava sua educação. Todos os atos estavam regrados pelas prescrições da lei; não se podia trabalhar como se quisesse, mas em épocas determinadas e em certos anos, e apenas com animais de um certo gênero. Da mesma maneira, as semeaduras e as colheitas aconteciam em determinado momento e de uma forma regulada. Em geral, toda a sua vida era uma prática constante de obediência (ver a respeito o capítulo v, relativo à utilidade das cerimônias). Em razão dos costumes, ela não era uma servidão, mas devia confundir-se, a seus olhos, com a liberdade, embora a coisa proibida não atraísse ninguém e, sim, a coisa ordenada. Para isso parece ter ainda contribuído o retorno periódico no ano de dias obrigatórios de repouso e de festa. Não se desregravam nessas ocasiões, mas obedeciam a Deus com abandono; três vezes por ano eram os convivas de Deus (*Deuteronômio* 16); no sétimo dia da semana deviam cessar todo trabalho e entregar-se ao repouso; de resto, ainda em outras ocasiões, divertimentos honestos e refeições festivas estavam não autorizadas, mas prescritas. Não creio que se possa encontrar nada mais eficaz para dobrar as almas dos homens; nada se apodera da alma com mais força do que a alegria que nasce da devoção, quer dizer, simultaneamente do amor e da admiração. Não se receava que a lassidão que engendra a repetição frequente lhes tomasse conta, pois o culto reservado aos dias de festa era raro e variado. A tudo isso se juntava a profunda reverência do templo que guardavam religiosamente, devido ao caráter singular de seu culto e de ritos a serem observados antes que o acesso lhes fosse permitido. A ponto de ainda hoje não se ler sem grande horror a história do atentado de Manassés, que teve a ousadia de pôr um ídolo no próprio templo. A reverência do povo não era menor com relação às leis que estavam guardadas com cuidado religioso no santuário mais inacessível. Eis por que os boatos populares e os preconceitos eram menos temidos do que em outros lugares; ninguém ousava fazer um julgamento sobre as coisas divinas. Tudo o que era ordenado pela autoridade da resposta divina recebida no templo, ou da fé baseada em Deus, obedeciam sem consultar a razão. Penso, assim, ter oferecido os princípios essenciais desse Estado, um resumo bastante claro em sua brevidade.

26: Resta-nos buscar as causas que puderam levar os hebreus a cometer tantas vezes a defecção da Lei, a serem com frequência subjugados e a sofrer, por fim, a ruína completa de seu Estado. Talvez se diga que isso se deve à insubmissão desse povo. Resposta pueril: por que essa nação foi mais insubmissa do que as outras? Por natureza? A natureza não cria nações, mas indivíduos, os quais não se distinguem em nações a não ser pela diversidade de línguas, de leis e de hábitos; entre esses traços distintivos, apenas as leis e os costumes podem fazer com que cada nação tenha um caráter singular, uma condição própria, seus preconceitos. Se, portanto, se devesse concordar que os hebreus foram mais insubmissos do que o resto dos mortais, isso deveria ser imputado a algum vício das leis ou dos costumes recebidos. E, sem dúvida, é certo que se Deus quisesse que seu Estado fosse mais constante, teria estabelecido outros direitos, outras leis e instituído outro governo. O que podemos dizer senão que eles irritaram seu Deus não apenas, como diz *Jeremias* (32, 31), depois da fundação da cidade, mas depois da fundação de suas leis? É o que atesta *Ezequiel* (20, 25): "Eu também lhes dei estatutos que não eram bons e regras sob as quais eles não viviam; no que lhes tornou impuros em seus dons, sob a condição imposta de recompra de toda abertura da vulva (o primogênito), a fim de que, pela minha vontade, fossem devastados, para que conhecessem que sou Jeová". Para bem entender essas palavras e a causa da ruína do Estado, é preciso notar que a primeira intenção foi a de remeter o ministério sagrado aos primogênitos, não aos levitas (ver *Números* 8, 17); mas quando todos, salvo os levitas, adoraram o bezerro, os primogênitos foram repudiados e julgados impuros, e os levitas eleitos em seu lugar (*Deuteronômio* 10, 8). Quanto mais considero esse julgamento, mais me sinto obrigado a repetir a palavra de Tácito: não foi pela segurança dos hebreus que Deus velou naqueles tempos, mas de sua vingança é que cuidou. E não posso admirar-me mais de que tenha concebido em sua alma celeste uma cólera bastante grande para estabelecer leis destinadas não, como de regra, a propiciar a honra, a salvação, a segurança de todo o povo, mas a satisfazer seu desejo de vingança e a punir o povo. Embora essas leis não mais parecessem ser leis, quer dizer, a salvação do povo, mas antes penas e suplícios. Com efeito, os dons que tiveram de ser feitos aos levitas e aos sacerdotes, a obrigação de recompra dos primogênitos e a de dar aos levitas uma certa soma de dinheiro, por cabeça, e, enfim, o privilégio concedido somente aos levitas de acesso às coisas santas, tantas marcas incessantemente repetidas acusam a impureza dos hebreus e seu repúdio. De resto, os levitas jamais deixaram de lhes fazer sentir seu opróbrio. Não é duvidoso que, entre tantos milhares de levitas, não se tenha encontrado um grande número de teólogos impertinentes; de onde o desejo que veio ao povo de observar a vida dos levitas, homens antes de tudo, e de acusá-los todos, como acontece, pela falta de um só. Daí os constantes rumores, depois o cansaço sentido pelos hebreus, sobretudo nos anos de penúria, em alimentar homens ociosos e detestáveis, aos quais não os ligavam nem mesmo o vínculo de sangue. Nada de surpreendente, pois, que, na acalmia, quando os milagres manifestos chegavam a faltar, não havendo homens de rara autoridade, a alma popular, azeda e ligada aos interesses materiais, perdesse, primeiramente, seu ardor religioso, depois terminasse por abandonar um culto, na verdade divino, mas ultrajante e suspeito para ela; nada de surpreendente que os chefes, sempre à procura de um meio para ligar-se ao povo, afastá-lo dos pontífices e terem sozinhos todos os direitos soberanos, tenham feito a essa alma popular todas as concessões e estabelecido novos cultos.

27: Se o Estado tivesse sido constituído conforme a primeira intenção de seu fundador, todas as tribos teriam o mesmo direito e honrarias iguais, e a segurança haveria reinado em todos os lugares; com efeito, quem quereria violar o direito sagrado de seus consanguíneos? O que querer de melhor do que nutrir seus consanguíneos, seus irmãos, seus parentes por piedade religiosa? Do que ser instruído por eles da interpretação das leis, e deles esperar, enfim, as respostas divinas? Por esse procedimento, todas as tribos permaneceriam muito mais estreitamente unidas entre si; quero dizer, se elas tivessem tido o direito semelhante de administrar as coisas sagradas. E mesmo se a eleição dos levitas tivesse outra causa do que a cólera e a vingança, nada haveria a temer. Mas, dissemos, eles haviam irritado a Deus; e, para repetir as palavras de Ezequiel, ele "os tornou impuros em seus dons, sob a condição imposta de recompra de toda abertura da vulva", a fim de levá-los à ruína.

28: Isso, de resto, é confirmado pelos relatos. Tão logo no deserto o povo começou a gozar de repouso, muitos homens, e que não faziam parte da multidão, incomodaram-se com a eleição dos levitas e aproveitaram essa ocasião para crer que Moisés havia estabelecido todas as instituições não pelo mandamento de Deus, mas segundo seu prazer. De fato, ele havia escolhido sua própria tribo e dado a seu irmão a eternidade do pontificado; em sua excitação, eles atacaram em tumulto, gritando que todos eram igualmente santos e que aquela elevação acima de todos era contrária à lei. Moisés não lhes pôde acalmar por nenhum argumento, mas por um milagre, que devia servir de signo para restabelecer a fé, todos pereceram. Daí uma nova sedição de todo o povo, crendo que eles haviam morrido pelo artifício de Moisés, e não por um julgamento de Deus. Após uma grande carnificina, ou uma peste, o cansaço trouxe a pacificação, mas a vida cabia aos hebreus e eles a preferiam à morte. A sedição teve fim sem que a concórdia reinasse. Isso é confirmado assim pela Escritura (*Deuteronômio* 31, 21). Deus, após ter predito a Moisés que depois de sua morte o povo desertaria do culto divino, ajunta: "pois eu conheço o apetite do povo e o que eles preveem hoje, enquanto não os conduzi ainda à terra que prometi". E um pouco depois, o próprio Moisés diz ao povo: "pois eu conheço tua rebelião e insubmissão. Se, enquanto vivi entre vós, vós vos haveis rebelado contra Deus, sereis ainda mais após a minha morte". E, efetivamente, a coisa ocorreu, como se sabe.

29: Daí grandes mudanças, uma licença universal, o luxo, a preguiça de alma que conduziram à decadência do Estado, até o momento em que, muitas vezes submetidos, romperam o pacto com Deus, cujo direito se despossuiu. Quiseram ter reis mortais, do que resultou que a morada do poder não fosse mais o templo, mas uma corte, e que os homens de todas as tribos fossem, a partir de então, concidadãos não enquanto submetidos ao direito de Deus e ao pontificado, mas por terem o mesmo rei. Tal mudança foi causa considerável de novas sedições que terminaram por levar à ruína completa do Estado. De fato, o que há de mais insuportável para os reis do que reinar a título precário e ter de sofrer um Estado dentro do Estado? Os primeiros que, simples particulares, foram eleitos, contentaram-se com o grau de dignidade a que foram alçados, mas quando os filhos reinaram por direito de sucessão, esforçaram-se, por mudanças graduais, em possuir sozinhos a totalidade dos direitos constituintes do poder do Estado. Desses estavam privados em grande parte enquanto se opunham leis que lhes eram independentes, conservadas pelo pontífice no santuário e só por ele interpretadas ao povo, de sorte que, como súditos, eram mantidos por leis e não podiam, de direito, derrogá-las nem instituir outras de igual autoridade. Em segundo lugar, também estavam privados porque o direito dos levitas interditava aos reis a administração das coisas sagradas, tanto quanto aos súditos, na qualidade de profanos. Enfim, porque seu poder não estava de modo algum assegurado contra a vontade de um só homem, reconhecido como profeta, que podia colocá-los em cheque. Disso se viram exemplos. De fato, com que liberdade não havia Samuel comandado a Saul? Com que facilidade tinha, por uma só falta, transferido a Davi o direito de reinar. Assim, tinham que contar com um Estado dentro do Estado e reinavam a título precário. Para vencer tais resistências, permitiram-se elevar aos deuses outros templos, de modo que não tivessem mais que consultar os levitas; em seguida, procuraram homens mais de uma vez capazes de profetizar em nome de Deus para haver profetas que se opusessem aos verdadeiros. Embora tenham tentado, jamais puderam, no entanto, chegar ao termo de seus desejos. Com efeito, os profetas, dispostos a tudo, esperavam o momento favorável, ou seja, a chegada ao poder de um novo rei, cuja autoridade é sempre precária enquanto a lembrança do predecessor resta viva; sem dificuldade, podiam, então, invocando a autoridade de Deus, empurrar qualquer figura irritada contra o rei, e conhecida por sua coragem, para reivindicar o direito de Deus e apoderar-se do poder ou de uma parte dele. Mas também os profetas, por essa via, não podiam chegar a nada. Mesmo se pusessem fim a uma tirania, pelo efeito de causas imutáveis só faziam comprar, com bastante sangue hebreu, um novo tirano. Nenhum fim, portanto, às discórdias e às guerras civis e às causas, sempre as mesmas, de violação do direito divino, que não puderam desaparecer a não ser com o próprio Estado.

30: Vemos por aí como a religião foi introduzida no Estado dos hebreus e quais poderiam tê-lo feito eterno se a justa cólera do legislador houvesse permitido que ele permanecesse tal como foi inicialmente instituído. Mas como não pôde ser assim, deveu perecer. Só falei aqui do primeiro império, pois o segundo foi apenas sombra do primeiro, já que os hebreus estavam retidos pelos direitos dos persas, dos quais eram súditos, e que após a conquista da independência, os pontífices usurparam o direito de chefe e tomaram o poder absoluto. Daí para os sacerdotes um grande apetite para reinar e ocupar, ao mesmo tempo, o pontificado. Logo, não há por que falar-se desse segundo império. Quanto a saber se o primeiro, enquanto o concebemos como durável, é imitável ou se é uma ação piedosa a ser copiada no máximo possível, é que o veremos nos capítulos seguintes.

31: Como coroamento, queria somente fazer aqui uma observação sobre um ponto já tocado. Do exposto acima, verifica-se que o direito divino nasce de um pacto, na ausência do qual não há outro direito senão o natural. Eis por que os hebreus não tinham, sob o comando da religião, obrigações piedosas face às nações que não haviam compactuado, mas apenas em relação a seus concidadãos.

CAPÍTULO XVIII

*Da comunidade dos hebreus e de sua história se deduzem
alguns princípios políticos*

1: A despeito da eternidade que possa ter tido como repartição [do poder] o Estado dos hebreus, tal como o concebemos no capítulo anterior, ninguém mais o pode tomar como modelo, pois isso não seria um intuito desejável. Com efeito, se os homens quisessem transferir seu direito a Deus, lhes seria necessário, como os hebreus, concluir com Deus um pacto expresso. Não seria apenas a vontade de transferir seu direito que seria requerida, mas também a vontade de Deus, a quem ele deveria ser transferido. Ora, por intermédio dos apóstolos, Deus revelou que seu pacto não era mais escrito com tinta nem sobre placas de pedra, mas no coração e com o espírito de Deus. Em segundo lugar, uma forma de Estado como aquela apenas poderia convir, no máximo, a homens que quisessem viver sozinhos, sem comércio com o exterior, fechar-se em seus limites e isolar-se do resto do mundo; não àqueles para quem é necessário ter comércio com os demais. Eis por que uma tal forma de Estado não pode servir senão a um número bastante reduzido. Não é menos verdade que, se ela não pode ser imitada, ainda abrange muitas disposições bastante dignas de atenção e que talvez servissem como motivo para se imitar.

2: Todavia, não sendo meu intento, como já adverti o leitor, tratar explicitamente do Estado, deixarei de lado a maior parte daquelas disposições e notarei apenas o que se relaciona ao meu objetivo. Em primeiro lugar, que não é contrário ao reino de Deus eleger uma majestade soberana que tenha no Estado um poder soberano. De fato, após os hebreus terem transferido seu direito a Deus, reconheceram em Moisés um direito soberano de comandar e de, sozinho, ter assim a autoridade de instituir e de derrogar as leis, eleger os ministros do culto, julgar, ensinar e castigar, comandando em absoluto todos e todas as coisas. Em segundo lugar, que, mesmo sendo os intérpretes das leis, os ministros do culto não estavam qualificados para julgar os cidadãos nem excomungar quem quer que fosse. Tal direito pertencia apenas aos juízes e aos chefes eleitos entre o povo (ver *Josué* 6, 26; *Juízes* 21, 18; e *Samuel* I 14, 24).

3: Se, além disso, quisermos considerar a história dos hebreus e suas vicissitudes, encontraremos outros pontos de constatação.

4: Não houve nenhuma seita religiosa a não ser quando, no segundo império, os pontífices tiveram a autoridade de fazer decretos e de tratar os assuntos do Estado e, para que essa autoridade fosse eterna, usurparam o direito do príncipe e terminaram por querer que lhes fosse dado o nome de reis. A razão é fácil de ver. No primeiro império, não podia haver decretos feitos em nome do pontífice, pois ele não tinha o direito de decretar, mas apenas, a pedido dos chefes ou dos conselhos, dar as respostas de Deus. Por conseguinte, não puderam ter nenhuma paixão em decretar novidades, mas apenas administrar e manter os usos recebidos; a despeito dos chefes, com efeito, não tinham outro meio para assegurar a conservação de sua liberdade senão preservar as leis da corrupção. Ao contrário, quando puderam tratar dos assuntos do Estado, e tiveram, junto com o pontificado, o direito do príncipe, cada um teve a ambição de ilustrar

TRATADO TEOLÓGICO-POLÍTICO

seu nome, relativamente à religião e ainda a outras coisas, regulamentando tudo por sua autoridade pontifical, fazendo novos decretos todos os dias sobre as cerimônias, a fé e outros pontos, aos quais não queriam que fossem atribuídos um caráter menos sagrado e de menor autoridade do que as leis de Moisés. Com isso aconteceu que a religião degenerou em uma superstição funesta e que o sentido verdadeiro e a interpretação das leis se corrompessem. Ao que se ajuntou que, nos primeiros tempos após a restauração do templo, enquanto procuravam traçar um caminho para se chegar ao Principado, se mostrassem dispostos, quanto à multidão, e para atraí-la, a tudo aceitar, dando aprovação às suas maneiras de agir, mesmo ímpias, e ajustando a Escritura aos piores costumes. Malaquias o atesta, nos termos mais fortes; após ter invectivado contra os sacerdotes do seu tempo, que ele chama os denegridores do nome de Deus, assim continua a castigá-los: "os lábios do pontífice guardam a ciência e a lei não sai de sua boca, pois ele é o enviado de Deus. Mas vós vos desviastes do caminho, vós fizestes com que a lei fosse um escândalo para muitos, vós haveis rompido o pacto de Levi, diz o Deus dos exércitos". E suas acusações prosseguem. Eles interpretam as leis segundo seu bel-prazer, não têm qualquer consideração com Deus, mas apenas com pessoas. É certo que os pontífices não puderam usar de uma prudência tal que sua conduta escapasse à atenção dos mais esclarecidos; estes aqui, com uma crescente audácia, sustentaram, por conseguinte, que não seriam obrigados a não ser por leis escritas; quanto aos decretos a que os fariseus enganados (eles eram na maioria, como diz Josefo em suas *Antiguidades*, do baixo povo) apelavam como tradições dos antigos, não se dispunham a observar. Como quer que tenha sido, de maneira alguma podemos duvidar que a adulação dos pontífices, a corrupção da religião e das leis, aumentadas em incrível medida, não tenha dado ocasião, larga e frequentemente, a debates e querelas sem fim. De fato, quando os homens começam a discutir com o ardor do fanatismo, apoiados de um lado e de outro por magistrados, é impossível chegar-se a uma pacificação, e a divisão em seitas é inevitável. Vale a pena observar que os profetas, quer dizer, simples particulares, pela liberdade que tomaram de advertir, de invectivar e de cobrir de opróbrios, mais irritaram os homens do que os corrigiram, enquanto, advertidos e castigados pelos reis, esses mesmos homens eram facilmente dobrados. Há mais: os reis, mesmo piedosos, com frequência julgaram intoleráveis os profetas por causa da autoridade que possuíam de decidir que ação era piedosa, qual era ímpia, e de castigar os próprios reis, quando se permitiam conduzir algum assunto, público ou privado, de modo contrário ao que eles, os profetas, haviam decidido. O rei Asa, que reinava piedosamente, conforme o testemunho da Escritura, enviou para a mó o profeta Hanani (*II Crônicas* 16) por ter tido a ousadia de repreendê-lo e de fazer-lhe censuras a respeito do tratado concluído com o rei da Armênia. E encontram-se outros exemplos mostrando que tal liberdade é mais danosa do que útil à religião, para nada dizer das grandes guerras que nasceram dos direitos excessivos reivindicados pelos profetas. Digno ainda de nota é o fato de que, durante o período de poder popular, houve apenas uma guerra civil e ela terminará ainda sem deixar ressentimentos; os vencedores, por piedade dos vencidos, tomaram todas as medidas necessárias para os restabelecer em suas dignidades e poderes. Ao contrário, quando o povo, pouco afeito aos reis, teve substituída a primeira forma de governo pela monarquia, as guerras civis não mais terminaram, por assim dizer, e livraram-se combates cuja obstinação não tem igual em fama. Em um só combate (dificilmente crível) quinhentos mil homens de Israel foram mortos pelos de Judá (a Escritura não dá os números); em outro, ao contrário, os de Israel praticam uma carnificina sobre os de Judá (a Escritura também não dá números), apoderam-se do rei, demolem quase inteiramente as muralhas de Jerusalém e, para que se saiba que sua cólera não conhece medidas, despojam inteiramente o templo e, depois, pesadamente carregados do butim tomado de seus irmãos e saciados de sangue, levam reféns, abandonam o rei em seu reino quase devastado e depõem as armas, descansando não sobre a fé, mas sobre a fraqueza dos de Judá. Poucos anos depois, quando Judá restabeleceu suas forças, um novo combate se inicia, no qual os de Israel, novamente vencedores, degolam 120 mil homens de Judá, levam como cativas suas mulheres e filhos, em número de duzentos mil, carregando de novo um grande butim. Após esses combates e outros, relatados ao longo da história, terminaram, esgotados, por serem presas dos seus inimigos.

5: Em segundo lugar, se quisermos contar o tempo durante o qual se goza de uma paz completa, encontraremos uma grande diferença. Antes dos reis, várias vezes se passaram quarenta anos e, uma vez, oitenta anos (o que surpreende a opinião) em completa concórdia, sem guerra exterior ou interior. Após terem os reis tomado o poder, como não mais se combatia, assim como no passado, pela paz e a liberdade, e sim pela glória, vemos que, excetuando-se Salomão (cuja virtude, que era a sabedoria, mostrava-se mais na paz do que na guerra), todos fizeram a guerra, e um funesto apetite pelo reinar tornou sangrento, para a maioria, o caminho conducente à realeza. Enfim, os reis, durante o reino do povo, permaneceram ao abrigo da corrupção e foram observados com mais constância. Antes dos reis, com efeito, pouquíssimos profetas fizeram advertências ao povo; após um rei ter sido eleito, houve um grande número: Obadias salvou uma centena da carnificina e os escondeu para que não fossem mortos como os outros. E não vemos que o povo tenha sido enganado por falsos profetas, a não ser depois de o poder ter sido abandonado aos reis, aos quais a maioria dos falsos profetas queria comprazer. Acrescente-se que o povo, cuja alma é humilde ou soberba conforme os acontecimentos, corrigia-se facilmente nas calamidades e, voltando-se para Deus, restabelecia as leis, de sorte que se punha ao abrigo de todo o perigo. Ao contrário, os reis, cujas almas são sempre orgulhosas e não podem dobrar-se sem vergonha, apegaram-se obstinadamente aos seus vícios, até a completa destruição da cidade.

6: Por aí se vê claramente: 1. o quão pernicioso, tanto para a religião quanto para o Estado, de conferir aos ministros do culto o direito de decretar o que quer que seja ou de tratar dos assuntos do Estado. Que, ao contrário, a estabilidade é muito maior quando estão adstritos a responder apenas às demandas que lhe são feitas e, no entretempo, regrar os ensinamentos e o culto exterior sobre a melhor tradição estabelecida e a mais universalmente aceita; 2. o quanto é perigoso vincular às regras do direito divino as questões de ordem puramente especulativa e fundamentar as leis sobre opiniões, sujeitas a disputas constantes entre os homens; o exercício do poder não funciona sem a pior violência num Estado onde se têm por crimes as opiniões que pertencem ao direito do indivíduo, e ao qual ninguém pode renunciar. E num Estado desse gênero, é a furiosa paixão popular que habitualmente comanda. Complacente com a cólera dos fariseus, Pilatos fez crucificar o Cristo, que sabia inocente. Para despojar os mais ricos de suas dignidades, os fariseus começaram a incomodar as pessoas a respeito da religião e a acusar os saduceus de impiedade. A exemplo dos fariseus, os piores hipócritas, animados pela mesma raiva, perseguiram homens de insigne probidade e clara virtude, por isso mesmo odiosos à plebe, denunciando suas opiniões como abomináveis e inflamando contra eles a cólera da multidão feroz. Essa atrevida licença, já que se cobre de uma aparência de religião, não é fácil de ser reprimida, sobretudo em um país onde os detentores do poder soberano introduziram uma seita cuja doutrina escapa à sua autoridade, pois então não são tidos como intérpretes do direito divino, mas por membros de uma seita, quer dizer, como homens que reconhecem como intérpretes do direito divino os doutores da seita; a autoridade dos magistrados tem, por conseguinte, pouca força para a multidão no que diz respeito aos atos que o fanatismo religioso inspira, e crê-se que mesmo os reis devem submeter-se à sua interpretação. Para evitar esses males, não se pode achar um meio mais seguro do que fazer consistir a piedade e o culto religioso apenas em suas obras, quer dizer, apenas no exercício da justiça e da caridade; quanto ao resto, abandoná-lo ao livre julgamento de cada um. Mas voltaremos mais longamente a esse ponto; 3. vemos o quanto é necessário, tanto para o Estado quanto para a religião, reconhecer ao soberano o direito de decidir o que é legítimo e o que não é. Com efeito, se esse direito de decidir sobre as ações não pôde ser concedido mesmo aos profetas de Deus sem grande dano para o Estado e a religião, menos ainda é preciso concedê-lo a homens que não sabem prever o futuro assim como fazer milagres. Tratarei desse ponto explicitamente no capítulo seguinte; 4. enfim, vemos como é funesto, para um povo que não está acostumado a viver sob reis e que já possui leis instituídas, eleger um monarca. De fato, nem o povo poderá suportar um poder tão grande nem a autoridade real poderá tolerar leis e direitos do povo, instituídos por um outro, de autoridade menor do que a sua. E ainda menos poderá o rei dar-se à ideia de defender tais leis, visto que, em sua instituição, nenhum benefício pode ser obtido por si, que pensava deter o poder, mas apenas pelo povo ou pelo conselho. Assim, o rei, mantendo os direitos antigos do povo, parecerá antes seu escravo do que mestre. Um monarca de instituição recente tentará, portanto, com todas as suas forças, estabelecer novas leis, reformar a seu proveito os direitos existentes no Estado e reduzir o povo a uma condição tal que não possa retomar dos reis sua dignidade tão facilmente quanto dar-lhes a sua.

7: Entretanto, não posso deixar aqui em silêncio que não é menos perigoso tirar a vida de um monarca mesmo quando está bem estabelecido ser ele um tirano. Pois o povo, acostumado à autoridade real, e só por ela contido, desprezará uma outra menor e com ela se divertirá. Por conseguinte, se se tira a vida de um monarca, será necessário que o povo, como antes os profetas, eleja em seu lugar um outro que, necessariamente, e apesar dele, será um tirano. Com efeito, com que olhos poderá ele ver cidadãos de mãos ensanguentadas pela morte de um rei e que se vangloriam de um parricídio, como de uma bela ação, e não considerar como um exemplo para si? Certamente, se quiser ser um rei, se não quiser reconhecer o povo como seu juiz e senhor, não se acomodando a um poder precário, deve vingar a morte do rei que o precedeu e opor a esse exemplo, em seu interesse, um outro, a fim de desencorajar o povo na repetição de seu crime. Ora, ele não poderá facilmente vingar a morte do tirano, enviando cidadãos à morte, se não fizer sua a causa do tirano a quem sucede, se não aprovar seus atos e, consequentemente, não caminhar sobre suas pegadas. Assim se chega a que o povo bem pôde trocar o tirano, mas não suprimir o tirano nem mudar um governo monárquico em outro de forma diferente.

8: Dessa impossibilidade o povo inglês deu um exemplo fatal; ele procurou causas pelas quais pudesse, sob a aparência do direito, tirar a vida a um monarca e, após esse ato, não pôde senão mudar a forma de governo. Mas depois de muito sangue derramado, veio a saudar com outro nome um novo monarca (como se toda a questão fosse a do nome dado ao soberano). E esse novo monarca não tinha outro meio de permanecer senão destruir radicalmente a raça real, matar os amigos do rei ou aqueles que eram suspeitos de sê-lo, e pôr fim, por meio da guerra, aos rumores que os lazeres da paz permitissem ouvir, a fim de que a multidão, ocupada com novos pensamentos, se esquecesse do assassinato do rei. Mais tarde o povo percebeu que ele nada havia feito pela salvação da pátria, a não ser violar o direito do rei legítimo e mudar a ordem existente em algo pior. Logo que a liberdade lhe foi dada, ele decidiu voltar em seus passos e não descansar enquanto tudo não se restabelecesse no estado antigo.

9: Talvez alguém se apoie no exemplo do povo romano para objetar que um povo pode facilmente desembaraçar-se de um tirano. Creio, ao contrário, que tal exemplo confirma inteiramente nossa maneira de ver. Com efeito, o povo romano pôde se desembaraçar muito mais facilmente de um tirano e mudar a forma de governo porque o direito de eleger o rei e seu sucessor pertencia ao próprio povo e ele não estava ainda acostumado (formado como era de sediciosos e de fomentadores de escândalos) a obedecer aos reis, pois de seis que tinham tido antes, havia matado três. E, no entanto, ele nada fez senão eleger, no lugar de um só, vários tiranos que o mantiveram pela guerra, exterior e interior, num estado miserável de dilaceramento, até que, por fim, o poder coube a um monarca de quem apenas o nome foi mudado, como na Inglaterra.

10: No que diz respeito às Províncias Unidas dos Países Baixos, que eu saiba jamais tiveram reis, mas condes, aos quais, em nenhum momento, foi transferido o direito de soberania. Tão logo os Três Poderosos Estados da Holanda, como as Províncias Unidas o fizeram conhecer num memorando publicado ao tempo do conde de Leicester, sempre se reservaram a autoridade de chamar os condes ao seu dever e conservaram o poder necessário para manter a autoridade e a liberdade dos cidadãos, para se vingar do conde em caso de se deixar arrastar pela tirania e para contê-lo de tal maneira que lhe fosse impossível fazer algo sem a permissão e a aprovação dos Estados. Segue-se daí que o supremo direito de majestade sempre pertenceu aos Estados, desde que o último conde tentou usurpá-lo. Falta muito, portanto, para que eles o abandonem, ao passo que, ao contrário, restauraram seu poder antigo quase já perdido. Por tais exemplos, confirma-se inteiramente o que dissemos: que cada Estado deve conservar sua forma de governo, que não pode mudar sem ser ameaçado de completa ruína. Tais são as observações que acreditei valer a pena fazer.

CAPÍTULO XIX

*Mostra-se que o soberano está investido inteiramente
do direito sobre questões de religião e que as formas externas de
devoção devem adequar-se à paz da comunidade,
se obedecermos a Deus corretamente*

1: Quando digo acima que os detentores do poder tinham sozinhos o direito de tudo regulamentar, e que todo direito se suspende com seu decreto, não quis entender apenas o direito civil, mas também o direito sagrado do qual devem ser igualmente intérpretes e defensores. Quero aqui expressamente fazer observar e tratar desse ponto explicitamente neste capítulo, pois há muitos autores que negam que esse direito de regulamentar as coisas sagradas pertença ao soberano e não o querem reconhecer como intérprete do direito sagrado; do que tomam a liberdade de acusá-lo e de citá-lo perante um tribunal eclesiástico, e mesmo de excomungá-lo (como antes Ambrósio excomungou o imperador Teodósio). Veremos na sequência deste capítulo que, por tal método eles dividem o Estado e procuram um meio de chegar, eles mesmos, ao poder.

2: Agora quero mostrar que a religião só adquire força de direito pelo decreto daqueles que têm o direito de reger o Estado; que o reino singular de Deus sobre os homens não se estabelece senão por aqueles que detêm o poder político e, além disso, o exercício do culto religioso e as formas exteriores da piedade devem ser regidas pela paz e a utilidade do Estado, de onde se segue que elas devem ser regidas apenas pelo soberano e que ele deve ser o intérprete.

3: Falo expressamente das formas de exercer a piedade e do culto exterior, não da piedade ela própria e do culto interior de Deus, quer dizer, dos meios pelos quais a mente se dispõe interiormente a honrar a Deus com total abandono. Com efeito, esse culto interior de Deus e a própria piedade dizem respeito ao direito do indivíduo (como mostramos no final do capítulo VII), que não pode ser transferido a outro. Acrescento que acredito ter suficientemente marcado no capítulo XIV o que entendo aqui por Reino de Deus, pois ali mostramos que realizar a lei de Deus é praticar a justiça e a caridade, conforme seu mandamento, de onde se segue que o Reino de Deus está estabelecido lá onde a justiça e a caridade têm força de direito e de mandamento. E se Deus ensina e ordena o verdadeiro culto da justiça e da caridade pela Luz Natural ou pela Revelação, isso não faz qualquer diferença a meus olhos. Pouco importa como o culto seja revelado, desde que tenha o caráter de direito soberano e seja a lei suprema dos homens. Se, portanto, mostra agora que a justiça e a caridade não podem adquirir força de direito e de mandamento senão em virtude do direito de reger o Estado, concluir-se-á facilmente (pois o direito de reger o Estado pertence ao soberano) que a religião só adquire força de direito pelo decreto daqueles que possuem o direito de comandar, e que assim o reino singular de Deus sobre os homens somente se estabelece pelos detentores do poder político.

4: Mas é evidente pelos capítulos precedentes que o culto da justiça e da caridade só adquire força de lei pelo direito daquele que comanda; com efeito, mostramos no capítulo XVI que, no estado natural, a razão não tem mais direito do que o apetite, e que aqueles que vivem sob as leis do apetite, como os que vivem sob as leis da razão, têm direito a tudo o que está submetido à sua potência. Por esse motivo, não pudemos conceber o pecado no estado de natureza nem Deus como juiz punidor dos homens por seus pecados. Acreditamos que nesse estado tudo se passa em conformidade com as leis comuns de toda a natureza, que ali, diria como Salomão, a chance é a mesma para o justo e o ímpio, para o puro e o impuro etc., e que não há como se falar de justiça e de caridade. Para que os ensinamentos da razão verdadeira, quer dizer (como mostramos no capítulo IV a respeito da lei divina), os ensinamentos de Deus, tivessem em absoluto força de lei, foi preciso que o indivíduo renunciasse a seu direito natural e que todos os indivíduos transferissem o seu a todos, a alguns ou a um só. Somente então nos foram conhecidas a justiça e a injustiça, a equidade e a iniquidade.

5: A justiça, portanto, e em geral todos os ensinamentos da verdadeira razão, em seguida, assim como a caridade para com o próximo só adquirem força de direito e de mandamento em virtude do direito único de reger o Estado, quer dizer (pelo que mostramos no mesmo capítulo), apenas do decreto daqueles que têm o direito de comandar. E como o reino de Deus (como mostrei) consiste na obrigação legal da justiça e da caridade, quer dizer, da verdadeira religião, segue-se, como queríamos, que Deus somente reina sobre os homens por intermédio daqueles que têm o poder de reger o Estado. É uma só coisa, repito, concebermos a religião como revelada pela luz natural ou pela profética; a demonstração é universal, pois a religião é a mesma e igualmente revelada por Deus, supondo-se conhecida pelos homens de uma maneira ou de outra.

6: Assim foi necessário, para que a religião revelada profeticamente tivesse força de direito entre os hebreus, que cada um deles abandonasse em primeiro lugar seu direito natural e que todos decidissem, por um consentimento comum, obedecer somente às ordens que lhes seriam, conforme o modo profético, reveladas por Deus, tal como mostramos que no governo democrático todos decidem, por consentimento comum, viver segundo as injunções da razão. Embora os hebreus tenham transferido seu direito a Deus, eles só o puderam fazer pelo pensamento, antes que de maneira efetiva; pois, em realidade, eles conservaram (como vimos acima) um direito absoluto de comandar até que o tivessem transferido a Moisés, que, na sequência também, permaneceu rei no sentido absoluto da palavra; e foi por ele que Deus reinou sobre os hebreus. Ajunto que, pela mesma causa (pois a religião só adquire força de lei em virtude do direito que rege o Estado), Moisés não pôde de modo algum punir com o suplício aqueles que, antes do pacto, violaram o sabá (ver *Êxodo* 16, 27); ele o pôde depois do pacto (*Números* 15, 36), pois, então, cada um havia renunciado a seu direito natural e o sabá havia adquirido força de lei, do direito daquele que comandava. Enfim, sempre pela mesma causa, depois da destruição do Estado, a religião revelada deixou de ter força de direito; a partir do momento em que os hebreus transferiram seu direito ao rei da Babilônia, o reino de Deus e o direito divino, não podemos duvidar, deixaram de existir. Por isso mesmo, o pacto pelo qual eles haviam prometido obedecer a toda palavra dita por Deus, e que era o fundamento do seu reino, tinha sido inteiramente anulado. E não mais podiam observar, pois a partir de então não se tratava juridicamente deles mesmos (como no deserto ou na pátria), mas do rei da Babilônia, a quem estavam obrigados a em tudo obedecer (como mostramos no capítulo xvi). É a advertência que lhes dá expressamente *Jeremias* (29, 7): "Velai", diz ele, "pela paz da cidade aonde vos conduzi cativos, pois sua salvação será a vossa salvação". Ora, eles não podiam velar pela salvação da cidade como ministros de Estado (pois eram cativos), mas como escravos, isto é, prestando-se a tudo com obediência para evitar as sedições, observando as leis e direitos do Estado, ainda que fossem as leis muito diferentes daquelas a que estavam acostumados em sua pátria. De tudo isso a consequência muito evidente é que a religião adquiriu força de direito entre os hebreus apenas do direito daquele que regia o Estado, e que, tendo este sido destruído, ela não pôde mais ser considerada como a regra de direito imposta a um Estado, mas como um ensinamento universal da razão; digo da razão porque não se conhecia ainda, por revelação, uma religião universal.

TRATADO TEOLÓGICO-POLÍTICO

7: Disso concluímos, em absoluto, que a religião, seja revelada pela luz natural ou pela profética, só adquire força de mandamento em virtude do decreto daqueles que possuem o direito de comandar o Estado, e que Deus não tem um reino singular entre os homens, a não ser por meio dos que são detentores do poder de Estado.

8: Isso resulta também do que dissemos no capítulo IV e por ali se conhece mais claramente. Naquele capítulo, com efeito, mostramos que os decretos de Deus envolvem uma verdade eterna e necessária e que não se pode conceber Deus como um príncipe ou um legislador que imponha leis aos homens. Eis por que os ensinamentos divinos revelados pela luz natural ou pela profética não recebem de Deus, de modo imediato, força de comando, mas, necessariamente, daqueles ou por intermédio daqueles que possuem o direito de comandar e de decretar. Assim, sem essa intermediação não podemos conceber que Deus reine sobre os homens e dirija os assuntos humanos seguindo a justiça e a equidade. Isso está provado também pela experiência: não se encontram marcas da justiça divina a não ser ali onde reinam homens justos. De outro modo, para repetir as palavras de Salomão, vemos que a chance é a mesma para o justo e o injusto, para o puro e o impuro, o que levou muita gente que acreditava que Deus reinasse imediatamente sobre os homens e dirigisse toda a natureza tendo em vista os homens a duvidar da providência divina.

9: Depois, porque está estabelecido, tanto pela experiência quanto pela razão, que o direito divino depende apenas do decreto do soberano, segue-se que o soberano é também seu intérprete. Veremos em que sentido, pois é tempo agora de mostrar que o culto religioso exterior e todas as formas exteriores da piedade devem, se quisermos obedecer diretamente a Deus, regular-se sobre a paz do Estado. Isso demonstrado, conheceremos facilmente em que sentido o soberano é o intérprete da religião e da piedade.

10: É certo que a piedade pela pátria é a mais alta sorte de piedade que um homem possa mostrar; com efeito, suprimi o Estado e nada de bom poderá subsistir: nenhuma segurança, em parte alguma; é o reino da cólera e da impiedade, em meio ao temor universal. Segue-se daí que não se pode mostrar qualquer piedade para com o próximo, que não seja ímpio, se algum dano for a consequência para o Estado e que, ao contrário, não há ação ímpia para com o próximo que não tome um caráter piedoso, se ela for cumprida para a conservação do Estado. Por exemplo, é piedoso, se alguém me atacar e quiser tomar a minha túnica, dar-lhe também meu casaco; mas caso se julgue ser isso perigoso para a manutenção do Estado, é piedoso levar o ladrão à justiça, ainda que deva ser condenado à morte. Mânlio Torquato é célebre porque pôs a salvação[19] do povo acima da piedade tratando-se de seu próprio filho. Assim sendo, disso resulta que a salvação do povo é a lei suprema à qual se devem vincular todas as leis, tanto as humanas quanto as divinas. Ora, como é ofício apenas do soberano determinar o que exige a salvação de todo o povo e a segurança do Estado e de ordenar o que julgue necessário, é também, consequentemente, ofício do soberano determinar a que obrigações piedosas cada um é obrigado, relativamente ao próximo, quer dizer, em conformidade com a regra que cada um deve obedecer a Deus.

11: Por aí conhecemos clara e primeiramente em que sentido o soberano é o intérprete da religião; em segundo lugar, que ninguém pode obedecer a Deus retamente se não se regula pela prática obrigatória da piedade sobre a utilidade pública e se, por conseguinte, não obedece a todos os decretos do soberano. Considerando que, de fato, somos obrigados, pelo mandamento de Deus, a agir com piedade perante todos (sem exceção) e não causar dano a ninguém, não é permitido a ninguém prestar auxílio a alguém em detrimento de outrem e, menos ainda, em detrimento do Estado. Ninguém, por conseguinte, pode agir piedosamente para com o próximo, conforme

19. Em muitas passagens, pode-se contemporaneamente entender a ideia de *salvação* como *bem-estar*.

TRATADO TEOLÓGICO-POLÍTICO

a ordem de Deus, se não regrar a piedade e a religião acima da utilidade pública.

12: E isso está confirmado pela própria prática. Se algum homem, cidadão ou estrangeiro, simples particular ou chefe de Estado, foi julgado culpado de um crime capital, ou declarado inimigo pelo soberano, não é permitido a nenhum súdito lhe prestar socorro. Assim, também, embora tenha sido máxima dos hebreus que cada um deva amar seu próximo como a si mesmo (*Levítico* 19, 17-18), eram eles obrigados, no entanto, a denunciar ao juiz aquele que houvesse cometido alguma ação contra as prescrições da lei (ver *Levítico* 5, 1; e *Deuteronômio* 13, 8-9) e matá-lo se houvesse sido julgado culpado de um crime capital (*Deuteronômio* 17, 7). Em segundo lugar, para que os hebreus pudessem conservar a liberdade que adquiriram e manter sob seu inteiro domínio as terras que ocupavam, era-lhes necessário, como mostramos no capítulo XVII, adaptar a religião ao seu Estado e separar-se das outras nações. Também foi sua máxima: ama a teu próximo, tenha ódio ao teu inimigo (*Mateus* 5, 43); quando perderam seu Estado e foram conduzidos cativos à Babilônia, Jeremias lhes ensinou que tinham de também velar pela salvação daquela cidade para onde haviam sido conduzidos; e quando o Cristo os viu serem dispersos por toda a natureza, ensinou-lhes a agir piedosamente com relação a todos os homens. Tudo isso mostra, com a última evidência, que a religião sempre foi regulada acima da utilidade pública.

13: Caso se pergunte com que direito os discípulos do Cristo, quer dizer, simples particulares, podiam pregar a religião, respondo que o fizeram com o direito do poder que receberam do Cristo contra os espíritos impuros (*Mateus* 10, 1). Acima, com efeito, no final do capítulo XVI, avisei expressamente que todos estão obrigados a permanecer fiéis mesmo a um tirano, exceto aquele a quem Deus, por uma revelação segura, prometeu, contra o tirano, um auxílio singular. Ninguém pode, portanto, autorizar-se com esse exemplo, a menos que tenha o poder de realizar milagres. Isso é ainda visível pela palavra do

Cristo a seus discípulos, para que não temessem os que matam os corpos (*Mateus* 10, 28). Que se essa palavra fosse dita por todos, o Estado teria sido instituído em vão, e esta palavra de Salomão (*Provérbios* 24, 21), "meu filho, tema a Deus e o rei", teria sido uma palavra ímpia, o que está longe da verdade. É preciso, pois, reconhecer que essa autoridade dada pelo Cristo a seus discípulos, foi-lhes dada singularmente, e que outros não podem atribuir-se autoridade com o mesmo exemplo.

14: Os adversários dessa tese, que quiseram separar os direitos sagrado do civil e sustentar que este último pertence apenas ao soberano, pertencendo o primeiro à igreja universal, deram razões nas quais não me detenho; pois são tão frívolas que não vale a pena refutá-las. Existe um ponto, porém, que não posso passar em silêncio. É o erro lamentável daqueles que, para sustentar essa opinião odiosa (que me desculpem o termo um pouco duro), invocam o exemplo do soberano pontífice dos hebreus que teve antigamente o poder de administrar as coisas sagradas; como se os pontífices não tivessem recebido o direito de Moisés (que, como mostramos, conservou sozinho o poder soberano), de quem um decreto poderia também tê-los privado. É ele, em verdade, que elegeu não apenas Aarão, mas seu filho Eleazar e seu neto Fineias, dando-lhes a autoridade de administrar o pontificado. E mais tarde, se os pontífices a conservaram, foi na qualidade de substitutos de Moisés, ou seja, do soberano. Como o mostramos, Moisés não elegeu ninguém para ocupar o poder soberano depois de si, mas repartiu de tal sorte suas funções que seus sucessores pareciam vicários administrando um Estado na ausência de um rei ainda vivo. Mais tarde, no segundo império, os pontífices detiveram o direito soberano em absoluto quando tiveram também o direito próprio do principado. Assim, o direito pontifical dependia sempre de um édito do soberano e os pontífices só foram plenos detentores quando tiveram, ao mesmo tempo, o principado. E mesmo o direito de regrar as coisas sagradas pertenceu absolutamente aos reis (como aparecerá pelo que temos a dizer no final deste capítulo), com exceção de não lhes ser permitido pôr as mãos no serviço divino dentro do templo, pois todos aqueles que não pertenciam à descendência de Aarão eram tidos como profanos; seguramente, nada de semelhante num Estado cristão.

15: Não podemos, pois, duvidar que hoje as coisas sagradas (cuja administração requer hábitos particulares, mas não uma família à parte, e dos quais aqueles que governam não devem, portanto, ser excluídos mais do que outros) dizem respeito apenas ao direito do soberano, e que ninguém, senão por sua autoridade ou em virtude de uma concessão dele recebida, tenha o direito e o poder de administrar tais coisas, de escolher os ministros do culto, determinar e estabelecer os fundamentos e a doutrina da igreja, de conhecer os costumes e os atos de piedade, de excomungar ou de admitir o que quer que seja na igreja, ou de prover às necessidades dos pobres.

16: Não apenas isso é verdadeiro (como acabamos de ver), mas se pode demonstrar ser de primeira necessidade para a manutenção tanto da própria religião quanto do Estado. Com efeito, todo o mundo sabe que prestígio têm no povo o direito e a autoridade de regrar as coisas sagradas, e como ele está preso à palavra daquele que a detém. Pode-se afirmar que possuir essa autoridade é reinar sobre as almas. Caso, portanto, se queira sequestrá-la ao soberano, é porque se quer dividir o Estado, e essa divisão não pode deixar de fazer nascer, como antigamente entre reis e pontífices hebreus, as discussões e lutas impossíveis de se pacificar. Há mais, aquele que tenta sequestrar essa autoridade ao soberano procura, como já disse, um meio de chegar ao comando do Estado. O que se deixará ao soberano se a ele se recusa esse direito? Não é da guerra ou da paz que ele poderá decidir, nem de algum outro assunto qualquer, se deve esperar o parecer de um outro e dele saber o que julga útil ou piedoso, legítimo ou ilegítimo.

17: Exemplos dessa sujeição foram vistos em todos os séculos. Darei apenas um, que a todos substitui. Como esse direito foi reconhecido sem reservas no pontificado romano, ele empreendeu colocar todos os reis sob seu domínio, até ser elevado ao pico supremo do poder. E tudo o que mais tarde tentaram os monarcas, particularmente os imperadores germânicos, para diminuir por pouco que fosse sua autoridade, a nada se chegou; pelo contrário, ainda teve por efeito aumentá-la. E, no entanto, aquilo que nenhum monarca tinha podido fazer nem pelo ferro nem pelo fogo, os eclesiásticos o fizeram apenas com a pluma, o que basta para fazer reconhecer a força e a potência da autoridade em matéria religiosa, e a mostrar, ao mesmo tempo, o quanto é necessário que o soberano a guarde para si.

18: Se quisermos nos lembrar das observações feitas no capítulo precedente, veremos que a própria religião e a piedade nisso encontram grande vantagem. Observamos que mesmo os profetas, embora dotados de virtude divina, mas por serem simples particulares, não puderam, com sua liberdade de advertir, de invectivar, de lançar o opróbrio, corrigir os homens, mas antes irritá-los, ao passo que esses mesmos homens, censurados e castigados pelos reis, eram fáceis de dobrar. Em segundo lugar, observamos também que os próprios reis, precisamente porque não tinham esse direito, com frequência se afastaram da religião, e com eles quase todo o povo. Por essa mesma causa, vê-se o que ocorreu muito comumente nos estados cristãos.

19: Talvez me façam a seguinte pergunta: quem, então, terá o direito de defender a piedade, se aqueles que têm o poder no Estado querem ser ímpios? Será preciso, ainda assim, ter o soberano como intérprete da religião? Eu pergunto de volta: e se os eclesiásticos, que são antes de tudo homens particulares, não devendo cuidar senão de seus próprios assuntos, ou ainda outros a que pertença o direito de regrar as coisas sagradas, quiserem ser ímpios? Dever-se-á, mesmo assim, tê-los como intérpretes da religião? É certo que se os homens que governam o Estado quiserem seguir o caminho que favorece suas paixões, tenham ou não direito sobre as coisas sagradas, todas as coisas, sagradas ou não, irão mal. A ruína do Estado será ainda muito

TRATADO TEOLÓGICO-POLÍTICO

mais rápida se os particulares reivindicam, sediciosamente, o direito de Deus. Recusar esse direito ao governo não leva a absolutamente nada. Ao contrário, o mal se encontra aguçado, pois justamente por isso (como antes os reis dos hebreus, que não possuíam tal direito) os que governam se tornam ímpios e, consequentemente, todo o Estado sofre de um mal e de um dano não incertos ou contingentes, mas certos e necessários. Que tenhamos, pois, em vista, a verdade ou a segurança do Estado, ou enfim, o interesse da religião, somos obrigados a admitir que mesmo o direito divino, quer dizer, relativo às coisas sagradas, depende absolutamente do decreto do soberano, e que ele é seu intérprete e defensor. De onde se segue que os verdadeiros ministros da palavra de Deus são aqueles que ensinam a piedade, reconhecendo a autoridade do soberano e conformando-se ao decreto pelo qual ele o regulou sobre a utilidade pública.

20: Resta-nos indicar a causa pela qual num Estado cristão as discussões não cessam a respeito desse direito, ao passo que os hebreus, ao que eu saiba, jamais contestaram o assunto. Pode parecer monstruoso, certamente, que uma coisa tão manifesta e necessária tenha sido sempre posta em questão, e que o gozo desse direito jamais tenha pertencido ao soberano, sem contestação, e mesmo sem grande perigo de sedição e um grande dano para a religião. Na verdade, se pudéssemos assinalar para esse fato alguma causa segura, eu me persuadiria de bom grado que todas as proposições estabelecidas neste capítulo têm um valor apenas teórico, isto é, pertencente a esse gênero de especulação sem qualquer uso. Mas basta considerar o caráter inicial da religião cristã para que a causa procurada apareça muito manifestamente. A religião cristã não foi primitivamente ensinada por reis, mas por particulares, que, contra a vontade dos governos dos quais eram súditos, acostumaram-se por muito tempo a se reunir em igrejas privadas, a instituir e administrar os ofícios sagrados, a ordenar e decretar todas as coisas, sem levar em consideração o Estado. Quando, após muitos anos, a religião começou a ser introduzida no Estado, os eclesiásticos deveram ensiná-la, tal como a haviam regulado, aos próprios imperadores. Por esse meio foi cômodo obter o reconhecimento de serem eles os doutores e intérpretes, e além disso, os pastores da igreja e vigários de Deus. E para que depois os reis cristãos não pudessem apoderar-se dessa autoridade, os eclesiásticos tomaram medidas muito hábeis de preservação, como a proibição do casamento para os mais altos ministros da igreja e intérpretes da religião. A isso acrescentou-se que os dogmas da religião tinham crescido tanto em número, confundindo-se de tal sorte com a filosofia, que seu supremo intérprete devia ser um filósofo ou um teólogo de primeira ordem, aplicando-se a especulações inúteis, o que só era possível aos particulares com muitos lazeres.

21: Entre os hebreus, era completamente diferente: sua igreja começou sendo ao mesmo tempo o Estado, e Moisés, que era seu soberano, ensinava ao povo a religião, ordenava o ministério sagrado e escolhia seus ministros. Aconteceu, assim, que a autoridade real se impôs com força ao povo e que os reis tiveram sobre as coisas sagradas um direito bastante extenso. Embora após a morte de Moisés ninguém tenha sido em absoluto senhor do Estado, o direito de fazer decretos, tanto em vista das coisas sagradas quanto das outras, ainda pertencia ao chefe (como mostramos); além disso, para se instruir na religião e na piedade, não se era menos obrigado a dirigir-se ao juiz supremo, antes do que ao pontífice (ver *Deuteronômio* 17, 9-11). Enfim, ainda que esses reis não tenham tido um direito igual ao de Moisés, todo o ordenamento do ministério sagrado e a escolha dos ministros dependiam de seu decreto. Davi suspendeu inteiramente o plano do templo (*1 Crônicas* 28, 11-12); entre todos os levitas escolheu 24 mil para cantar os salmos, entre os quais seis mil foram eleitos juízes e magistrados, quatro mil para guardar as portas e, enfim, quatro mil para soar instrumentos de música (*1 Crônicas* 23, 4-5). Ele ainda os dividiu em coortes (das quais escolheu os chefes) para que cada um, em sua vez, prestasse serviço por um certo tempo (versículo 6). Também repartiu em coortes os sacerdotes e, para não ser obrigado a passar todas essas disposições em revista, envio o leitor ao livro II das *Crônicas*, capítulo 8, onde está dito (versículo13): "que o culto de Deus, tal como Moisés o havia instituído, foi administrado no templo pelo comando de Salomão". E no versículo 15, enfim, o historiador atesta "que não se afastará em nada do regulamento imposto pelo rei aos sacerdotes e aos levitas, assim como na administração do tesouro".

22: De tudo isso e de outras histórias dos reis, a consequência bem evidente é que tudo o que concerne ao exercício do culto e ao ministério sagrado dependia apenas do decreto dos reis. Quando disse mais acima que eles não tiveram o direito de eleger, assim como Moisés, o pontífice soberano, consultar a Deus diretamente nem condenar os profetas que, em vida, profetizassem a seu respeito, eu o disse unicamente porque os profetas, em virtude de sua autoridade, podiam eleger um novo rei e absolver o parricida. Não é que pudessem apelar em justiça* o rei, se este se permitisse algo contra as leis, e o atacar com o uso do direito. Se, portanto, não houvesse profetas que pudessem, graças a uma revelação singular, absolver em segurança o parricida, os reis teriam possuído um direito absoluto sobre todas as coisas, sagradas e civis. Hoje, portanto, não encontrando os soberanos mais profetas e não estando obrigados a admiti-los (pois não são mais adstritos pelas leis hebraicas), eles têm esse direito absoluto, embora não sejam celibatários, e sempre o conservarão, desde que os dogmas da religião não tenham aumentado em grande número e se confundido com as ciências.

---

* Ver Apêndice, nota 39.

CAPÍTULO XX

*Mostra-se que num Estado livre cada indivíduo pensa
como lhe apraz e lhe é permitido dizer o que pensa*

1: Se fosse tão fácil comandar as almas e as línguas, não haveria
qualquer soberano que não reinasse em segurança e não haveria governo violento, pois cada um viveria segundo a compleição dos detentores do poder e somente faria julgamentos em
conformidade com seus decretos de verdadeiro ou de falso, de
bem ou de mal, de justo ou de iníquo. Mas como fizemos notar
no começo do capítulo XVII, isso não pode ser. Não se pode
fazer com que a alma de um homem pertença inteiramente a
um outro; com efeito, ninguém pode transferir a outro nem
ser constrangido a abandonar seu direito natural ou sua faculdade de fazer livre uso de sua razão e de julgar todas as coisas.
Um governo, por conseguinte, é tido por violento se pretende
dominar as almas e uma majestade soberana parece agir injus-
tamente contra os súditos e usurpar seus direitos quando quer
prescrever a cada um o que admite como verdadeiro ou rejeita
como falso, e também que opiniões devem mover sua alma
para com Deus. Pois tais coisas pertencem ao direito próprio
de cada um, um direito de que ninguém, ainda que quisesse,
pode se desapegar.

2: Reconheço que mais de um possui o espírito ocupado com preconceitos tais e de modo tão incrível que, estando em tudo posto diretamente sob o comando de outro, encontra-se a tal ponto preso à palavra deste outro que se pode justamente dizer que lhe pertence enquanto ser pensante. Porém, ainda que se chegue a obter a submissão por certos artifícios, os homens jamais deixaram de experimentar que abundam em seus próprios sentidos e que entre as cabeças a diferença seja tão grande quanto entre os gostos. Moisés, que por sua virtude divina e não por trapaças se apoderou do julgamento do povo, ainda que se acreditasse em suas palavras e em seus atos inspirados por Deus, não pôde escapar aos rumores nem às interpretações desfavoráveis. E caso se pudesse conceber algum meio de impedi-lo, no máximo seria num Estado monárquico, não em uma democracia, onde todos, ou ao menos a maior parte do povo participa do poder coletivo; penso que todo o mundo veja por quê.

3: Logo, por grande que seja o direito atribuído ao soberano sobre todas as coisas, e que se creia ser o intérprete do direito e da piedade, ainda assim ele não poderá se esquivar à necessidade de padecer que os homens julguem todas as coisas conforme sua compleição particular e também sejam afetados por este ou aquele sentimento. É bem verdade que ele pode ter como inimigo, por direito, todos aqueles que, em todas as matérias não pensem inteiramente como ele. Mas a discussão não trata de seu direito, e sim sobre o que lhe é útil. Concordemos que um soberano possa, por direito, governar com a pior violência e ordenar à morte os cidadãos pelos mais superficiais motivos. Todo o mundo negará que por essa maneira de governar permaneça a salvo o julgamento da reta razão. E como mesmo um soberano não pode reinar dessa maneira sem colocar em perigo todo o Estado, podemos negar também que ele tenha a potência de utilizar os meios indicados e outros similares. E, consequentemente, que ele tenha o direito absoluto. Pois mostramos que o direito do soberano tem por limite sua potência.

TRATADO TEOLÓGICO-POLÍTICO

4: Portanto, se ninguém pode renunciar à liberdade de julgar e de opinar como quiser, e se cada um é senhor de seus próprios pensamentos, por um direito superior da natureza, jamais se poderá tentar num Estado, sem que a tentativa tenha os mais infelizes resultados, fazer com que homens de opiniões diversas e opostas nada digam a não ser de acordo com a prescrição do soberano. Com efeito, mesmo os mais hábeis, para não se falar da multidão, não sabem calar-se. É um defeito comum aos homens o de confiar aos outros seus propósitos, mesmo quando se requer o silêncio. Assim, um governo será mais violento ao negar ao indivíduo a liberdade de dizer e ensinar o que pensa; ao contrário, um governo é moderado quando essa liberdade é concedida ao indivíduo.

5: Entretanto, e não poderíamos negá-lo, a majestade do soberano pode ser lesada por palavras e ações. Por conseguinte, se é impossível remover completamente essa liberdade dos súditos, será muito pernicioso concedê-la inteiramente. Aqui, portanto, temos de nos perguntar em que medida essa liberdade pode e deve ser concedida sem perigo para a paz do Estado e o direito do soberano. Aí está, conforme a advertência dada no início do capítulo XVI, meu principal objetivo.

6: Dos fundamentos do Estado, tal como os explicamos acima, resulta evidente que sua finalidade última não é a dominação; não é para manter o homem sob o medo e fazer com que ele pertença a um outro que o Estado foi instituído. Ao contrário, é para liberar o indivíduo do medo, para que ele viva tanto quanto possível em segurança, ou seja, conserve tanto quanto possível, e sem dano para outrem, seu direito natural de existir e de agir. Não, repito, a finalidade do Estado não é a de fazer passar os homens da condição de seres razoáveis à de animais brutos ou de autômatos; ao contrário, é instituído para que suas mentes e corpos cumpram com segurança todas as suas funções, para que eles mesmos usem de uma razão livre, para que não lutem por ódio, cólera ou por artimanhas, para que se suportem sem hostilidades. Logo, a finalidade do Estado é a liberdade.

7: Também vimos que, para formar o Estado, só uma coisa é necessária: que todo o poder de decretar pertença ou a todos, a alguns ou a um só. Com efeito, considerando-se que o livre julgamento dos homens é extremamente diverso, que cada um pensa ser o único a tudo saber e que é impossível que todos opinem de modo semelhante e falem de uma só boca, eles não poderiam viver em paz se o indivíduo não houvesse renunciado a seu direito de agir conforme o decreto único de seu pensamento. É, pois, somente ao direito de agir por seu próprio decreto que ele renunciou, não ao direito de pensar e de julgar. Ninguém, na verdade, pode agir por sua vontade sem perigo para o direito do soberano, mas pode-se com inteira liberdade opinar e julgar e, consequentemente, também falar, desde que não se vá além da palavra e do ensinamento, e que se defenda sua opinião apenas pela razão, não pela astúcia, pela cólera ou o ódio, nem com intenção de mudar o que quer que seja no Estado, por sua exclusiva autoridade. Por exemplo, no caso de um homem mostrar que uma lei contradiz a razão e exprimir o parecer de que deva ser derrogada, submetendo ao mesmo tempo sua opinião ao julgamento do soberano (a quem somente pertence o direito de fazer e derrogar leis), se ele se abstiver, enquanto espera, de toda ação contrária ao que está prescrito por aquela lei, certamente ele bem merece o Estado e age como o melhor dos cidadãos. Ao contrário, se o faz para acusar um magistrado de iniquidade e o torna odioso, ou tenta sediciosamente derrogar aquela lei, apesar do magistrado, ele é um perturbador e um rebelde.

8: Vemos, pois, por intermédio de que regra cada um pode dizer e ensinar o que pensa sem perigo para o direito e a autoridade do soberano, quer dizer, para a paz do Estado: é a condição que ele deixa ao soberano de decretar sobre todas as ações, abstendo-se de cumprir alguma contra o decreto, mesmo se for preciso agir com frequência em oposição ao que julga e professa como bom. E ele pode fazê-lo sem perigo para a justiça e a piedade. Digo mais: deve fazê-lo se quiser mostrar-se justo e piedoso. Pois, já o mostramos, a justiça depende apenas do decreto do soberano e, por conseguinte, ninguém pode ser justo se não vive de acordo com os decretos feitos pelo soberano. Quanto à piedade, a mais alta é aquela (segundo o que mostramos no capítulo precedente) exercida em vista da paz e da tranquilidade do Estado; ora, ela não pode ser mantida se cada um viver segundo o julgamento particular de seu pensamento. Logo, é ímpio fazer algo, conforme um pensamento próprio, contra o decreto do soberano de quem se é súdito, pois se todos se permitissem, seguir-se-ia a ruína do Estado. Jamais se age contrariamente ao decreto e às injunções de sua própria razão enquanto se age conforme os decretos do soberano, pois é pelo próprio conselho da razão que se decidiu transferir ao soberano seu direito de agir segundo seu próprio juízo. Podemos dar dessa verdade uma confirmação tirada da prática: nos conselhos em que o poder seja ou não soberano, é raro que uma decisão seja tomada por unanimidade dos sufrágios e, no entanto, todo decreto é estabelecido pela totalidade dos membros, tanto por aqueles que votaram contra, quanto a favor.

9: Mas volto ao meu propósito. Acabamos de ver, ao nos reportarmos aos fundamentos do Estado, por intermédio de que regra o indivíduo pode usar da liberdade de seu julgamento sem perigo para o direito do soberano. Não é menos fácil determinar quais opiniões são sediciosas no Estado: são aquelas que não podem ser dadas sem que se elimine o pacto pelo qual o indivíduo renunciou ao seu direito de agir segundo seu próprio julgamento. A opinião, por exemplo, de que o soberano não é independente em direito, ou que ninguém deve manter suas promessas; ou ser preciso que cada qual viva segundo seu próprio julgamento, assim como outras semelhantes que contradizem diretamente o pacto. Aquele que assim pensa é sedicioso, não pelo juízo que dá e de sua opinião considerada em si, mas por causa da ação que ali se acha implicada. Por isso mesmo, rompe-se tácita ou expressamente a fé devida ao soberano. Por consequência, as outras opiniões que não implicam uma ação tal como a ruptura do pacto – vingança, cólera etc. – não são sediciosas a não ser num Estado em alguma medida corrompido; quer dizer, onde fanáticos e ambiciosos, que não podem suportar homens de caráter independente, conseguiram renome tal que sua autoridade supera, entre a plebe, a do soberano. Porém, não negamos haver, além disso, opiniões que sejam desonestas de se propor e difundir, ainda que pareçam ter apenas o caráter de opiniões falsas ou verdadeiras. Já no capítulo XV determinamos quais eram, tomando o cuidado de não atentar contra a liberdade da razão. Enfim, se considerarmos que a fidelidade para com o Estado e para com Deus se conhece apenas pelas obras, isto é, a piedade para com o próximo, reconheceremos sem hesitação que o melhor Estado concede ao indivíduo a mesma liberdade que fizemos ver que ele deixava para a fé.

10: Reconheço que uma tal liberdade pode ter seus inconvenientes, mas já houve alguma instituição tão sábia da qual não pudesse nascer qualquer inconveniente? Querer regulamentar tudo por leis é irritar os vícios, e não corrigi-los. O que não se pode proibir, deve-se necessariamente permitir, a despeito do dano que possa resultar. Não há males que têm sua origem no luxo, na inveja, na bebedeira e coisas semelhantes? No entanto, nós os suportamos porque não se pode proibi-los por lei, ainda que sejam realmente vícios; mais ainda a liberdade de pensamento, que na realidade é uma virtude, devendo ser admitida, e não constrangida. Ajuntemos que ela não engendra inconvenientes que a autoridade dos magistrados não possa evitar (como mostrarei), para nada dizer aqui da necessidade primeira dessa liberdade para o desenvolvimento das ciências e das artes. Pois as ciências e as artes não podem ser cultivadas com feliz sucesso senão por aqueles cujo julgamento é livre, inteiramente franqueado.

11: Admitamos, porém, que essa liberdade possa ser constrangida e que seja possível manter os homens numa dependência tal que não ousem proferir palavra senão por ordem

TRATADO TEOLÓGICO-POLÍTICO

do soberano. Mesmo assim jamais se obterá que tenham pensamentos como ele terá querido. E por uma consequência necessária, os homens não deixarão de possuir opiniões em desacordo com sua linguagem e a boa fé, e essa primeira necessidade do Estado se corromperá. O encorajamento dado à adulação detestável e à perfídia conduziria o reino à trapaça e à corrupção de todas as relações sociais. Aliás, isso não está tão distante que jamais se possa consegui-lo. Ao contrário, quanto mais se cuidar de sequestrar a liberdade de expressão dos homens, mais obstinadamente eles resistirão. Não os ávidos, os aduladores e outros homens sem força moral, para quem o bem-estar supremo consiste em contemplar dinheiro no cofre e a ter o ventre cheio em demasia. Mas aqueles a quem uma boa educação, a pureza dos costumes e a virtude dão um pouco de liberdade. Os homens são feitos de tal modo que não suportam nada mais desconfortavelmente do que ver as opiniões que creem verdadeiras tidas por criminosas, e imputado como delito o que move suas almas à piedade para com Deus e os homens; do que sucede virem a detestar as leis, a ousar de tudo contra os magistrados, a julgar não vergonhoso, mas belo, mover sedições por esse motivo e tentar qualquer empreendimento violento que seja. E sendo assim a natureza humana, é evidente que as leis concernentes às opiniões ameacem não os criminosos, mas os homens de caráter independente, pois são feitas menos para conter os maus do que para irritar os mais honestos, só podendo ser mantidas, consequentemente, com grande perigo para o Estado.

12: Acrescentemos que tais leis, condenando as opiniões, são de todo inúteis: aqueles que julgam sãs as opiniões condenadas não podem obedecer a essas leis; ao contrário, parecerão conferir um privilégio àqueles que as rejeitam como falsas, e estes conceberão um tal orgulho que, mais tarde, mesmo o querendo, os magistrados não poderão derrogá-las. Ao que é preciso adicionar ainda as conclusões tiradas no capítulo XVIII da história dos hebreus. Quantos cismas, enfim, nasceram na igreja, sobretudo porque os magistrados quiseram dar fim, por meio de leis, às controvérsias dos doutores! Se, com efeito, os homens não fossem dominados pela esperança de tirar partido das leis e dos magistrados, de triunfar sobre os adversários com o aplauso do vulgo e acumular honras, não se combateriam com tanta malevolência e suas almas não seriam agitadas de tal furor. Tudo isso não apenas a razão, mas a experiência, o ensina por exemplos cotidianos. Tais leis, de fato, ordenando em que cada um deve crer e interditando dizer ou escrever contra essa ou aquela opinião foram instituídas frequentemente como satisfação ou concessão à cólera de homens incapazes de padecer qualquer coisa em seu orgulho e caráter, e que, facilmente, por uma espécie de prestígio daninho, podem converter em ódio a devoção da plebe sediciosa e excitá-la contra aqueles que designam.

13: Quanto não valeria mais a pena conter a cólera e o furor do vulgo do que estabelecer leis cujos únicos violadores possíveis são os amigos das artes e das virtudes, reduzindo o Estado a esse limite no qual não possa suportar homens de espírito altivo. Que pior condição conceber para o Estado que aquela em que os homens de vida correta, porque possuem opiniões dissidentes e não sabem dissimular, são enviados para o exílio como malfeitores? O que pode haver de mais pernicioso, repito, do que ter por inimigos e conduzir à morte homens nos quais não há nem crime nem delitos a censurar, simplesmente porque têm um certo orgulho de caráter, e assim fazer do lugar do suplício, terror do mau, o teatro ruidoso em que, para a vergonha do soberano, se veem os mais belos exemplos de resistência e de coragem? Quem sabe que é, em sua conduta, irreprochável, não teme a morte como um criminoso e não se salva do suplício implorando, pois os remorsos de vilania não torturam sua alma. É honroso a seus olhos, não infamante, morrer por uma boa causa, glorioso de dar a vida pela liberdade. Que exemplo tais homens podem dar pela morte cuja causa é ignorada por almas ociosas e sem força, odiada pelos sediciosos e amada

TRATADO TEOLÓGICO-POLÍTICO

pelos melhores? Certamente, alguém só aprenderá a imitá-los se não quiser adular.

14: Para que a fidelidade, portanto, e não a complacência seja julgada digna de estima, para que o poder do soberano não sofra qualquer diminuição, não tenha nenhuma concessão a fazer aos sediciosos, é preciso necessariamente conceder aos homens a liberdade de julgamento e governá-los de tal maneira que, professando abertamente opiniões diversas e opostas, vivam ainda em concórdia. E não podemos duvidar que esta regra de governo não seja a melhor, pois é a que melhor concorda com a natureza humana. Em um Estado democrático (o que melhor reencontra o estado de natureza), mostramos que a todos convém agir sob um decreto comum, mas não julgar e raciocinar de modo igual. Quer dizer, como os homens não podem pensar exatamente o mesmo, eles admitiram dar força de decreto ao conselho que reuniria o maior número de sufrágios, reservando-se a autoridade de derrogar as decisões tomadas tão logo uma outra melhor lhes pareça ser necessária. Quanto menos se deixa aos homens a liberdade de julgar, mais nos afastamos do estado de natureza e mais o governo exerce violência.

15: Para que se veja agora como essa liberdade não tem inconvenientes que não possam ser evitados apenas pela autoridade do soberano, e como, por essa autoridade, homens professando abertamente opiniões diversas podem ser colocados em posição de não se prejudicarem mutuamente, os exemplos não faltam e não é preciso buscá-los muito longe. Que a cidade de Amsterdã nos sirva de exemplo, cidade que, com um grande perfil para si mesma e a admiração de todas as nações, experimentou os frutos dessa liberdade. Nessa república tão florescente, nessa cidade tão eminente, homens de todas as nações e de todas as seitas vivem na mais perfeita concórdia e se preocupam unicamente, ao conceder crédito a alguém, em saber se é rico ou pobre, se está acostumado a agir como homem de boa fé ou trapaceiramente. De resto, a religião ou a seita não lhes afeta em nada, porque ela não serve para ganhar ou perder uma causa perante o juiz; não há qualquer seita, por odiosa que seja, cujos membros (desde que não causem prejuízo a alguém, deem a cada um o que é seu e vivam honestamente) não sejam assistidos e protegidos pela autoridade dos magistrados. Antigamente, ao contrário, quando homens de Estado e os Estados das Províncias se deixaram arrastar pela controvérsia dos remontrants[20] e dos contra-remontrants, chegou-se a um cisma. E muitos exemplos fizeram então conhecer que as leis estabelecidas sobre a religião, quer dizer, para pôr fim às controvérsias, irritam os homens mais do que os corrigem, e ainda que outros homens usam dessas leis para dar-se todo tipo de licença. Além do mais, que os cismas não nascem de um grande zelo pela verdade (tal zelo, ao contrário, é uma fonte de bem-aventurança e de mansuetude), mas de um grande apetite de reinar. Por isso se estabelece, com uma clareza maior do que a luz do dia, que os cismáticos são antes os que condenam os escritos dos outros e excitam mais a plebe turbulenta contra os autores do que estes próprios, os quais, com mais frequência, escrevem somente para os doutos e pedem auxílio apenas à razão. Em segundo lugar, que os verdadeiros perturbadores são aqueles que, num Estado livre, querem destruir a liberdade de julgamento que é impossível eliminar.

16: Mostramos assim: 1. que é impossível retirar dos homens a liberdade de dizer o que pensam; 2. que essa liberdade pode ser reconhecida ao indivíduo sem perigo para o direito e a autoridade do soberano, e que o indivíduo pode conservá-la sem perigo para esse direito, se não se der a licença de mudar o que quer que seja nos direitos reconhecidos no Estado ou nada empreender contra as leis estabelecidas; 3. que o indivíduo pode possuir essa liberdade sem perigo para a paz do Estado e que ela não produz inconvenientes cuja redução não seja fácil;

---

20. Seita protestante holandesa, adepta das interpretações que deu Jacobus Arminius sobre a predestinação. A palavra francesa refere-se ao ato de mostrar o erro em que se incorreu.

TRATADO TEOLÓGICO-POLÍTICO

4. que o gozo dessa liberdade dada ao indivíduo é sem perigo para a piedade; 5. que as leis estabelecidas sobre as matérias de ordem especulativa são totalmente inúteis; 6. mostramos, enfim, que não apenas essa liberdade pode ser concedida sem que a paz do Estado, a piedade ou o direito do soberano sejam ameaçados, mas que, para sua conservação, ela deve existir. Ali onde os homens se esforçam por sequestrar essa liberdade a seus adversários, onde as opiniões dos dissidentes, não as almas, as únicas capazes de pecar, são chamadas perante os tribunais, os exemplos dados, que mais se parecem ao martírio de homens honestos, produzem mais irritação ou excitam mais a misericórdia, senão a vingança, do que inspiram medo. Depois, as relações sociais e a boa fé se corrompem, a adulação e a perfídia são encorajadas e os adversários dos condenados se orgulham porque se teve complacência com sua cólera e os chefes do Estado se fizeram sectários de sua doutrina, das quais passam por intérpretes. Assim se chega ao ponto de que ousam usurpar o direito e a autoridade do soberano, tendo a soberba de se pretender imediatamente eleitos por Deus e de reivindicar para seus decretos um caráter diante do qual, obra exclusivamente humana, querem que se inclinem os do soberano. Todas coisas, e ninguém pode ignorá-lo, contrárias à salvação do Estado.

17: Aqui, como no capítulo XVIII, concluímos, portanto, que o que exige antes de tudo a segurança do Estado é que a piedade e a religião estejam compreendidas apenas no exercício da caridade e da equidade; que o direito do soberano de regrar todas as coisas, sagradas e profanas, se vincule somente às ações e que, quanto ao resto, seja concedido a cada um pensar o que quiser e dizer o que pensa.

18: Acabei, assim, de tratar das questões que estavam em meu propósito. Não me resta mais senão advertir expressamente que submeterei ao exame e julgamento das autoridades da minha pátria, de coração aberto, tudo o que escrevi. Se disse o que quer que seja que julguem contrário às leis do país, ou prejudicial ao bem-estar comum, quero que seja tido como não dito. Sei que sou homem e que pude me enganar; ao menos pus todos os meus cuidados para não me enganar e, antes de tudo, para nada escrever que não concorde inteiramente com as leis do país, da liberdade e dos bons costumes.

APÊNDICE

Por julgarmos importante para o conhecimento dos estudiosos e do público em geral, incluímos as *notas suplementares* a seguir, a cujo respeito cabem, entretanto, as seguintes observações: tais anotações teriam sido elaboradas por Spinoza em sua própria cópia do *Tratado Teológico-Político* para uma futura reedição do livro, a fim de esclarecer pontos que haviam suscitado dúvidas em alguns dos seus interlocutores, como ele mesmo afirmou em cartas a Oldenburg (setembro de 1675) e Velthuysen (outono de 1675)[1]. Surgiu o debate se seriam todas de autoria do filósofo, já que apareceram pela primeira vez após sua morte, em fevereiro de 1677, na edição do *Tratado* feita nesse mesmo ano por Jan Rieuwertsz, e no ano seguinte na versão francesa, a única com versões remanescentes. As notas 28, 29 e 30 foram omitidas por remeterem o leitor à obra de L. Meyer, *Philosophia S. Scripturae Interpres*, publicada anonimamente por volta de 1666.

---

1. *Spinoza: Obra Completa II – Correspondência Completa e Vida*, p. 270-271.

CAPÍTULO 1

1. [p. 55] "*nabi*". Se o terceiro radical é um daqueles que são chamados "mudos", costuma-se omiti-lo e, ao invés, a segunda letra é duplicada. Assim, *kilah*, pela omissão da letra muda *he*, torna-se *kolel* e depois *kol*, e *niba'* torna-se *nubeb*, donde *nib sepataim*, proferição ou fala. Similarmente, *baza* torna-se *bazaz* ou *buz* (*schagag, schug, misgeh* vêm de *schagah*; *haman* de *hamah*; *belial, balal* de *balah*). Portanto, Rabi Scholomo está inteiramente certo ao interpretar essa palavra como *nabi* e foi erroneamente criticado por Eben (Ibn) Ezra, cujo conhecimento da língua hebraica não era profundo. Deve-se notar, além disso, que a palavra *nebuah* – profecia é de aplicação geral e abrange toda espécie de profetizar, enquanto outros substantivos são mais específicos e referem-se a uma espécie particular de profetizar. Esse ponto, creio, é familiar aos estudiosos.

2. [p. 56] "não se podem chamar de profetas aqueles que são seus propagadores". Isto é, intérpretes de Deus. Pois um intérprete de Deus é alguém que recebeu revelações dos decretos de Deus, que ele interpreta para os outros que não receberam essa revelação, e que a aceitam somente em virtude da autoridade e da confiança de que ele desfruta. Agora, se aqueles que ouvem profetas fossem profetas como aqueles que ouvem filósofos tornam-se filósofos, o profeta não seria um intérprete dos decretos divinos, pois os seus ouvintes não confiariam no testemunho e na autoridade do profeta, mas na própria revelação divina e no seu próprio testemunho interior, como o profeta faz. Do mesmo modo, os poderes soberanos são intérpretes de seu próprio direito soberano, uma vez que as leis que eles promulgam são mantidas somente por sua própria autoridade de soberanos e são sustentadas por seu próprio testemunho.

3. [p. 69] "que os profetas possuíam uma virtude singular, acima do comum". Embora alguns homens possuam dons que a natureza não outorgou a outros, não dizemos a seu respeito que eles excederam a natureza humana a não ser nos dons que lhes são peculiares, os quais não podem ser compreendidos a partir da definição de natureza humana. Por exemplo, um gigante tem um tamanho raro, mas ainda humano. A pouquíssimos é dada a habilidade de compor poesia de improviso, mas esse ainda é um dom humano, assim como também o é aquele por meio do qual alguém, embora tenha os olhos abertos, imagina certas coisas tão vividamente como se elas estivessem, de fato, presentes diante dele. Porém, se alguém

APÊNDICE

possuísse um deveras diferente meio de percepção e uma deveras diferente área de conhecimento, ele certamente poderia ultrapassar os limites da natureza humana.

CAPÍTULO III

4. [p. 95] "patriarcas". No capítulo 15 do *Gênesis* falamos que Deus disse a Abraão que ele seria seu protetor e lhe daria uma recompensa extraordinariamente grande; ao que Abraão replicou que ele não teria muito o que esperar, uma vez que era idoso e órfão.

5. [p. 96] "a segurança". Para a vida eterna não é suficiente observar os mandamentos do Antigo Testamento, como manifesta *Marcos* 10, 21.

CAPÍTULO VI

6. [p. 141] "a existência de Deus não podendo ser conhecida por si mesma". Duvidamos da existência de Deus e, por conseguinte, de tudo o mais, enquanto não tivermos uma ideia clara e distinta de Deus, mas uma ideia confusa. Da mesma forma, aquele que não sabe com certeza a natureza de um triângulo, não sabe também que a [soma] de seus três ângulos é igual a dois ângulos retos; assim, aquele que concebe a natureza divina em um modo confuso não vê que a existência pertence à natureza de Deus. Agora, na medida em que podemos conceber a natureza de Deus clara e distintamente, devemos fixar nossa atenção em alguns axiomas muito simples, denominados axiomas universais, e concatená-los àqueles atributos que pertencem à natureza divina. Só então ficará claro para nós que Deus necessariamente existe e é onipresente, e só então veremos que todas as nossas concepções envolvem a natureza de Deus e são concebidas por meio da natureza de Deus e, finalmente, que tudo aquilo que concebemos adequadamente é verdadeiro. Mas, para isso, veja-se o Prefácio do meu livro intitulado *Os Princípios da Filosofia Demonstrados a Modo Geométrico*. [Ou seja, os *Princípios da Filosofia Cartesiana*.]

CAPÍTULO VII

7. [p. 168] "impossível encontrar um método". Isto é, impossível para nós que não estamos habituados com essa linguagem e nos falta uma consideração sistemática sobre sua fraseologia.

8. [p. 173] "conceito". Por coisas perceptíveis (compreensíveis) entendo não só aquelas que podem ser legitimamente

demonstradas, mas também aquelas que costumamos aceitar como certezas morais e a ouvir sem surpresas, embora não possam ser provadas por qualquer meio. Qualquer um pode compreender as proposições de Euclides, antes de serem demonstradas. Similarmente, eu chamo de compreensíveis aquelas narrativas, referidas a eventos passados ou futuros, que não ultrapassem a crença humana e, do mesmo modo, as leis, as instituições e costumes, muito embora não possam ser provados com certeza matemática. Mas símbolos misteriosos e narrativas que ultrapassem toda crença humana, eu as denomino imperceptíveis [incompreensíveis]. Ainda assim, mesmo entre estas últimas, há muitas que permitem um exame por nosso método, de modo que podemos perceber o significado do autor.

CAPÍTULO VIII

9. [p. 185] "Monte Moriá". Assim denominado não por Abraão, mas pelo historiador, que disse ser o lugar que nos seus dias era chamado "no monte do Senhor ele será revelado"; foi chamado por Abraão "o Senhor há de prover".

10. [p. 188] "antes que David os submetesse". Desde aquele tempo até o reinado de Jorão, quando eles ganharam a independência (*II Reis* 8, 20), os idumeus não tinham rei. Governadores indicados pelos judeus tomaram o lugar dos reis (*I Reis* 22, 48) e daí para frente o governador de Edon foi chamado de rei (*II Reis* 3, 9). Há alguma dúvida com respeito ao último dos reis dos idumeus, se seu reinado começou antes de Saul tornar-se rei, ou se nesse capítulo de *Gênesis* a Escritura pretendeu listar apenas reis que não foram conquistados até sua morte. Entretanto, é completamente inapropriado tentar incluir Moisés, que pela vontade divina estabeleceu um Estado hebraico muito diferente da monarquia, no catálogo dos reis hebreus.

CAPÍTULO IX

11. [p. 198] "com raras exceções". Por exemplo, em *II Reis* 18, 20, o texto está em segunda pessoa, "Tu disseste – mas não há nada mais do que palavras etc.", enquanto em *Isaías* 36, 5 nós lemos "Eu disse – mas não há mais do que palavras – essa guerra necessita de conselho e coragem". De novo, no versículo 22 do texto de *Reis* lê-se "Mas vós podeis dizer para mim", o verbo está

APÊNDICE

no plural, enquanto em *Isaías* ele está no singular. Ademais, as palavras em *Reis*, do mesmo capítulo, versículo 32, "uma terra de óleo de oliva e mel, em que vós podeis viver e não morrer: e escutar atentamente não a Ezequias" estão faltando em *Isaías*. Há inúmeras outras diferenças de leitura dessa espécie, e ninguém pode determinar qual aquela que dever ser preferida.

12. [p. 198] "variam, em diversas passagens". Por exemplo, II *Samuel* 7, 6 temos "e eu errei continuamente com uma tenda e um tabernáculo" (*VaEhieh mithalekh be'ohel ubemischkan*); mas em I *Crônicas* 17, 15 temos "e eu tenho ido de tenda em tenda e de tabernáculo" (*VaEhieh meohel el-ohel mimischkan*), com a mudança de *mithalekh* para *meohel*, de *be'ohel* para *el-ohel* e de *ubemischkan* para *mimischkan*. De novo, no versículo 10 do mesmo capítulo de *Samuel*, lemos "para afligi-lo" (*le'enotó*), enquanto no versículo 9 do citado capítulo de *Crônicas* lemos "exauri-lo/consumi-lo" (*lebalotó*). Para qualquer pessoa que não seja inteiramente cega, ou completamente louca, uma única leitura desses capítulos revelará muitas discrepâncias dessa espécie, algumas de considerável importância.

13. [p. 198] "essa indicação de tempo deve, evidentemente, referir-se a um outro". Que sua passagem se refere ao tempo em que José foi vendido não é só evidente pelo próprio contexto, mas pode também ser inferido pela idade de Judá, que estava, no máximo, no seu vigésimo segundo ano de vida, se é que se pode basear o cálculo [do tempo de vida] de alguém a partir da história precedente. Do último versículo de *Gênesis* 29, é evidente que Judá nasceu dez anos depois que o patriarca Jacó começou a servir a Labão, e José, quatorze anos depois. Então, como José tinha dezessete anos na ocasião em que foi vendido, Judá não poderia ter mais do que 21 anos. Assim, para os que acreditam que a longa ausência de Judá de sua casa ocorreu antes de José ter sido vendido, estão procurando iludir-se a si próprios, e estão mais preocupados com a santidade da Escritura do que com a exatidão.

14. [p. 199] "Diná tinha apenas sete anos". A opinião sugerida por alguns (como Eben Ezra) de que Jacó vagou por oito ou dez anos entre a Mesopotâmia e Betel recende a estupidez (se eu posso afirmar isso sem faltar ao respeito para com Eben Ezra). Jacó tinha boas razões para apressar-se, não só porque ele, sem dúvida, estava ansioso para ver seus pais, de idades muito provectas, mas também por um propósito mais importante, o de

cumprir o voto que fizera quando fugiu de seu irmão (*Gênesis* 28, 20; 31, 13; e 35, 1), um voto que Deus também lhe ordenou cumprir, prometendo ajudá-lo a retornar a sua terra. Entretanto, se essas considerações parecem meras conjecturas mais do que raciocínio convincente, permita-nos admitir que Jacó, movido por um destino mais maligno do que o de Ulisses, gastou oito ou dez ou mesmo mais anos nessa curta jornada. Mesmo assim, nossos objetores não podem negar que Benjamin nasceu no último ano de sua errância, isto é, conforme a sua visão e a sua teoria, quando José tinha quinze ou dezesseis anos ou algo assim; pois Jacó separou-se de Labão sete anos após o nascimento de José. Agora, o período de tempo decorrido a partir dos dezessete anos de José até o momento em que o patriarca viajou para o Egito não ultrapassou 22 anos, como demonstrei neste capítulo. Assim, nesse ponto do tempo – isto é, quando imigrou para o Egito – Benjamin tinha 23 ou 24 anos de idade, no máximo, tempo esse no qual, no início do florescer da vida, ele deve ter sido um avô (ver *Gênesis* 46, 21 e comparar com *Números* 26, 38-40 e com *I Crônicas* 8, 1 e os versículos seguintes); pois Bela, seu primogênito, já tinha dois filhos, Ared e Naaman. Isso não é um absurdo menor do que sustentar que Diná tinha sete anos de idade quando foi violentada, para não mencionar outros absurdos que são impostos por essa maneira de ordenar a história. Assim, parece que o desejo de evitar Caribde faz incidir em Scila. (Que homens imperitos, que procuram resolver dificuldades, produzem outras, confundindo e enevoando ainda mais a questão).

15. [p. 200] "o relato que ele começa sobre o próprio Josué". Isto significa dizer que os termos utilizados e a ordem da narração diferem dos empregados no livro de *Josué*.

16. [p. 201] "Otoniel, filho de Cenez, foi juiz por quarenta". Rabi Levi ben Gerson[2] e alguns outros acreditam que esses quarenta anos, que a Escritura declara terem decorrido em liberdade, deveriam ser calculados a partir da morte de Josué e, assim, incluir os oito anos precedentes quando o povo esteve sob o

---

2. Mais conhecido pela forma latinizada, Gersônides (1288-1344) ou, entre os judeus, pela abreviatura hebraica de seu nome, RALBAG, filósofo, talmudista, matemático e astrônomo, um dos principais eruditos de seu tempo. Sua *magnum opus* é *As Guerras do Senhor* (*Milḥamot ha-Schem*, 1329), que abrange não apenas tópicos filosóficos, mas também científicos.

APÊNDICE

jugo de Cuschan Rischataim, enquanto os dezoito anos seguintes deveriam ser incluídos no total dos oitenta anos, quando Ehud e Schamgar foram juízes. Do mesmo modo, eles pensam que os outros anos de sujeição são sempre incluídos nos anos em que a Escritura declara terem sido passados em liberdade. A Escritura, porém, computa quantos anos os hebreus passaram subjugados e quantos em liberdade, e no capítulo 2, versículo 18, ela nos relata expressamente que os hebreus sempre gozaram de prosperidade no tempo dos juízes. Assim, fica perfeitamente claro que o nosso rabi (em outros aspectos, um homem de grande conhecimento) e os outros que o seguiram, quando tentam resolver tais dificuldades, não são tão elucidativos como retificadores da Escritura.

Isso também é verdadeiro com respeito àqueles que sustentam que, na soma dos anos que a Escritura faz aqui, apenas os anos de um Estado propriamente administrado por judeus são levados em conta, ao passo que os períodos de anarquia e sujeição, sendo interlúdios infelizes na história do Estado judeu, devem ser ignorados. Agora, a Escritura passa em silêncio sobre os períodos de anarquia, mas os anos de sujeição são narrados completamente na íntegra como os anos de independência, e não são apagados da história judaica, como foi sugerido precipitadamente. Ezra/Esdras – que mostramos ser o autor desses livros – em *1 Reis* 6, pretendeu incluir nele o total completo de todos os anos desde o êxodo do Egito até o quarto ano do reinado de Salomão, um fato tão claro que nenhum erudito bíblico jamais deve ter duvidado disso. Pois, deixando de lado, por ora, o fraseado preciso do texto, a genealogia de David apresentada no fim do livro de *Rute* e em *1 Crônicas* 2 deixa de dar conta plenamente de um montante tão amplo quanto 480 anos. Naasson era o chefe da tribo de Judá no segundo ano após o êxodo (*Números* 7, 11-12) e, assim, morreu no deserto (*junto com todos aqueles que, com a idade de vinte anos, eram capazes de prestar serviço militar* [acréscimo da edição francesa]); e seu filho, Salmon, cruzou o Jordão com Josué. Pois bem, esse Salmon, de acordo com a dita genealogia, foi tataravô de David. Se subtrairmos desse grande total de 480 anos, os 4 anos do reinado de Salomão, os 70 anos da vida de David e os 40 anos passados no deserto, verificamos que David nasceu 366 anos após a passagem pelo Jordão, e que seus pai, avô, bisavô e tataravô devem ter gerado filhos quando estavam com a idade de noventa anos (*supondo-se que Salmon, ancestral de David, tenha nascido na passagem do Jordão, é imprescindível que esse Salmon, Boghos, Obed e Jessé tenham engendrado filhos em suas extremas velhices, aos noventa anos* [acréscimo da edição francesa]).

17. [p. 201] "Sansão foi juiz". Sansão nasceu depois que os filisteus subjugaram os hebreus. Há alguma dúvida se os vinte anos aqui mencionados deveriam ser contados entre os anos de independência ou se estão incluídos nos quarenta anos imediatamente precedentes, quando o povo se encontrava sob o jugo dos filisteus. De minha parte, sou de opinião que é mais provável e mais crível que os hebreus recuperaram sua liberdade na época em que os mais iminentes filisteus pereceram juntamente com Sansão. Minha única razão para recusar a incluir os vinte anos de Sansão no período da subjugação pelos filisteus é esta, a de que Sansão nasceu depois de os filisteus terem subjugado os hebreus. Há uma razão ulterior, a mesma feita no Tratado do Schabat de certo livro de Jerusalém, em que se afirma que Sansão julgou o povo por quarenta anos. Entretanto, a questão não é desses anos somente.

18. [p. 204] "de acordo com essa explicação". Do contrário, eles não estão explicando as palavras da Escritura, porém emendando-as.

19. [p. 205] "Quiriate Jeharim" [Cariat-Iarim]. Quiriate Jeharim é também denominada Bahgal Juda [Baal Iehudá]. Daí por que [David] Kimhi e alguns outros pensam que as palavras *baale iehudá*, que eu traduzi aqui como "do povo de Judá", significam o nome de uma cidade, mas eles estão equivocados, porque *baalei* é plural. Ademais, comparando o texto de *Samuel* com o texto de *I Crônicas*, vemos que David não se levantou e partiu de Baal, mas que ele foi para lá. Se o autor de *II Samuel* pretendeu indicar o lugar do qual David removeu a arca, então o hebraico teria sido como segue, "Então David levantou-se e partiu [...] etc. de Baal Iehudá e levou de lá a arca de Deus".

20. [p. 206] "ali permaneceu três anos". Alguns comentadores emendaram o texto como segue: "E Absalão fugiu e foi para junto de Talmai, o filho de Amihud, rei de Gessur, onde permaneceu durante três anos, e David chorou por seu filho todo o tempo em que ele esteve em Gessur." Bem, se isso deve ser chamado de interpretação e se alguém pode assumir tal licença ao expor a Escritura, transpondo frases inteiras, adicionando

APÊNDICE   365

e subtraindo delas, então declaro que é permitido corromper a Escritura e tratá-la como um pedaço de cera à qual se pode impor quaisquer formas que se escolha.

CAPÍTULO X

21. [p. 213] "e talvez após a restauração do Templo por Judas Macabeu". Essa possibilidade – embora seja mais próxima da certeza – é baseada na genealogia do rei Jeconias, dada em *I Crônicas* 3 e que continua até os filhos de Elioenai, que eram treze em linha direta de Jeconias. Dever-se-á observar que Jeconias não tinha filhos quando foi aprisionado, mas teve dois filhos enquanto estava na prisão, até onde se pode conjecturar pelos nomes que deu a eles. Ora, parece que ele teve netos – mais uma vez fazendo conjecturas a partir de seus nomes – depois de ter sido solto da prisão; e por isso Pedaías [Fadaías] (que significa "Deus livrou"), segundo diz esse capítulo, é o pai de Zorobabel, que nasceu no trigésimo sétimo ano ou trigésimo oitavo ano do cativeiro de Jeconias, isso é 33 anos antes que Ciro desse aos judeus a permissão para retornar. Portanto, Zorobabel, a quem Ciro encarregou de liderar os judeus, parece ter treze ou quatorze anos de idade, no máximo. Mas eu preferi manter silêncio sobre essas questões por razões que nossos tempos difíceis não permitem explicar. Uma palavra aos sábios é suficiente. Se eles lerem com algum cuidado a lista de descendentes de Jeconias dada em *I Crônicas* 3, do versículo 17 até o fim do capítulo, e compararem o texto hebraico com a versão da Septuaginta, não terão dificuldade em ver que esses livros foram publicados após a segunda recuperação da cidade por Judas Macabeu quando os descendentes de Jeconias haviam perdido o trono e não antes disso.

22. [p. 216] "conduzido como cativo à Babilônica". Assim, ninguém tem suspeitado que a profecia de Ezequiel contradizia a previsão de Jeremias, como todo mundo suspeitou de acordo com a narrativa de Josefo. Porém, o evento provou que ambos estavam certos.

23. [p. 218] "Neemias". O próprio historiador atesta no capítulo 1, versículo 1, que a maior parte desse livro é tirada do livro que Neemias escreveu. Mas não pode haver dúvida de que a passagem do capítulo 8 ao capítulo 12, versículo 26, e ainda os dois

últimos versículos do capítulo 12 inseridos como parênteses nas palavras de Neemias, foram adicionados pelo historiador que viveu depois de Neemias.

24. [p. 219] "Esdras". Esdras era o tio do primeiro sumo sacerdote Josué (ver *Esdras 7*, 1; *1 Crônicas* 6, 13-14-15) e acompanhou Zorobabel de Babilônia até Jerusalém (ver *Neemias* 12, 1). Porém, parece que ao ver o estado de confusão entre os judeus, ele retornou à Babilônia, como fizeram alguns outros (*Neemias* 1, 2), e lá permaneceu até o reinado de Artaxerxer, quando, sendo concedida sua solicitação, ele foi, por uma segunda vez, para Jerusalém. Neemias também foi com Zorobabel para Jerusalém no tempo de Ciro. Ver *Esdras* 2, 2 e 63, e comparar com 10, 2 e 12, 1 de *Neemias*. E quanto à tradução da palavra "Atirschata" por "embaixador", não há nenhuma autoridade para isso, ao passo que é inteiramente certo que àqueles judeus cuja obrigação era atender à corte foram impostos novos nomes. Assim, Daniel era Balteschazar[Baltassar], e Zorobabel, Scheschbazzar [Sasabassar] (ver *Daniel* 1, 7, *Esdras* 1, 8, e 5, 14). Neemias foi chamado de *Atirschata*, mas em virtude de seu cargo ele foi denominado *pekhah* – "procurador" ou "presidente" [governador]. Ver *Neemias* 5, 14 e 12, 26.

25. [p. 224] "que antes dos tempos dos Macabeus não havia um cânon dos livros sagrados". A sinagoga denominada "A Grande" não teve início senão depois que a Ásia foi subjugada pelos macedônios. Quanto à assertiva feita por Maimônides, por Rabi Abraham ben David e outros, de que os presidentes do Conselho eram Esdras, Daniel, Neemias, Haggai, Zacarias etc., isso é uma ficção absurda baseada unicamente na tradição rabínica de que o Império Persa não durou mais do que 34 anos. Esse é o único meio que têm eles de provar que os decretos da Grande Sinagoga ou Sínodo – que era composta somente de fariseus e cujos decretos eram rejeitados pelos saduceus – eram transmitidos por profetas que os receberam de outros profetas, de então até Moisés, que os recebera de Deus mesmo e lhes transmitira oralmente, não por escritura. Mas deixemos que os fariseus se apeguem a sua crença com sua habitual obstinação. O sábio, estando bem familiarizado com as razões para concílios e sínodos e conhecendo as querelas entre fariseus e saduceus, pode facilmente imaginar as razões para a convocação dessa Grande Sinagoga ou Concílio. O certo é que nenhum profeta tomou

APÊNDICE

parte nesse concílio, e que os decretos dos fariseus, que eles chamam de "tradições", derivam sua autoridade desse concílio.

CAPÍTULO XI

26. [p. 228] "portanto, julgamos". Tradutores aqui vertem *logizomai* como *concludo – eu concluo*, e eles mantêm que no escrito de Paulo a palavra *logizomai* é um sinônimo de *syllogizomai*, enquanto, de fato, o grego *logizomai* tem a mesma força que o hebraico *khaschav*, calcular, pensar, considerar. Esse significado está de pleno acordo com o texto siríaco. A tradução siríaca (se é, de fato, uma tradução, o que é uma questão de dúvida, visto que não conhecemos nem o tradutor nem a época da publicação, e a linguagem vernacular dos apóstolos não era outra senão o siríaco) verte o texto de Paulo como [*metarinen hakili*], que Tremellius[3] traduz corretamente como *arbitramus igitur – nós, portanto, julgamos*. Pois, a palavra *raina'* que deriva desse verbo significa *arbitratus – julgar, refletir*. Em hebraico, *raina'* é *reuthá – vontade* [querer]. Portanto a palavra siríaca significa "nós queremos" ou "nós julgamos".

27. [p. 233] "doutrina do Cristo". Com efeito, os ensinamentos de Jesus, no Sermão da Montanha, relatado em *Mateus*, capítulo 5.

CAPÍTULO XV

31. [p. 277] "que a simples obediência é um caminho para a salvação". Isto é, não é razão, mas revelação que pode nos ensinar que basta para a nossa bênção ou salvação aceitar os divinos decretos como leis ou mandamentos e que não há necessidade de concebê-los como verdades eternas. Isso se faz claro pelo que demonstramos no capítulo 4.

CAPÍTULO 16

32. [p. 283] "ninguém prometerá, senão por astúcia". Em um Estado civil, no qual o que é bom e o que é mal é decidido pelo direito de toda a comunidade, é correto fazer uma distinção entre dolo bom (arguto) e dolo mau (fraudulento). Mas em um estado de

---

3. Emmanuel Tremellius (1510–1580) é o nome latinizado de Giovanni Emmanuele Tremellio, italiano, nascido em Ferrara, de origem judaica, que se converteu ao catolicismo e depois ao protestantismo. Traduziu a *Bíblia* para o latim a partir do hebraico e do siríaco.

natureza, em que cada um é seu próprio juiz e possui o perfeito direito de prescrever e interpretar leis por si mesmo e até de repeli-las se pensar que isso é para sua vantagem, não se pode sanamente conceber que alguém possa agir com o mau dolo.

33. [p. 287] "cada um, desde que queira, pode ser livre". Um homem pode ser livre em qualquer espécie de Estado, pois um homem é livre, por certo, na medida em que é guiado pela razão. Ora (embora Hobbes pense de outro modo), a razão é inteiramente a favor da paz; mas a paz não pode ser assegurada a não ser que as leis gerais do Estado sejam mantidas invioladas. Portanto, quanto mais um homem é guiado pela razão, isto é, quanto mais livre ele é, mais firmemente ele há de observar as leis do Estado e obedecer às ordens do soberano de quem é súdito.

34. [p. 291] "Pela natureza, ninguém sabe." Quando Paulo diz que os homens não têm meios de fugir, ele está falando segundo o costume humano. No capítulo 9, versículo 18, da mesma epístola, ele ensina expressamente que Deus tem mercê de quem ele quiser e torna teimoso quem ele quiser, e que os homens não têm desculpa não porque eles foram de antemão advertidos, mas porque eles estão em poder de Deus como o barro nas mãos do ceramista, que da mesma massa faz um vaso para honrar e outro vaso para desonrar. Quanto à divina lei natural, cujo principal mandamento, como dissemos, é amar a Deus, eu a chamei de lei no mesmo sentido que os filósofos aplicam o termo "lei" às regras universais da Natureza, de acordo com as quais todas as coisas devem transcorrer. Pois o amor a Deus não é obediência, porém uma virtude necessariamente presente em um homem que conhece Deus de maneira correta, enquanto a obediência tem relação com a vontade daquele que comanda, e não com necessidade e verdade. Ora, uma vez que nós não conhecemos a natureza da vontade de Deus, ao passo que estamos inteiramente certos de que tudo quanto acontece se passa pelo poder de Deus, é somente devido à revelação que nós podemos saber se Deus deseja receber honra de homens como alguns governantes temporais. Além do mais, nós provamos que os mandamentos divinos se nos apresentam como mandamentos ou ordenações apenas enquanto não conhecemos sua causa. Uma vez que esta seja conhecida, eles cessam de ser mandamentos, e nós os aceitamos como verdades eternas e não como mandamentos; isto é, a obediência passa imediatamente a amor, que surge

do verdadeiro conhecimento pela mesma necessidade como a luz surge do Sol. Portanto, sob a orientação da razão, podemos amar a Deus, mas não obedecer-lhe; pois, em virtude da razão, não podemos nem aceitar mandamentos divinos como divinos enquanto não conhecemos sua causa, nem podemos conceber Deus como um governante a promulgar leis.

CAPÍTULO XVII

35. [p. 296] "não mais tivessem, como resultado, qualquer potência". Dois simples soldados propuseram-se a fazer de um homem imperador de Roma em lugar de outro, e eles conseguiram. Tácito, *Histórias*, Livro I.

36. [p. 303] "(*Números* 11, 28)". Nessa passagem, dois homens são acusados de profetizar no acampamento e Josué insiste em sua prisão. Ele não teria feito isso se fosse legal para qualquer pessoa comunicar oráculos de Deus ao povo sem a permissão de Moisés. Mas Moisés julgou conveniente libertar os acusados, e censurou Josué por instá-lo a afirmar seu direito real numa época em que ele estava tão cansado de governar que preferia morrer a continuar a governar sozinho, como fica claro pelos versículos 14 e 15 do mesmo capítulo. Pois ele replicou assim a Josué: "Tu tens ciúmes por mim? Quisesse Deus que todos do povo de Deus fossem profetas." Isso quer dizer, tomara que o direito de consultar Deus fosse conferido ao povo inteiro que seria assim soberano. Portanto, o erro de Josué não residia na questão do direito, mas na ocasião do seu exercício, ele foi repreendido por Moisés da mesma maneira como Abichai foi repreendido por David quando ele instou David a condenar à morte Schimei, que era indubitavelmente culpado de traição. Ver *II Samuel* 19, 22-23.

37. [p. 304] "*Números* 27, 21." Os versículos 19 e 23 desse capítulo estão mal interpretados nas versões que observei. Esses versículos não pretendem que Moisés deu ordens a Josué, mas que ele o constituiu ou o estabeleceu propriamente como capitão. Esse giro de frase é muito comum na Escritura, como em *Êxodo* 8, 23; *I Samuel* 13, 14, *Josué* 1, 9; *I Samuel* 25, 30 e em outras passagens.

38. [p. 307] "reconhecer nenhum outro juiz senão Deus". Os rabis imaginam que aquilo que é conhecido como o Grande Sanedrin foi instituído por Moisés, e não apenas os rabis, muitos cristãos partilham desse engano. Moisés escolheu, de fato, setenta

companheiros para assisti-lo nas tarefas de governo, por não poder arcar sozinho com o fardo de todo o povo. Mas em tempo algum promulgou ele uma lei estabelecendo um colégio de setenta membros. Ao contrário, ele ordenou que cada tribo devia apontar juízes nas cidades que Deus lhes dera, a fim de decidir processos de acordo com as leis que ele estabelecera. Se acontecesse que os próprios juízes ficassem em dúvida quanto à lei, eles deviam procurar o sumo sacerdote, por ser o supremo intérprete das leis, ou o juiz que fosse na época seu superior (pois ele tinha o direito de consultar o sumo sacerdote), de modo a resolver a questão de acordo com a interpretação do sumo sacerdote. Se acontecesse que um juiz subordinado litigasse, sem conservar as intenções do sumo sacerdote, dele recebidas ou de juiz superior, ele deveria ser condenado à morte por qualquer juiz supremo que o tivesse nomeado como juiz subordinado. Ver Deuteronômio 17, 9. Essa pessoa poderia ser o comandante em chefe de todo Israel, como Josué, ou poderia ser o capitão de uma única tribo (a quem, após a partilha do país, foi conferido o direito de consultar o sumo sacerdote no concernente aos negócios de sua tribo, de decidir sobre guerra e paz, de fortificar cidades, de nomear juízes e assim por diante), ou ele poderia ser o rei, a quem todas ou algumas das tribos haviam transferido seu direito.

Em confirmação, eu poderia citar muitos exemplos da história, mas me restringirei a um da mais notável importância. Quando o profeta silonita elegeu Jeroboão rei, ele deu-lhe por esse meio o direito de consultar o sumo sacerdote e de nomear juízes. Em resumo, Jeroboão detinha sobre as dez tribos todo o direito que Rehoboam [Roboão] detinha sobre duas tribos. Portanto, Jeroboão podia estabelecer um supremo conselho de Estado em sua corte pelo mesmo direito pelo qual Jehosaphat [Josafá] estabeleceu seu conselho em Jerusalém (ver *ii Crônicas* 19, 8 e s.). Pois é claro que Jeroboão, na medida em que era rei por ordem de Deus, e consequentemente os súditos de Jeroboão, não era obrigado pela lei de Moisés a submeter-se à jurisdição de Rehoboam, uma vez que não era seu súdito, e muito menos à jurisdição da corte estabelecida por Rehoboam em Jerusalém e a ele subordinada. Assim, uma corte suprema foi estabelecida em cada uma das separadas e independentes divisões do Estado

APÊNDICE   371

hebreu. Aqueles que desconsideram os variados arranjos políticos dos hebreus, confundindo-os num só, veem-se envolvidos
em muitas dificuldades.

CAPÍTULO XIX

39. [p. 343] "apelar em justiça". Aqui deve ser prestada particular
atenção ao que dissemos sobre os direitos no capítulo XVI.

SPINOZA: OBRA COMPLETA
Plano da obra

V. I: (BREVE) TRATADO E OUTROS ESCRITOS
(Breve) Tratado de Deus, do Homem e de Sua Felicidade
Princípios da Filosofia Cartesiana
Pensamentos Metafísicos
Tratado da Correção do Intelecto
Tratado Político

V. II: CORRESPONDÊNCIA COMPLETA E VIDA

V. III: TRATADO TEOLÓGICO-POLÍTICO

V. IV: ÉTICA E COMPÊNDIO DE GRAMÁTICA DA LÍNGUA HEBRAICA

Este livro foi impresso na cidade de Cotia,
nas oficinas da Meta Brasil,
para a Editora Perspectiva.